소통하는 신체

死と身体 コミュニケーションの磁場

ISBN 948-4-260-33366-5 著: 内田樹 Tatsuru Uchida
Original Japanese edition published by IGAKU-SHOIN LTD., TOKYO Copyright © 2004
All Rights Reserved. No part of this book may be reproduced or transmitted in any form or
by any means, electronic or mechanical, including photocopying, recording or by any
information storage retrieval system, without permission from IGAKU-SHOIN LTD.
Korean language edition published by MINDLE PUB. CO., Copyright © 2019

우치다 타츠루의 커뮤니케이션론

소 통 하 는 신 체

우치다 타츠루 씀 | 오오쿠사 미노루·현병호 옮김

다른 사람의 입장에 선다는 그 위태로움에 대하여

민들레

문제를 푸는 또 다른 해법

안녕하세요. 우치다 타츠루입니다.

이 책은 2004년에 『죽음과 신체』라는 제목으로 의학서원이라는 의학 전문 출판사에서 출판되었습니다. 오래전 일이지만 이 책이 의학 전문 출판사에서 나오게 된 과정은 기억납니다.

2001년 『망설임의 윤리학ためらいの倫理学』이라는 책을 낸 뒤(이 책도 이제 곧 한국어판이 나올 예정입니다) 언론에서 주목하면서 여러 매체에서 기고나 취재 의뢰를 받았습니다. 그중에 의학서원에서 발간하는 〈간호학 잡지〉의 취재 요청도 있었습니다. '사전동의'에 대해 인터뷰를 하고 싶다는 것이었습니다.

사전동의? '의료에서 환자가 의료 행위 내용과 효용, 위험에 대해 충분히 설명을 듣고 그것을 이해한 뒤 자유의지에 따라 의료 방침에 합의하는 것'이라는 게 사전적 정의입니다. 하지만 저는 의학 전문가가 아니어서 사전동의에 대해서는 별다른 의견이 없어 "내 생각을 간단히 말할 테니 인터뷰 여부는 알아서 판단하시라" 하면서 대충 이런 생각을 전했습니다.

사전동의는 '자신의 신체에 대한 지배권을 점유하는 것'을 높이 평가하는 문화권에서는 유효할 것이다. 그런 사회에서는 자신과 관련된 의료 행위를 스스로 선택할 수 있고 결정할 수 있다는 전능감 자체가 환자의 건강 상태에 좋은 효과를 가져올 수 있을 것이기 때문이다. 그래서 경우에 따라서는 자신이 선택한 의료 방침이 그다지 적절치 못한 경우에도 '그 방침을 결정한 것은 나'라는 자존감이 가져오는 전능감이 부적절한 치료법으로 인한 피해를 넘어설 수도 있다. 그런 사회라면 환자가 치료 방침에 전혀 관여하지 않는 것보다 사전동의 방식이 효과가 있을지도 모른다.

하지만 '자신의 신체를 스스로 지배한다는 전능감'을 그다지 높이 평가하지 않는 문화권도 있다. 예를 들면 일본이 그렇다. 많은 일본인들은 '의료인이 질병에 대해 잘 알고 있으므로 환자는 자신의 질병에 대해 걱정할 필요가 없다'고 여기는 편이다. '큰 병에 걸린 건 아닐까' 하고 두근두근하며 병원에 갔는데, 의사가 대수롭지 않은 표정으로 흔한 병명을 말하고는 쉬운 치료법을 설명하면 그것만으로도 벌써 반쯤 병이 나은 것 같은 기분이 든다. 병에 대해 걱정하는 주체가 환자에게서 의사한테로 넘어가면서, 치료에 대해 고심할 책임에서 풀려난 것 같은 안도감이 치유에 기여하는 바가 있을 것이다.

이런 대답을 전했는데 여기에 대해 정식으로 인터뷰 요청이 와서 결국 인터뷰를 하고 말았습니다.

저는 의료라는 것이 병과 환자와 의사라는 세 주체가 참여하는 일종의 '이야기'라고 생각합니다. 이 이야기에는 여러 가지 패턴이 있습니다. 예를 들면 병을 환자의 나쁜 생활 습관이 가져온 귀결이라고 생각하는 의사가 있습니다. 그런 의사에게는 환자가 곧 병의 원인으로 보입니다. 그래서 "아픈 건 바로 당신 때문이다. 자기 책임이다"라고 환자를 몰아세웁니다. 환자는 반박할 수 없으므로 풀이 죽어 삶의 의욕을 잃습니다. 병원에 가면 또 꾸지람을 들을 것이라고 생각하니 병원 다니기가 싫어지고, 치료를 제때 하지 않아 이윽고 손을 쓸 수 없는 상태가 되어버립니다.

이와 달리, 병을 우주 바깥에서 온 '에일리언'쯤으로 설명하는 의사도 있습니다. 이를 상대로 환자와 의사가 한 팀이 되어 싸운다는 이야기를 채용하는 것입니다. 이 경우에는 환자와 의사는 동료로서 함께 '외부에서 침입한 나쁜 병'과 싸운다는 이야기가 되므로, 환자의 자격지심이나 심리적 부담감이 크게 줄어들고 환자는 의사의 의료 행위에 최대한 협조하고자 합니다.

또 다른 이야기도 가능합니다. 병이란 심신의 상태가 흐트러진 것에 지나지 않으니 거기에 맞추어 자신의 생활과 몸의 사용법을 바꾸면 된다고 생각하는 사람도 있습니다. '병과 싸우는' 것이 아니라 '병과 함께 살아가기'라는 독특한 의료 철학입니다. 이것도 또 하나의 '이야기'이지만 제가 아는 한, 이런 철학적인 관점에서 자신의 병을 바라볼 수 있는 사람은 대체로 건강하고 장수합니다.

이 중 어떤 이야기를 선택할지는 개인의 자유입니다. 어떤 이야기가 결과적으로 환자의 삶의 질을 가장 높일 수 있을지는 의사가 판단할 수밖에 없습니다.

사전동의도 '인간이란 어떤 존재인가'에 대한 하나의 이야기에서 도출된 것입니다. 세계 어디서나 같은 이야기가 적용될 수는 없겠지요(예를 들어, 미국은 모든 것을 자기가 결정하고 누구에게도 책임을 지우지 않는 것을 인간의 이상형으로 내건 사회이므로 미국에서 '미국형 이야기'를 선택하는 것은 의사로서 적절한 판단이라고 생각합니다). 그것이 효과적인 환자도 있고, 별로 효과적이지 않은 환자도 있고, 그 때문에 오히려 나빠지는 환자도 있을 것입니다. 그러므로 경우에 따라 다르게 적용하는 것이 좋을 것이라고 이야기했습니다.

전문가가 아닌 사람이 임기응변 식으로 내놓은 대답이었지만, 이 인터뷰가 〈간호학 잡지〉에 실린 뒤 간호사들로부터 꽤 호평을 받았다는 이야기를 나중에 들었습니다(실제로 이 인터뷰가 게재된 뒤 몇몇 간호 관련 학회나 간호학교에서 강연 의뢰가 들어오기도 했습니다).

의학서원 편집자 시라이시 씨가 저를 찾아온 것은 그때입니다. 아마도 그 글을 읽고 '다른 이야기를 하는 사람이 있구나' 하고 생각한 것이겠지요. 그는 '돌봄을 열다'라는 의학서원의 유명한 시리즈 편집자로 『베델의 집에 대한 당사자 연구』를 비롯한 화제의 책을 쏟아내고 있었는데, 그 시리즈의 한 권으로 책을 써달라고 내게 제안한 것이었습니다. 저는 "의료 관련 책은 제게 무리입니다. 쓸 수 없습니다"라고 대답했습니다.

후기에도 썼듯이, 그 무렵 저는 도쿄와 오사카의 아사히 문화센터에서 '신체와 커뮤니케이션'에 대해 일곱 차례 강연을 했습니다. 그 강좌에 시라이시 씨가 매번 와서 강연을 녹음하고 있었습니다. 그런 밑도 끝도 없는 이야기가 어떻게 책이 될 수 있을까 생각하고 있었는데, 강좌가 끝나고 얼마 뒤에 그가 강연록을 가지고 와서 나에게 "이제 서문만 쓰시면 됩니다"라고 말해 놀랐습니다. 그토록 종잡을 수 없이 왔다 갔다 하는 이야기를 여기저기 자르고 붙여서 수미일관된 강의로 만든 시라이시 씨의 마법사 같은 솜씨에 몹시 감탄했습니다.

이 책을 쓴 시점에 제가 집착했던 가설이 있습니다. 본문에도 나오지만, '간단한 이야기를 복잡하게 만들면 오히려 이야기가 간단해진다(또는 그럴 때가 있다)'는 것입니다(앞에서 소개한 '사전동의'도 그런 이야기지요).

모순된 말이지만 첫 번째의 '간단하다'와 두 번째 '간단하다'는 차원이 다릅니다. '나는 옳다'라고 주장하는 두 사람이 서로 대립하고 있는 경우를 상정해보죠. 한쪽이 옳고 다른 한쪽이 틀렸다고 할 수 있다면 이야기는 간단합니다. 하지만 '네가 틀렸다'라고 들은 쪽이 그 말에 승복하지 않고 "이런 건 인정할 수 없다"면서 테이블을 뒤엎으면 이야기는 전혀 간단하지 않습니다.

흑백으로 나누지 않고 '양쪽 다 조금씩 옳고 동시에 조금씩 옳지 않다'는 식으로 이야기를 복잡하게 만드는 방법도 있습니다. 그러고 는 "자, 어떻습니까, 모두 조금씩 양보해서 '양쪽 모두 비슷하게 불 만족스러운 솔루션'으로 일단 마무리하는 것이?" 하면서 어느 쪽도 옳거나 틀리지 않은 어중간한 지점에 착지해서 '나머지 세밀한 부분 은 그때그때 조율하기로' 하는 겁니다.

이야기는 전혀 해결되지 않았지만, 양측 모두 불만족스럽긴 해도 "일단 이 문제는 한동안 이대로 둬야겠군" 하고 생각하게 됩니다. 최종적이고 불가역적인 해결책과는 거리가 멀지만 일단 문제의 분 쟁 지점을 쿨다운시키고 나면 당사자들은 다른 일에 자신들의 지적 자원을 쓸 수 있습니다. 그러면 시간이 흘러 다른 조건들이 변하면 서, 해결 불능으로 여겨졌던 문제가 이제는 어떻게 해도 괜찮은 것 이 되어버릴 수도 있습니다.

이런 해법을 저는 "문제를 복잡하게 만듦으로써 간단하게 한다" 고 얘기합니다. 이 개념을 좀더 세련되고 사용하기 좋게 만들 수 없 을까 하는 것이 그 시기에 제가 매달린 실천적 과제였습니다. 그 이 론적 기초를 위해 '커뮤니케이션과 신체 그리고 죽은 자'라는 주제 를 다룬 것입니다.

커뮤니케이션, 신체, 죽은 자. 이 세 가지에 공통되는 점은 '일의 적으로 정의할 수 없지만 그 때문에 오히려 활발하게 기능한다'는 특성입니다. 이런 설명만으로는 무슨 말인지 잘 모르실 테니, 자세 한 내용은 책을 읽어보시면 좋겠습니다.

벌써 15년 전에 쓴 글이므로, 저 자신도 무슨 생각을 하면서 이런 글을 썼는지 정확히는 기억나지 않습니다. 하지만 자신이 무슨 생각으로 썼는지 이제는 잊어버린 그 책의 인세가 지금도 내 은행 계좌로 들어오고 있습니다. 한국어판이 출간될 때는 이렇게 제 허락을 구하기도 하고요. 쓴 내용도 잘 기억나지 않는 책의 번역을 할지 말지를 판단할 권리가 지금의 나에게 있을까요?

그렇지만 특별히 그것이 부당하다고는 생각하지 않습니다. 왜냐면 내가 지금 쓰는 이 글의 원고료가 입금될 즈음이면 그것을 받게 될 미래의 나(올해 여름 정도의 나)는 1월 말에 이 글을 무슨 생각으로 썼는지 아마 정확하게는 기억하지 못할 것이기 때문입니다.

'우치다 타츠루'라는 윤곽이 흐릿한 '글 쓴 주체'가 있고, 그 주체는 여러 시기에 여러 가지 생각을 하면서 이런저런 문제를 구사하는 복수의 필자로 구성되어 있습니다. 이른바 '공동 저술'로서 내 글이 존재합니다. 그래서 지금의 내가 쓴 것에 대해 미래의 내가 "이건 내가 쓴 것이다"라며 저작권을 청구할 수 있음을 보증하는 대신, 과거의 내가 쓴 것에 대해 지금의 내가 "이건 내가 썼지"라며 권리를 보전 받는, 그런 느슨한 '공동 작업 관계'의 결과로 우치다 타츠루라는 필자가 존재한다 그렇게 보면 되지 않을까 생각합니다.

제 책을 번역해서 출판하는 한국의 여러분께 진심으로 감사드립니다. 한일 양국 정부는 여러 가지로 이견이 있어 불편한 관계에 있지만 그와는 다른 차원에서 시민들끼리는 이렇게 가까이 교류할 수 있는 것이 미래의 한일 관계를 생각할 때 매우 좋은 일이라고 생각합니다. 아무쪼록 앞으로도 잘 부탁드립니다.

2019년 1월

우치다 타츠루

차례

4

소통의
회로를 여는
소통

_신체와 윤리

5

죽은 자의 메시지를 듣는다

일러두기

1. 인용문 출처는 미주로, 옮긴이 주는 각주로 표기했습니다.

2. 인용문 출처의 경우 원서에서 밝힌 일서를 기준으로 표기하고, 한국어판 제목이
   일서와 다른 경우 번역서 제목을 괄호 속에 표기했습니다.

인간은 왜 이야기를
복잡하게 만들까

과학자들은 늘 세상이 단순한 것이라고 생각하고 싶어 한다.
하지만 그 기대는 어긋나기 마련이다.

_그레고리 베이트슨, 「마음의 생태학Steps to an Ecology of Mind」

뒤바뀌는 말

'적당'이라는 말이 정확히 어떤 뜻인지 가르쳐달라고 스위스에서 온 유학생 엘리자베스가 따져 물은 적이 있다. 일본어로 "적당한 답을 고르세요"라고 할 경우의 '적당'은 '적절한' 또는 '올바른'이라는 뜻이지만 "적당히 해"라든가 "적당히 다루지 마" 같은 말에서 '적당'은 '적절하지 않다'거나 '별로 올바르지 않다'는 뜻이다. 대체 일본인은 어떤 이유로 같은 단어를 정반대의 뜻으로 쓰는 건지 설명해달라고 해서 당황스러웠다.

이야기를 들어보니 맞는 지적이다. 나도 별 생각 없이 쓰고 있었지만 실제로 '적당'이라는 말은 꽤나 '적당히' 사용되고 있다. '적당히'는 '적절하게'라는 뜻보다 주로 '대충' 혹은 '성의 없이'라는 의미로 쓰이고 있다. 이런 이유로 엘리자베스에게는 결국 납득이 될 만한 설명을 하지 못했다.

그 후에도 이 의문이 계속 마음에 걸려 있었다. 왜 같은 단어가 반대 의미를 동시에 가질 필요가 있는 것일까? 대체 그렇게 함으로써 누가 어떤 이익을 얻는 걸까? 또 그것이 그렇게 비합리적이라면 왜 그런 누습을 개선하려고 아사히신문이든 NHK든 문부과학성이든 제언하지 않는 걸까? 생각할수록 이상한 일이다.

그런데 그렇게 생각하면서 주위를 돌아보니 우리가 일상에서 쓰고 있는 표현 중에는 반대의 의미를 동시에 함의하고 있는 말이 의외로 많다는 것을 깨닫게 되었다. 예를 들면 인칭대명사도 그렇다. 내가 도쿄에서 관서 지방으로 와서 놀란 것은 오사카 사람들이 '자기'라는 말을 '당신'이라는 뜻으로 사용하고 있는 것이었다. "자기, 속은 거 아니야?"라는 말은 "당신, 속은 거 아니야?"라는 뜻이다.

영화 〈의리 없는 전쟁(仁義なき戰い)〉에서 스가와라 분타가 고바야시 아키라에게 "저기 아키라, 이쪽이 무라오카의 후계자가 되면 되잖아"라고 하는데 이때 '이쪽'이라는 말은 문맥에서 추측하건대 '당신'을 가리키는 것 같다. 왜 '이쪽'이 '당신'의 의미로 쓰이는 것일까. '手前'라는 말도 그렇다. '테마에'라고 읽으면 1인칭, '테메에'라고 읽으면 2인칭이 된다. '아나타(당신)'라는 말도 원래는 '저 멀리彼方'라는 뜻이니까 지금 눈앞에 있는 사람에 대한 호칭으로는 그다지 적절하지 않은 것 같기도 하다.

생각해보니 다 납득이 되지 않는 이야기들이다. 그런데 이런 문제에 대해 나 혼자만 집착하고 있는 것이 아니었다. 일상생활에서 보이는 '이상한 것들'을 깊이 파고들었던 프로이트 Sigmund Freud도 이점에 주목해서 늘 그렇듯이 남다른 통찰을 보여주고 있다.

많은 언어학자들은, 가장 오래된 말에서는 '강하다·약하다', '밝다·어둡다', '크다·작다'와 같은 대립된 뜻이 같은 어근으로 표현되고 있었다고 주장한다(『원시 언어의 반대 의미에 관하여Uber den Gegensinn der Urworte』). 예를 들면 이집트어의 'ken'은 원래 '강하다'와 '약하다'라는 두 가지 의미를 갖고 있었다. 대화를 나눌 때 이렇게 반대되는 두 가지 의미를 동시에 지닌 말을 사용할 때는 오해를 피하기 위해 억양과 몸짓을 추가했다. 또 문서에서는 '한정사限定詞'라고 하는,

그 자체는 발음하지 않는 그림을 추가로 덧붙였다. 즉, '강하다'라는 뜻의 ken에는 글자 뒤에 똑바로 서 있는 남자 그림을, '약하다'라는 뜻의 ken에는 힘없이 쭈그리고 앉아 있는 남자 그림을 넣은 것이다. 동음의 원시어를 미묘하게 변화시켜 그 말에 포함된 서로 반대되는 의미를 각각 나타낼 수 있는 표기가 생긴 것은 꽤 나중에 와서다.[1]

고대 이집트인은 ken이라는 말을 음의 높낮이나 몸짓을 미묘하게 달리하는 것으로 '강하다'와 '약하다'라는 뜻을 구별해서 썼다는 것이다. 꽤나 귀찮은 일을 했던 것 같지만, 이러한 현상은 고대 이집트에 한정된 이야기가 아니라 동서고금을 막론하고 모든 언어에서 관찰된다.

프로이트는 비슷한 사례를 몇 가지 열거하고 있다. 라틴어의 altus는 '높다'와 '낮다' 두 가지 의미가 있고, săcer에는 '신성한'과 '저주받은'이라는 두 가지 의미가 있다. 영어의 with에는 '그것과 함께'와 '그것 없이'라는 양쪽 의미가 있었지만, 오늘날에는 '그것과 함께'의 의미로만 쓰이고 있다. 하지만 withdraw(빼내다), withhold(주지 않다) 같은 동사에는 '그것 없이'라는 옛 뜻의 자취가 남아 있다.

물론 일본어에도 같은 현상이 존재한다. 오래전에 본 텔레비전 드라마에서 주인공 소년(마에다 코요)이 좋아하는 소녀(나카야마 미호)에게 "나 좋아해?"라고 묻는 장면이 있었다. 미호가 곧바로 "응, 좋아해"라고 답하자 코요는 이렇게 말한다. "아니, 그 '좋아해'가 아니라…."

그 장면을 보면서 깨닫는 바가 있었다(엘리자베스의 지적 이후 나는 이런 사례에 아주 집착하는 사람이 되었다). '좋아해'처럼 오해의 여지가 없어 보이는 말조차 말투를 가지고 '이성으로서 좋아한다'는 뜻과 '이성으로 좋아하는 것은 아니다'라는 정반대의 뜻을 나타낼 수 있는 것이다. 그런데 이 경우에 미호가 답한 '좋아해'가 '친구로서는 좋아하지만 이성으로서는 관심이 없다'는 의미임을 코요가 어떻게 단번에 알아챈 것일까?

이는 여러분 자신의 경험에 비추어 생각해보면 바로 이해할 수 있을 것이다. 코요가 미호의 "응, 좋아해"를 이성으로는 관심이 없다는 의미라고 순간적으로 판단할 수 있었던 것은 "좋아해?"라는 물음과 "응, 좋아해"라는 대답 사이의 '시간'이 그만큼 짧았기 때문이다. "나 좋아해?"라는 물음에 "친구로는 좋아하지만 남자로 생각해본 적은 없어"라는 뜻인 경우는 곧바로 "응, 좋아해"라고 할 수 있지만 "이성으로서 좋아해"라는 뜻인 경우는 "음… 좋아해"처럼 '음…'이라는 약간의 주저함이 끼어든다. 다시 말해 우리는 물음과 대답에서 나타나는 미세한 시간 차이에 따라 그것이 이성으로서의 호감인지 친구로서의 호감인지를 식별하고 있는 것이다.

아주 귀찮은 일이 아닌가! 왜 사람들은 "이성으로 좋아해(좋아해①)"와 "친구로서는 좋아하지만 이성으로서는 관심이 없어(좋아해②)"에 각각 다른 동사를 쓰지 않고 대립하는 의미를 한 단어에 담는 것일까? 신조어가 넘칠 듯이 생겨나고 있는 마당에 왜 "좋아해"와 같은, 잘못 해석하면 인생이 좌우되는 심각한 결과를 초래하는 낱말에 대해서는 아무도 제언을 하지 않은 것일까?

여기에는 아무래도 인간 존재의 근본과 관련 있는 중요한 물음이 숨겨져 있는 것처럼 보인다. 나는 이 물음을 다음과 같이 규정해보려고 한다. 인간은 왜 일부러 이야기를 복잡하게 만드는 걸까?

이중구속

어떤 사람이 직장에서 조퇴를 했다가 다음 날 출근하자 동료가 물었다.

"어제 어떻게 간 건가?"

"전철로."

이것은 커뮤니케이션 부조화의 심각한 사례다.

'어떻게 간 건가' 하는 물음이 귀가 수단에 관한 물음인지 귀가 이유에 관한 물음인지 앞의 일문일답만으로는 판단하기 어렵지만 우리는 일상 대화에서 이러한 판단을 아무런 문제 없이 처리하고 있다.

어떻게 해서 우리는 잘못된 대답을 하지 않을 수 있을까. "어제 어떻게 간 건가"라는 물음에 대해 우리는 대답하기에 앞서 '이 사람이 무엇을 묻고 싶은 것인가' 하는 '물음에 관한 물음'을 자기 자신에게 던지기 때문이다. 만약 평소에 직장동료들끼리 귀가 수단으로 어떤 교통편이 적절한지에 관해 종종 의견을 주고받았다면 "전철로"라는 대답도 상대방이 기대할 법한 올바른 대답일 수도 있다.

이러한 물음에 어떤 대답이 가장 적절한지 정해진 답은 없다. 따라서 우리는 그 물음이 무엇을 묻고 있는 것인지를 그때그때의 맥락 속에서 추리하지 않으면 안 된다. '당신은 그 물음으로 무엇을 묻고 싶은 것인가', '당신은 그런 말로 무엇을 말하고 싶은 것인가', '당신은 그렇게 해서 무엇을 하고 싶은 것인가'와 같은 종류의 물음을 커뮤니케이션 이론에서는 '메타 메시지'(상위 메시지)라고 한다.

메타 메시지는 '메시지의 독해에 관한' 메시지인 셈이다. 예를 들면 "나는 거짓말쟁이다"라는 메시지가 있다('거짓말쟁이 크레타섬 사람의 패러독스'라고 한다). 이 메시지는 어떻게 읽어야 할까. 이 사람이 자신이 말한 그대로 거짓말쟁이라고 한다면 "나는 거짓말쟁이"라는 말도 거짓이 되므로 거짓말쟁이가 아닌 것이 되어 거짓말쟁이라는 앞의 말과 모순된다. 반대로 이 사람이 말한 것이 참말이어서 언제나 거짓말만 하는 사람이라면 이 말에 한해서는 거짓말을 한 것이 아니게 되어 이것도 앞의 말과 모순된다. 그렇다면 이 사람은 거짓말쟁이인가 정직한 사람인가.

별로 고민할 필요 없다. 만약 누군가가 "나는 거짓말쟁이야"라고 말한다면 우리는 보통 "음, 그렇다면 이 사람이 하는 말은 너무 믿지 않는 것이 좋겠군" 하고 판단한다. 그것이 올바른 해답이다.

"나는 거짓말쟁이다"라는 것은 이 사람이 발신하는 메시지의 해독에 관한 메시지, 다시 말해 메타 메시지다. 그러므로 그가 발신하는 통상의 메시지(거짓말뿐인 메시지)보다 한 단계 상위의 메시지여서 이 메타 메시지가 통상의 (거짓된) 메시지에 의해 그 독해법을 규정당하는 일은 있을 수 없는 것이다.

우리는 보통 커뮤니케이션 현장에서 메시지의 처리와 동시에 메타 메시지의 독해법에 대한 처리 또한 수행하고 있다. 메시지와 메타 메시지의 관계는 말하자면 암호 전보와 암호 해독표의 관계에 비유할 수 있다. 암호 해독표에 의하지 않고는 암호를 해독할 수 없듯이 메타 메시지에 관한 커뮤니케이션 당사자 간 합의가 없으면 어떠한 커뮤니케이션도 이루어지지 않는다.

이러한 메타 커뮤니케이션을 우리는 보통 거의 무의식적으로 수행하고 있다. 하지만 누군가가 "당신은 어떤 방식으로 메타 메시지를 알아듣고 있는가" 하고 묻는다면 대답하기 어려울 것이다. 메타 메시지를 읽어내는 일은 너무 자연스러워서 우리가 어떻게 그걸 해내는지 굳이 의식할 일이 없기 때문이다.

이 메타 커뮤니케이션에서의 부조화가 정신분열증(조현병)의 원인이라는 '이중구속double bind' 이론이 1950년대에 그레고리 베이트슨Gregory Bateson에 의해 제기되었다. 이중구속이란 가족관계(주로 모자관계)에서 아이가 메타 메시지를 적절하게 해석하는 일이 조직적으로 방해받는 상황을 말한다. 말로는 자식을 사랑한다고 하면서 자식이 엄마 품에 안기고 싶어서 다가오면 몸을 돌려버리는 어머니의 사례를 전형적인 예로 들고 있다.

메타 메시지는 주로 비언어적인 방식(말투나 눈길, 몸짓, 표정 등)으로 발신되어 메시지의 적절한 해독법을 지시한다. 이 사례에서도 어머니가 비언어적인 레벨에서는 몸을 움츠리는 태도로 메타 메시지를 발신하고 있다. 이때 어머니가 발신하는 메타 메시지("내가 발신하는 모든 신호는 '너를 사랑하지 않는다'는 것을 의미한다")는 언어적인 레벨에서 표현되는 "너를 사랑한다"라는 메시지를 부정한다. 보통의 커뮤니케이션 능력을 갖추고 있는 사람이라면 메타 메시지에 준거해서 어머니의 입에서 나오는 "너를 사랑한다"는 말이 일종의 위장에 지나지 않는다는 것을 알아챌 수 있다.

하지만 어머니 스스로 자신이 자식을 사랑하지 않는다는 사실을 인정하려 하지 않는 것이 상황을 꼬이게 만든다. 자기 자신을 애정이 깊은 엄마라고 믿고 싶은 그 어머니는 자신의 애정 표현이 입에 발린 말일 뿐이라는 사실을 자식이 알아채는 것을 결코 원하지 않는다. 거꾸로 그 어머니는 "널 사랑하고 있어"라는 자신의 말이 "너 따위는 사랑하지 않아"라는 비언어적 레벨의 메시지를 부정하는 메타 메시지로 읽히도록 자식에게 요구한다. 다시 말해 메시지와 메타 메시지를 바꿔치기하려는 것이다.

그럴 때 자식은 막다른 상황에 몰리게 된다. 그는 (자신을 사랑하고 있다고는 전혀 느껴지지 않는) 어머니의 몸짓을 '자신을 사랑하고 있는 징후'로 해석해야만 한다. 이 해석을 받아들이기 위해서는 '어머니가 자신을 사랑하고 있다고 전혀 느껴지지 않는' 자신의 느낌을 부정하는 수밖에 없다. '어머니가 나를 사랑하지 않는다'고 느끼는 자신의 감수성은 현실을 제대로 인식하지 못한 것이며, '나의 메시지 해석 능력이 제대로 기능하고 있지 않다'고 자신을 설득하지 않는 한, 이처럼 바꿔치기된 메시지-메타 메시지 관계를 이해할 수 없다.

베이트슨은 『정신의 생태학』이란 책에서 이렇게 말한다.

이는 스스로를 속이고 있는 어머니를 지지하기 위해 아이가 자기 내면의 진실을 속여야만 한다는 사실을 뜻한다. 어머니와 잘 지내기 위해서는 상대방의 메시지뿐만 아니라 자기 내면의 메시지에 대해서도 그릇된 식별을 할 수밖에 없는 것이다.[2]

이렇게 해서 이 자녀는 출구 없는 상황에 놓이게 된다. 그가 '어머니가 나를 사랑하고 있다'는 거짓을 진실로 받아들이는 자기기만에 어떻게든 성공한다 해도 그렇게 믿고서 어머니에게 가까이 다가가면 역시 어머니는 차갑게 몸을 움츠린다. 어머니의 이러한 거부 신호에 반응해서 아이가 쩔쩔매면 어머니는 "내가 이렇게 사랑하고 있는데 너는 왜 그 사랑을 받아들이지 않는 거냐"라고 그를 질책한다. 아이는 어머니에게 다가가도, 거리를 둬도 질책당한다. 자녀는 어머니가 표현하고 있는 것을 정확히 식별해도 벌을 받고, 또 부정확하게 식별해도 벌을 받는 상황에 놓이게 되는 것이다.

이것이 전형적인 이중구속 상태다. 이러한 상태에 계속 처하게 되면 아이는 메타 메시지와 메시지의 레벨을 식별하는 능력에 치명적인 손상을 입게 된다고 베이트슨은 말한다.

그 결과 상대방이 진실로 말하고 싶어 하는 것이 무엇인지를 알아채는 일, 자신이 정말로 말하고 싶은 것을 표현하는 일(어느 쪽도 정상적인 인간관

계를 맺는 데 없어서는 안 되는 것들이다)을 익히지 못한 상태로 성장하게 되는 것이다.[3]

그와 같은 사람은 자신이 지금 어떤 종류의 커뮤니케이션을 하고 있는지를 인식하지 못하게 된다. "오늘은 뭐 해요?"라는 질문을 받고도 '어제 자신이 한 일로 꾸중을 듣고 있는 건지, 성적인 유혹을 받고 있는 건지 아니면 단순히 말 그대로 그 물음 자체인 건지 정확한 판단을 내릴 수 없게 된다.

정상적인 판단을 할 수 없는 사람은 몇 가지 전형적인 반응을 보인다. 자신이 어떤 레벨의 질문에 반응하고 있는지를 알 수 없도록 애매한 대답을 하는 식으로 위험을 피해 간다. 또는 모든 메시지에 이면의 의미가 있다고 의심하거나 몸을 돌리는 것과 같은 우발적인 동작에서도 숨겨진 의미를 찾는 일을 멈추지 못한다. 아니면 메시지의 레벨 차이를 무시하고 모든 것을 글자 그대로 받아서 결과적으로 어떠한 메시지에도 중요성을 인정하지 않게 되거나 바깥에서 오는 메시지를 모두 차단하고 입을 다물고 안으로 숨어버린다.

이런 반응은 아무래도 정신병적 커뮤니케이션 징후와 일치한다. 이 반응들의 공통된 점은 '타인이 뭘 말하고 있는지를 발견하는 데 도움이 되는 선택지만큼은 여하튼 선택하지 못한다'는 점이다.

베이트슨의 이중구속 이론을 지금까지 설명한 것은, 인간이 서로 상반되고 반의적인 의미를 갖고 있는 말을 알아듣는 것이 왜 중요한가 하는 앞선 질문에 대해 이 이야기가 해답의 일부가 될 수 있다고 생각하기 때문이다. 그것은 커뮤니케이션에서 언어적인 메시지를 주고받는 것보다 극히 미세한 징후의 차이에 주목해서 메시지의 독해 레벨을 읽어내는 능력이 생존전략상 더 우선한다는 것이다.

ken이 '크다'와 '작다'라는 뜻을 함께 내포하고 있고, 좋아한다는 말이 '좋아한다'와 '그렇게 좋아하는 것은 아니다'라는 뜻을 동시에 내포하는 식으로 언어를 사용하고 있는 것은, 우리가 우선적으로 습득해야 하는 커뮤니케이션 능력이 그때그때 가장 적합한 한 가지 뜻을 지닌 기호를 구분해서 사용하는 능력이 아니라 같은 말 안에서 서로 다른 레벨을 읽어내는 능력이라는 것을 의미한다.

그때그때 가장 적절한 한 가지 뜻을 지닌 기호를 사용하는 것이 그렇게 중요하다면 '크다'와 '작다'를 같은 말로 표현하는 식의 불합리한 일을 할 리가 없다. 인류가 언어를 습득한 이래 수십만 년이 지났는데 굳이 이런 불합리한 행동을 그만두지 않고 지금까지 이어온 것은 왜일까? 그것은 같은 레벨에서 서로 다른 항 사이의 차이를 검출하는 능력보다 같은 항에 내포되어 있는 레벨의 차이를 검출하는 능력이 인간이 살아가는 데 보다 유용하기 때문이라고 나는 해석한다.

우리는 유아기부터 이런 능력을 개발하는 쪽으로 집중적인 훈련을 받고 있다. 또한 일상생활 속에서도 그 능력에 관해서는 실로 혹독한 시험을 거듭해서 받고 있다. 예를 들어, 아이들끼리 어딘가로 가려고 의논하고 있는데, 그중 한 명이 지나가는 친구에게 "너도 갈 거니?" 하고 말을 건다. 이때 "너도 갈 거니"가 말뜻 그대로의 의미인지 아니면 "나는 내키지 않지만 '같이 갈까' 하고 물어볼 만큼 네 기분을 배려하고 있으니까 너도 너랑 가고 싶지 않은 내 기분을 배려해줬으면 좋겠어"라는 의미인지를 순간적으로 판단하지 않으면 안 된다. 그래서 "아니, 이번엔 안 갈게"라는 대답이 적절한 타이밍보다 영 점 몇 초 빠르거나 늦어도 그 시간차가 특별한 메시지("나도 너랑은 가고 싶지 않아" 또는 "착한 척하는 거 아냐? 그만 좀 하지!")를 전하게 될 위험을 숙지하고 있지 않으면 안 된다.

우리 일상은 매일매일 이러한 시험으로 가득하다. 엄격한 시험이긴 하지만 인간은 유아기부터 이런 훈련을 하지 않으면 아마도 사회생활을 해나가기가 어려울 것이다.

'돼지 울음소리'와 파롤

메타 메시지의 바른 독해는 사회생활에서의 사활을 가를 만큼 중요한 능력이며, 우리는 어릴 때부터 그 능력을 습득하고자 노력한다. 우리의 일상은 오해하려고 하면 얼마든지 오해할 수 있을 만한 아슬아슬한 커뮤니케이션으로 가득하다. 하나의 메시지는 거의 무한한 해석의 가능성에 열려 있다고 봐야 한다. 그 선택지 안에서 '어디쯤'에 해석을 착지시켜야 할지를 늘 적절하게 판단할 수 있다면 '커뮤니케이션 감각이 좋은 사람'으로 평가를 받을 수 있고, 오해를 반복하면 '말귀를 못 알아듣는 인간', 더 심하면 '피해망상'이나 '관계망상'이라는 평가를 받게 될 위험이 있다.

그렇게 생각하면 우리가 날마다 하고 있는 커뮤니케이션의 목적도 '일의적인 메시지를 주고받는' 그것인지, 아니면 '일의적인 메시지 주고받기가 가능한 커뮤니케이션 능력을 갖췄는지를 테스트하는' 것인지를 점점 모르게 된다. 어쩌면 메시지 그 자체보다도 '메시지 주고받기를 제대로 하고 있는지를 테스트하는 일'을 우리는 더 우선하고 있고, 어쩌면 이것이야말로 커뮤니케이션의 본질이라고 할 수 있지 않을까 싶기도 하다.

언어학에서는 '콘택트contact가 성립되고 있음을 확인하는 메시지'를 '교화적交話的 메시지'라고 부른다. '교화적 메시지'의 전형적인 예는 전화를 걸 때 우리가 말하는 "여보세요"다. "여보세요"는 "이 회선은 통하고 있나요"를 의미한다. 그에 대한 "여보세요"라는 응답은 "콘택트가 이루어지고 있어요"를 뜻한다. 콘택트가 이루어지고 있음을 상대방에게 알려주는 가장 확실한 방법은 (영화 〈미지와의 조우〉에서 프랑수아 트뤼포가 신시사이저를 사용해서 외계인을 상대로 시도한 것처럼) 상대방의 말을 반복하는 것이기 때문이다.

교화적 커뮤니케이션의 목적은 '통신 회선의 설치', 즉 '커뮤니케이션의 커뮤니케이션' 혹은 '닫혀 있던 커뮤니케이션의 개방'이다. 그런 의미에서 "여보세요"야말로 메타 메시지의 가장 순수하고 원초적인 형태라 할 수 있다. 아마도 인류는 "여보세요"라는 부름과 "여보세요"라는 응답으로 최초의 언어활동을 시작했을 것이다.

클로드 레비 스트로스Claude Levi Strauss는 커뮤니케이션에 동기부여

를 하는 것은 '말의 의미'가 아니라 말이 발신자로부터 수신자에게
로 보내졌을 때 수신자가 느끼는 '반대급부의 심리적 의무감'이라
고 말한 바 있다.

> 인간들로 하여금 파롤(발화)을 '교환하도록' 강제한 원초의 충동은 두
> 개로 나뉜 표상(이는 처음으로 출현한 상징적 기능으로부터 파생됐다)에서 발견
> 할 수 있지 않을까? 발화된 어떤 '음향 현상'이 말하는 자와 듣는 자에게
> 동시에 어떤 직접적인 가치를 증여하는 것으로 해석될 때 그 '음향 현상'
> 은 모순된 성질을 띠게 된다. 즉, 오로지 이를 보완하는 가치를 교환함으
> 로써만 상쇄할 수 있다는 것이다. 모든 사회적 활동은 여기에 귀결된다.[4]

부연하자면 이렇다. 태고의 어느 날 어떤 인간이 어떤 음성(예를
들어 "와우")을 발성했다. 그 음성을 들은 누군가가 그것을 '증여'라
고 느꼈다. 경제인류학에 따르면 증여를 받은 자는 '증여로 인해 생
긴 불균형'을 오직 그에 대한 '보완적인 가치', 즉 '응답'하고 답례함
으로써 해소할 수 있다.

왜 어떤 소리를 '증여'라고 느꼈는지, 인간은 왜 증여에 대해 반대
급부의 의무를 느끼는지, 그 이유도 인류학적 기원도 우리는 모른
다. 확실한 것은 어떤 표상을 '증여로 받아들인' 인간과 어떤 표상
을 '기호로 증여한' 인간은 동시적으로 출현한다는 것이다.

발신자가 먼저 있고 수신자가 그것을 듣는 것이 아니다. 이 "와
우"가 하품이나 트림처럼 우연히 발성된 소리가 아니라 '파롤의 선

물'이라는 것은 수신자가 그것을 '증여'로 승인할 때 그와 동시에 성립하는 것이기 때문이다.

이것은 언어가 발생한 순간의 이야기다. 아직 언어는 탄생되지 않았다. 아직 존재하지 않는 언어의 화자가 있을 리 없다. 기호는 이 "와우"가 증여라고 두 사람이 동시에 인정했을 때 생긴 것이다.

이러한 언어의 메커니즘에 대해 자크 라캉Jacques Lacan은 드라마틱한 비유를 들어 가르쳐주고 있다. 오디세우스의 부하들이 여행 도중에 돼지로 변했을 때, 그들은 돼지우리에서 꿀꿀거리고 있었다. 라캉은 이것이 파롤로 받아들여지기 위해서는 어떤 조건이 필요한지 생각하기 시작했다. "돼지우리라는 폐쇄된 공간 안에서 시끌벅적 뒤엉켜 우리 귀에 전달되는 꿀꿀 소리가 파롤이라는 것을 어떻게 알 수 있을까?" 라캉은 스스로 세운 이 물음에 이렇게 답한다.

돼지의 울음소리는 오직 '그 소리가 무엇을 전하려는 것일까'라는 물음을 누군가가 세울 때 비로소 파롤이 됩니다. 파롤은 누군가가 그것을 파롤이라고 믿는 딱 그만큼만 파롤이 됩니다. (…) 동물의 랑가주 langage(언어활동)라는 것이 존재하는 것은 그것을 이해하려고 하는 사람이 있다는 바로 그 조건하에 한정됩니다.[5]

파롤이 파롤로 인지되는 것은 그것이 파롤이라는 것을 두 인간이 동시에 인지하는 경우에 한정된다. 그 인지가 있기 전에는 발신자도 수신자도 언어도 아직 존재하지 않는다. 메시지를 말하는 주체와 그것을 듣는 주체, 메시지 자체, 이 세 가지는 아마도 그 기원에서는 혼연일체의 카오스를 이루고 있을 것이다.

'콘택트의 성립'을 알리는 교화적 메시지는 그 카오스에서 언어와 주체가 생겨나는 결정적인 순간을 말해준다. 약간 과장된 표현을 쓰자면, 일상적인 커뮤니케이션에서 "그럼, 내일 봐", "응, 내일 봐"라든가 "사랑해", "나도 사랑해"라는 동어반복적인 교화적 대화를 할 때 우리는 '언어'와 '주체'가 이 세상에 탄생하는 기원을 재연해서 보여주고 있는 셈이다. 교화적 메시지란 라캉의 비유를 빌려 말하자면 "당신이 발성한 소리가 돼지의 울음소리가 아니라 인간의 언어다"라는 승인이다.

아마도 커뮤니케이션이라는 행위는 우리들이 생각하고 있는 것보다 더욱 근원적인 것이 아닐까. 우리는 뭔가 유의미한 메시지를 주고받기 위해 커뮤니케이션을 '이용'하고 있는 것이 아니라 오히려 '유의미한 메시지를 주고받는다'는 구실로 언어와 주체가 태어나는 영광의 순간, 즉 인간이 인간이 되는 그 순간을 날마다 축하하고 있는 것이다.

그렇게 생각하지 않는 한, 서두에서 말한 '의미가 뒤바뀌는 말'의 존재 이유를 나는 잘 설명할 수 없다. '뒤바뀌는 말'은 비유적으로 말하면 '돼지의 울음소리'다. 또는 반쯤 조리된 반제품이라고 하면 이해가 빠를까. 우리는 '반대되는 두 가지 의미를 내포하고 있는 말'을 적절하게 알아들음으로써, 거의 완성된 반제품에 마지막 칼질을 해서 '카오스'에서 '코스모스'가 생겨나는 순간을 만난다. 상반되는 두 가지 의미를 띤 언어 사이에서 말이 흔들리고 있다는 것은 그 애매함의 안개가 다 걷히고 송신자와 수신자 사이에서 표상이 공유되는 그 순간의 감동을 부활시키기 위해서일 것이다.

언어가 성립된 원초의 감동을 경험함으로써 그 기원적 사건을 재연하는 것이 우리를 커뮤니케이션으로 이끄는 근원적인 동기라고 한다면, 커뮤니케이션은 지나치게 일의적이고 깔끔하게 떨어지는 것이 아니어야 한다. 거기에는 미가공의 부분, 인간의 주체적 관여에 의해 비로소 파롤이 될 여지가 남아 있어야 한다.

'돼지 울음소리'가 파롤이 되는 순간의 감동을 담보하기 위해서는 '돼지 울음소리'가 '돼지 울음소리' 그대로 남게 되어 누구의 귀에도 파롤로 가 닿지 않을 위험이 잠재되어 있어야 한다는 얘기다. 통신 회선이 끊길 가능성이 있어야 "여보세요"라는 응답이 감동적으로 들리는 것과 마찬가지다.

자크 라캉의 전설적인 강의는 '도대체 무슨 말을 하는 건지 이해할 수 없는' 그 한없이 난해한 내용과 몸에 직접 스며들듯 깊이 있는 바리톤 음성의 언밸런스로 잘 알려져 있다. 청중은 이 '무엇을 말하려고 하는지 전혀 이해할 수 없는 강의'를 듣기 위해 격주 화요일 에콜노르말의 계단교실에 말 그대로 북적거린 것이다.

전혀 의미를 알 수 없는 강의를 들으러 간 청중의 마음을 나는 조금은 알 것 같다. 사람들이 말 그대로 '온몸이 귀가 되어' 라캉의 강의를 들은 것은 아마도 "나는 라캉을 오해하고 있는 것이 아닌가"라는 불안을 결코 떨칠 수 없었기 때문일 것이다. 자신이 하는 말이 난해한 이유를 라캉은 이렇게 설명했다.

제가 여러분이 이해하기 어려운 말로 이야기하는 것은 일부러 그렇게 하려고 하는 것은 아니지만 실은 명백한 의도가 있어서입니다. 이 오해의 여지가 있어야 여러분이 제가 말하는 것을 따라올 수 있기 때문입니다. 즉, 여러분은 불명확하고 애매한 위치에 머물 수 있는 겁니다. 그리고 그것이 수정으로 가는 길을 항상 열어두는 것입니다.

달리 말하면 제가 만약 쉽게 이해할 수 있는 방법으로, 여러분이 잘 이해했다고 완전히 확신할 수 있게 이야기를 진행한다면 이 이야기는 오히려 완전히 무가치한 것이 되어버릴 수도 있습니다. 완전히 이해했다는 확신에 이른다는 얘기는 바꿔 말해 '달리 생각할 여지가 완전히 제거되어야 한다'는 뜻인데, 이렇게 되면 담론으로서는 완전히 무가치한 것입니다.[6]

'이해했다'고 믿는 사람보다 '오해를 하는 것은 아닐까' 하고 불안에 사로잡히는 사람이 커뮤니케이션에서 더 본질적인 경험을 할 것이라는 이야기다.

꿈의 문법

잠에는 명백히 다른 두 가지 상태(렘 수면과 논렘 수면)가 있다고 알려져 있다. 렘 수면rapid-eye-movement sleep은 '급속 안구 운동 수면'으로, 우리가 꿈을 꾸는 것은 이 렘 수면 중일 때

다. 이 상태는 주기적으로 찾아와 수면 전체의 25퍼센트를 차지한다. 잠잘 때는 자율신경으로 조절되는 호흡이나 체온, 근육운동 등이 깨어 있을 때와는 다른데, 특히 렘 수면 중에는 신체 중심부에서 체온 조절이 거의 불가능해져서 인간은 일시적으로 변온동물로까지 퇴화한다.

꿈을 꾸는 일이 생존을 위해 반드시 필요하다는 것은 틀림없지만 생물학적으로 꿈이 어떤 역할을 하는지는 아직 충분히 밝혀지지 않았다. 지금까지 꿈의 역할에 대해 가장 설득력 있는 설명을 하고 있는 사람은 프로이트다.

프로이트에 의하면 꿈은 현실에서 만족하지 못한 욕망을 충족시키기 위한 심리기제다. 이를테면 짠 음식을 먹고 잠들면 밤중에 물 마시는 꿈을 꾸는 일이 있다. 꿈에서라도 갈증을 해결하게 되면 우리는 잠을 계속 잘 수 있게 된다(실제로는 나중에 다시 갈증을 자각하게 되지만). 또는 일찍 일어나 일하러 가야 할 때 꿈속에서 일어나 나갈 채비를 하는 꿈을 꾸기도 한다(그 때문에 안심하고 계속 자는 바람에 지각하는 일도 있지만). 다시 말해 꿈에는 수면을 방해하는 자극을 진정시켜서 계속 잠을 잘 수 있도록 '이야기'를 만들어내는 기능이 있다.

프로이트의 『꿈의 해석』에는 이러한 꿈이 소개되어 있다.

어떤 작곡가의 꿈이다. 음악수업을 하면서 학생들에게 뭔가를 설명한다. 대충 설명이 끝나고 학생 한 명에게 이렇게 묻는다. "알았나요?" 그러자 그 학생이 신들린 사람처럼 "오, 야!(물론이죠)" 하고 큰 소리로 외친다. 그 소리를 듣고 선생은 참을 수 없어 큰 소리를 내지 말라고 명령한다. 그러자 학급 전체가 소리를 지른다. "오루야" 하고. 그 소리는 이윽고 "오루이요"로 바뀌더니 마지막에는 "훠이에루요('불이야'라는 뜻)"라는 소리로 바뀐다. 꿈에서 깨자 실제로 "훠이에루요" 하고 사람들이 거리에서 외치고 있었다.[7]

"불이야!" 하는 소리를 듣고 난 뒤에 꿈은 각성을 늦추기 위해 상당히 정교한 이야기를 만들어내고 있다. 그런데 이 기록에서 무엇보다 흥미를 끄는 것은 꿈속에서 시간이 흐르는 방향이다. "불이야" 하는 소리를 듣고 나서 깨기까지의 그 짧은 시간 동안 꿈속에서 주관적으로는 상당히 긴 시간이 흘렀다는 것을 말하고자 하는 것이 아니다(그런 일이라면 우리도 종종 경험하고 있으며 '한단지몽'으로도 잘 알려져 있다). 그보다 꿈속에서는 시간이 거꾸로 흐르고 있다는 점이 흥미로운 점이다.

이 꿈에서는 시간이 깨어 있을 때와는 다른 방향으로 흐르고 있다. 자고 있던 작곡가의 귀에는 이미 "훠이에루요"라는 소리가 들려왔다. 하지만 꿈은 각성을 늦추기 위해 그 소리를 "오루이요", "오루야"라는 식으로 변형시킨 다음 마지막으로 "오, 야!"에 이르러 겨우겨우 '음악 수업'이라는 이야기를 만들어내는 재료로 삼은 것이다. 그러니까 꿈은 "오, 야"에서부터 더듬어온 과정을 거꾸로 거슬러서 이야기를 시간 순으로 재편집한 셈이다.

물론 이 꿈이 잠에서 깨는 것을 조금이라도 늦추고자 하는 바람을 충족시키는 효과를 갖고 있다는 점은 틀림이 없다. 하지만 그뿐일까? 이런 꿈을 꾼 것으로 이 작곡가는 또 다른 이익을 얻고 있는 것은 아닐까? 우리가 꿈을 통해 얻고자 하는 것은 갈증을 해결하는 것이나 늦게 일어나는 일 같은 구체적인 바람이 아니라 오히려 꿈을 꾸는 그 자체라고 생각할 수도 있지 않을까.

꿈속에서는 인과관계가 뒤집히고 '크다'와 '작다', '좋다'와 '나쁘다' 같은 것들이 같은 말로 말해진다. 그뿐이 아니다. 시간조차 거꾸로 흐른다. 우리는 이러한 거꾸로 된 세계를 정기적으로 방문하고 있는데, 꿈을 꾸는 것은 어쩌면 우리가 알고 있는 세계와 거꾸로 된 세계를 왕래하는 일 자체가 생존을 위해 반드시 필요하기 때문은 아닐까.

잘 때는 깨어 있을 때와 다른 방식으로 자율신경계가 작동하여 호흡이나 체온 조절, 근육의 반사신경도 다르게 기능한다. 말하자면 자고 있는 동안 인간은 일시적으로 인간이 아닌 다른 생물이 된다. 꿈속에서 우리는 깨어 있을 때의 논리나 인과율, 시간의식과는 다른 프레임 안에서 사물을 본다. 꿈속에서 인간은 일시적으로 인간이 아닌 다른 방식으로 세계를 경험하는 것이다.

셰익스피어의 『맥베스』 첫머리에 마녀들이 "아름다운 것은 추한 것, 추한 것은 아름다운 것"이라고 노래하자 맥베스가 이어서 "이렇게 추하고 아름다운 날은 본 적이 없다"고 말한다. 마녀들은 맥베스가 아직 코다의 영주도, 국왕도 되지 않은 시점에서 맥베스를 '코다의 영주', '장래의 왕'이라고 부르면서 뱅코에 대해서는 "맥베스보다 작은데 크다", "맥베스만큼 운이 좋지는 않지만 훨씬 운이 좋다", "왕은 되지 못하지만 대대로 왕을 낳는다"고 예언한다.

마녀들의 이 말은 꿈의 화법에 따른 것이다. 꿈의 화법이란 아름다움과 추함, 큼과 작음, 행운과 불운, A와 A 아님이 하나가 되어 폭주하고, 시간도 거꾸로 흐르는 세계를 서술하기 위한 화법이다.

하지만 어떻게 해서 그런 화법이 존재하고, 어째서 우리들은 날마다 그 화법으로 서술되는 세계를 사는 것일까. 이 물음은 '우리가 어떻게 이야기에 질리지 않는 것일까' 하는 물음과 같은 뿌리를 갖고 있을 것이다.

나는 이러한 물음에 하나의 대답밖에 생각해낼 수 없다. 그것은 꿈의 화법으로 서술되는 세계로부터 그것과는 다른 문법으로 서술되는 세계로의 이동을 날마다 반복함으로써 인간은 그때그때 인간으로서 다시 태어난다고 하는 가설이다.

하지만 그때그때 새롭게 자신을 인간으로 구축한다는 것을 통속적인 의미에서의 진보라든가 진화라는 식으로 해석해서는 곤란하다. 만약 끊임없이 보다 상위의, 보다 높은 인간적 상태로 변신을 계속하는 것이 인간이기 위한 조건이라고 한다면 우리는 아마도 그 스트레스로 무너지고 말 것이다. 인간은 그 정도로 강한 생물이 아니다. 인간은 어쩌면 '아직 인간이 아닌 상태'와 '인간인 상태'를 정기적으로 왕래하는 것을 자신을 인간으로서 그때그때 재구축하는 방식으로 채택하고 있는 것이 아닐까.

이는 일찍이 레비 스트로스가 '차가운 사회'라고 명명한 사회(인

간 사회의 원초적 형태를 오늘날에 전하고 있는 사회)에서 볼 수 있다. 그는
'뜨거운 사회'와 '차가운 사회'를 대비하면서 이렇게 논한다.

민속학자들이 연구 대상으로 하는 사회는 '뜨거운 사회'라 할 수 있는 이
거대한 근대사회에 견주면 '차가운 사회'라고 할 수 있다. 그것은 시계와
증기기관의 관계에 비유할 수 있다. '차가운 사회'는 아주 적은 무질서(물
리학자들이 엔트로피라고 부르는 그것)만을 낳는 사회다. 그것은 초기 상태를
가능한 한 무한히 지속하려는 경향이 있다. 바로 그 때문에 이러한 사회
는 역사도 진보도 없는 것처럼 내 눈에는 비친다.[8]

'차가운 사회'에서는 역사도 진보도 일어나지 않는다. 하지만 변
화는 있다. 시곗바늘은 시시각각 변화하지만 열두 시간이 지나면
다시 원상태로 돌아간다. 이와 마찬가지로 '차가운 사회'에서는 친
족 제도도, 혼인 규약도, 경제적 교환도 몇 단계를 거치고는 다시
출발점으로 되돌아가 거기서부터 또 새로운 사이클을 시작한다(위
의 책, 45쪽). 여기서는 진화와 같은 변화는 일어나지 않는다. 하지만
같은 사이클의 되풀이는 확실히 담보된다.
　인간이 그때그때 자신을 새로운 인간으로서 구축하는 시스템은
시간이 경과함에 따라 점점 많은 무질서와 세계의 오염을 불가역적
으로 발생시키는 '뜨거운 사회'가 아니라 한 바퀴를 돌아 초기 조건
으로 회귀하는 차가운 시스템이 아닐까? 이 시스템에서는 일단 질
서가 파괴되고 혼돈이 생겨난 뒤 그것이 복구되어 질서가 재구축되

는 과정이 영원히 되풀이된다. 인간은 혼돈에서 질서로, 파괴에서 재생으로, 꿈에서 각성으로 순환하는 여정을 날마다 되풀이함으로써 자신이 어떤 존재인지를 알아가는 존재이다.

초인과 도덕

'인간이란 어떤 고정된 상태가 아니라 과정이다'라는 견해는 물론 새로운 견해는 아니다. 예를 들어 니체 Friedrich W. Nietzsche의 '초인' 개념은 어떤 상태에 안주하지 않고 더 높은 수준을 지향하는 초월의 역동성 그 자체를 가리킨다.

니체는 차라투스트라에게 이런 말을 하게 했다.

내가 옛날에 인간들 곁으로 갔을 때, 나는 그들이 그릇된 낡은 신념 위에 앉아 있는 것을 발견했다. 인간에게 무엇이 선이고 무엇이 악인지를 자기들은 벌써 알고 있다고 믿고 있었다. (···) 이들의 게으른 잠을 깨우면서 나는 이렇게 가르쳤다. 뭐가 선이고 뭐가 악인지를 알고 있는 것은 오로지 창조하는 자뿐이다. [9]

니체는 『선악의 저편』이나 『도덕의 계보』에서 반복해서 '선악의 자명성'을 캐묻는다. "선은 과연 어떤 기원을 가지고 있는가"라는 과격한 물음을 철학사는 부르주아적인 근대 도덕에 대한 비판으로 읽어왔다.

물론 여기서 니체는 현존하는 도덕률은 무의미하니까 폐기하라는 식의 무정부주의적인 주장을 하고 있는 것이 아니다. 니체가 주장하는 것은 "만약 선에 정통적인 기원이 있다면 그것은 전능한 신이나 문서화된 율법, 인간 내면에 실재한다고 여기는 선천적 선성이 아니라 선을 그때그때 선으로서 새롭게 구축할 수 있는 인간의 창조성에 있다"는 것이다.

선과 악은 어떤 것으로 미리 정의되고 카탈로그로 정리되어 우리에게 주어지는 것이 아니다. 선악은 그것을 '선' 또는 '악'으로 규정하는 인간의 창조 행위에 의해 비로소 이 세계에 생겨난다. 니체가 '게으른 잠'이라고 비난한 것은 "뭐가 선이고 뭐가 악인지를 나는 이미 알고 있다"고 똑똑한 척하는 인간의 오만함이다.

인간은 스스로가 선을 창조할 때까지는 선이 무엇인지를 모른다. 뭔가를 창조하여 그것을 '선'이라고 명명하는 자가 나타나야 비로소 '선'이 무엇인지 알려지는 것이다. 선악을 타성적인 카탈로그라고 여기는 전통적인 도덕관을 비판하며 니체는 이렇게 썼다.

'좋다'는 판단은 '좋은 일'을 하는 사람들로부터 생기는 것이 아니다! 오히려 '좋은' 것은 '좋은 인간들' 자신이었다. 즉 고귀한 사람들, 힘센 사람들, 고매한 사람들이 자신들 및 자신들의 행위를 '좋다'고 느껴 제 1급이라 규정짓고, 이것을 저질스럽고 비천한 것, 천민적인 것과 대치되는 자리에 놓았다. 이처럼 '거리를 두는 감각'을 통해 그들은 비로소 가치를 창조하여 가치라는 이름을 각인할 권리를 획득했다.[10]

니체의 '초인'이나 '귀족' 개념에는 인습적이고 인종차별적 함의가 묻어 있어 이런 문장을 문자 그대로 읽는 독자는 지금은 그다지 많지 않을 것이다. 내가 이해하는 한 니체는 여기서 '인간'도 '선'도 그때그때 생성되는 수밖에 없다고 말하고 있다. 인간이란 끝까지 '넘어서지 않으면 안 되는 것'이자 과정이지 목적은 아니다. "나는 태어나서부터 쭉 항상 인간이었고 앞으로도 인간이다"라고 믿어 의심치 않는 인간은 '인간이란 무엇인지 이미 다 알고 있다'라는 오래되고 그릇된 믿음 위에 태연하게 앉아 있는 것에 지나지 않는다.

니체의 공식에 따르면 다음과 같이 덧붙여 말할 수 있을 것이다.

'스스로 도덕을 알고 있다고 생각하는 사람은 도덕적이지 않다. 그와 마찬가지로 자신이 인간이라고 생각하는 사람은 아직 인간이 아니다. 인간이란 스스로가 앞으로 창조되어야만 하는 존재임을 알고 있는 자를 말한다.'

그러나 이 명제는 치명적인 문제를 내포하고 있다.

'인간이란 자기 스스로를 인간으로 구축할 수 있는 자'라고 인간을 정의한다고 쳐보자. 그러면 자기 스스로를 인간으로 구축해가고 있는 '아직 인간이 아닌 자'는 자신이 구축해가고 있는 것이 무엇인지를 이미 알고 있다는 말이 된다. 이미 인간이란 무엇인지를 알고 있고, 그 모델을 따라가고 있다면 그것은 기존 카탈로그의 기계적 복사일 뿐이지 결코 '창조'라고 말할 수 없다. 하지만 만약 자기조형의 모델이 없다면 '아직 인간이 아닌 자'가 인간이 무엇인지를 모른 채로 어떻게 자신을 인간으로 구축할 수 있는 것일까?

니체는 이 난제에 답을 하지 않았다. '좋은' 인간이 '좋은' 일을 행하는 것은 어떤 행위를 '좋다'고 '느끼'고, 그렇게 하기로 '결정'했기 때문이라는 설명은 거의 설명이라고 할 수 없다. 하지만 다른 사람도 아닌 니체가 그렇게 말하는 이상, '그렇게 말하는 것 말고는 달리 설명할 방법이 없다'고 판단하는 것이 현명하지 않을까.

단정하는 자는 자신이 내린 단정에 의해 '단정하는 자'로 규정된다. "나는 여기에 있다"라고 말하는 사람은 그 말에 의해 '나'와 '여기'가 우주론적으로 어디에 위치하는가를 비로소 알게 된다. '나'가 먼저 있고 '여기'가 어디인지 정해진 '다음'에 '나는 여기에 있다'는 결론이 나오는 것이 아니다. 이와 마찬가지로, 인간이 인간이 되는 기원에서도 일의 순서는 거꾸로다. 자신을 인간으로 구축하려는 인간적 지향을 근원적으로 규정하는 것은 "인간이 되어라"라는 천상의 명령도, '인간은 이러이러한 것이다'라고 알려주는 실존 모델도 아니고, 자신이 되어야 할 '인간'을 (아직 모르는 시점에서) 시간의 순서를 거꾸로 거슬러 선취할 수 있다는 바로 그것이다.

이는 자기 머리카락을 잡고 자신을 공중으로 끌어올리는 마술과 닮았다. 몸이 공중에 뜨기 위해서는 자신의 머리카락을 위로 끌어올리고 있는 것이 '하늘의 손'이라고 믿어야 한다. 그러나 실제로 '하늘의 손'이 나를 끌어올리고 있다면 나는 자신을 창조하고 있는 것이 아니라 오로지 거스르지 못할 힘에 굴복하고 있는 것에 불과하다. 그러므로 자기 자신을 인간으로 구축하는 것 자체가 창조 행위가 되려면 '인간으로서 자기 자신을 구축해가는 과정' 중에 허구상의 '나 자신을 인간으로 이미 다 구축한 자'가 선취되어 있어야 한다.

여정을 숙지한 내가 아직 나아가야 할 길을 모르는 나를 인도하고, '미래의 나'가 '현재의 나'에게 가야 할 길을 알려준다. 인간이 '과정'이라는 것은 오로지 이처럼 대단히 비논리적인 현상을 감내하는 것, 즉 한 인간 안에 '아직 인간이 아닌 자'와 '이미 인간임을 완료한 자'가 모순 없이 동거하는 것을 통해서만 가능하다.

복잡한 것은 단순한 것, 단순한 것은 복잡한 것

여기까지 읽고 "도대체 무슨 이야기를 하고 있는 거지?" 하고 곤혹스러워하는 독자도 있을 것이다. 하지만 걱정하지 마시라. 나는 처음부터 계속 같은 이야기를 하고 있는 중이다. 뒤바뀌는 언어, 메타 커뮤니케이션, 이중구속, 꿈과 초인 모두가 같은 패턴 위에 나타나는 무늬들이다.

처음에 나는 이 패턴의 기본이 되는 물음을 던졌다. "인간은 왜 일부러 이야기를 복잡하게 만드는 것일까?" 나는 지금까지 이 물음에 대한 답을 하고자 이러저러한 재료들을 늘어놓아본 것이다.

물론 아직 답은 나오지 않았다. 그러나 적어도 '이야기를 복잡하게 하는' 것 또한 '이야기를 단순하게 하는' 것처럼 인간의 본성에 들어맞는 것이라는 사실은 조금 납득이 된다. 어쩌면 인간의 지성은 '이야기를 복잡하게 만들고 이어서 그것을 단순하게 만든 다음, 그것을 또 한 번 복잡하게 하고 또다시 단순하게 하고 또…' 이런 순환 과정을 되풀이하는 것으로 기능하는 것이 아닐까. 지성은 그런 과정을 되풀이하는 식으로만 작동하는 것이 아닐까.

하지만 여기서 말하는 복잡하다든가 단순하다는 말을 통상 쓰는 낱말 뜻으로 이해해서는 곤란하다. '복잡'이란 단적으로 다른 것이 같은 이름으로 불리는 상황을 일컫는다. 이를 테면 '크다'와 '작다'가 같은 낱말로 표현되고, 그것이 무엇을 의미하는지 그때그때 식별하지 않으면 안 되는 상황은 분명히 복잡한 것이다. 인간이란 '아직 인간이 아닌 존재'와 '이미 인간이 다 된 존재'가 한 존재 안에 무모순적으로 동거하고 있는 상황이라는 인간에 대한 정의 역시 대단히 복잡한 것이다.

한편, 단순하다는 것은 무엇을 말하는가. 잘 생각해보면 이 또한 '서로 다른 것을 같은 이름으로 부르는 것'이다. 이를 테면 9.11 테러가 일어났을 때 조지 부시 대통령은 세계 각국을 향해 미국과 함께할 것인지 테러리스트들과 함께할 것인지 선택할 것을 요구했다. "세계는 문명과 선의 편에 설 것인지 또는 야만과 악의 편에 설 것인지를 선택해야 한다"고 그는 외쳤다. 그러나 국가들은 저마다 개별적인 국익이 있기 마련이다. 거의 모든 나라가 미국과 아랍이슬람권과의 이해관계가 동시에 얽혀 있기 때문에 국익을 오직 미국하고만 공유할 수 있는 나라는 없다. 그런 국면에서 전 세계를 향해 두 진영 중 어느 한쪽에 서라고 압박하는 것은 분명히 서로 다른 것들을 같은 이름 안에 우겨넣는 것이다.

그런데 이런 경우를 우리는 이야기를 단순화하는 프로세스로 이해한다. 곰곰이 생각해보면 이상한 이야기다. 한때 유행했던 승자와 패자라는 2분법도, 혈액형으로 나누는 4분법도, 별자리로 나누는 12분법도 이야기를 단순화하기 위한 조작이라는 점에서는 다르지 않다. 그런데 이 또한 다른 것을 같은 이름으로 부르는 것으로 귀착된다. 부시 대통령이 한 이야기도 마찬가지로 이야기를 단순화하기 위해 더 복잡하게 만든 경우라고 할 수 있다.

사회생활을 하다 보면 이와 유사한 일을 곧잘 맞닥뜨리게 된다. 이야기를 억지로 단순화하는 사람은 어떤 조직에서든 대체로 말썽을 일으키는 트러블 메이커다. 거꾸로 '이야기를 복잡한 그대로 놔두기'를 잘하는 사람을 우리 사회에서는 '도량이 넓다'거나 '융통성이 있다'면서 좋게 보는 경향이 있다. 이러한 사람에게 어떻게 해도 타협이 되지 않는 문제를 맡기면 "그럼 양쪽 의견을 다 듣지"라든가 "그럼 심의를 계속하지"라고 하면서 대립하는 제안을 '하나의 같은 꾸러미' 안에 집어넣어버린다. 이상한 일이지만 그런 식으로 두면, 해결할 수 없다고 생각했던 문제가 어느덧 해결되기도 한다.

단순한 사람이나 복잡한 사람이나 서로 다른 것을 같은 이름으로 부르거나 서로 다른 것을 한 꾸러미 안에 집어넣어버리는 조작에서는 별로 다르지 않다. 다른 점이라면 복잡한 사람은 서로 다른 것을 같은 꾸러미 안에 집어넣어두면서 서로 다른 것이 어쩌다 보니 같은 꾸러미 안에 있을 뿐이라는 것을 알고 있다는 것뿐이다. 결국 단순함이나 복잡함이란 동일한 조작의 약간의 정도 차이에 지나지 않는 것이다. 그렇다면, 이렇게 해서 나는 지금 단순함과 복잡함을 하나의 꾸러미 안에 집어넣어 보인 셈이다.

인간이란 이러한 조작을 되풀이하는 존재다. 왜 그런지는 알 수 없지만 그런 조작을 되풀이하는 식으로만 인간의 지성이 기능하는 것이다. 그래서 이 책에서 내가 시도하는 것 또한 가능한 한 이야기를 복잡하게 하는 것이다. 왜 이야기를 복잡하게 하고 싶어 하냐면 (이제 모두 그 이유를 아시겠지만) 그쪽이 이야기가 단순하기 때문이다. 왜 이야기를 단순하게 하고 싶어 하냐면… (이하 동문).

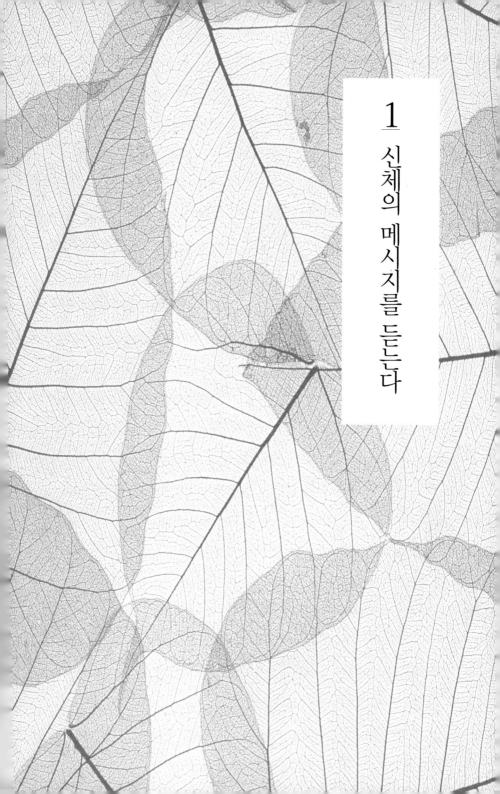

1 신체의 메시지를 듣는다

학생에게 선수를 치는 것, 한 발 앞서 있는 것, 학생에게
"이 사람은 대체 뭘 말하고 있는 거지? 뭘 하려는 거야?" 하고
의문을 품게 해서 뒤를 좇아오도록 만드는 것,
교사의 역할은 단지 그뿐이라고 할 수 있습니다.
그것이 교사라는 일의 알파이자 오메가라고 저는 생각합니다.

저는 강연 원고를 준비하지 않고 그곳의 분위기에 따라 이야기하는 것을 원칙으로 삼고 있습니다. 자기가 할 이야기를 미리 알고 이야기하는 것은 본인으로서도 별로 재미없는 일입니다. 이미 알고 있는 것이니까요. 그보다는 이야기하는 도중에 문득 떠오르는 생각을 말하는 쪽이 말하는 당사자로서도 처음 하는 이야기이므로 재미가 있습니다. 이야기하는 사람이 재미있어하는 이야기가 듣는 사람들에게도 재미있을 거라고 생각합니다. 아마도 그럴 겁니다.

대학에서도 완벽한 강의노트를 교실에 들고 들어가서 그걸 읽듯이 수업을 하면 학생들은 반응하지 않습니다. 눈을 아래로 깔고 노트를 읽듯이 강의를 하면 얼마 안 가 학생들이 졸기 시작합니다. 내용으로 보면 재미있는 이야기인데도 그렇습니다. 미리 준비해온 이야기에는 학생들은 반응하지 않습니다. 그런데 미리 준비를 하지 않고 그 자리에서 생각나는 이야기를 하면 내용이 별로 없는 이야기라도 모두들 반응을 보입니다. 왜 그럴까요?

미리 준비한 이야기를 하면 말이 술술 나오고, 그 자리에서 떠오른 생각을 이야기하려면 더듬거리게 되고 불안하지 않을까 생각할 수도 있지만 이상하게도 그렇지 않습니다. 그 반대입니다. 준비해온 이야기를 하는 쪽이 오히려 목에 걸립니다. "이전부터 죽 생각하고 있던 것입니다만…" 하면서 본론에 앞서 서두를 꺼낼 때 저는 대개 그 자리에서 생각나는 대로 이야기하는 편인데 그렇게 이야기를 하는 쪽이 막힘없이 잘 흐릅니다.

아마도 제가 그 자리에서 생각해낸 것은 '생생하게 살아 있는' 것이겠지요. 살아 있는 상태인 것에 청중은 반드시 반응을 보입니다. 이야기의 주제나 난이도와는 상관이 없습니다. 그런 경우는 이야기를 하고 있는 당사자인 저 자신도 자신의 이야기가 어떻게 전개될지 알지 못합니다. "대체 나는 지금부터 무슨 이야기를 하려는 거지"라든가 "이렇게 이야기를 시작해서 어떻게 결론을 끌어낼까" 같은 궁금증과 긴장감이 생겨나고, 그런 '자신의 사고 흐름에 대한 흥미'가 청중에게도 전염되는 것이 아닌가 생각합니다.

사람들은 다른 사람의 이야기 내용에 귀를 기울이기보다는 말하고 있는 사람이 자기가 하고 있는 이야기에 얼마나 흥미를 느끼는가, 얼마나 가슴 두근두근하면서 자신의 사고 흐름을 좇아가고 있는가 하는 것에 반응하는 것이 아닐까 싶습니다.

그래서 우리는 대개 누가 지금 거짓말을 하고 있는지 어떤지를 바로 알아차릴 수 있습니다. 이야기를 마지막까지 다 듣고 나서 "앞뒤가 맞지 않으니 이 말은 거짓말이야"라는 식으로 추론하지 않습니다. 그 사람이 입을 여는 순간 "아, 거짓말이군" 하는 식으로 알아챕니다. 그것은 아마도 우리가 말하는 사람이 자신의 이야기에 어느 정도 흥미를 갖고 있는지 또는 호기심이나 경의를 갖고 자신의 목소리에 귀를 기울이고 있는지에 감응하고 있기 때문에 알아차리게 되는 것이라고 생각합니다.

모리스 블랑쇼Maurice Blanchot라는 철학자는 "인간이 말할 때 사실은 두 사람이 동시에 말하고 있는 것이다. 내 안에서는 '타자'가 말하고 있다"고 말했습니다. 이게 무슨 소리인지 오랫동안 몰랐는

데 혹시 다음과 같은 의미로 말한 것이 아닌가 싶습니다. "이야기를 하거나 뭔가를 쓸 때 대개 우리는 자기 안에서 이야기하는 '타자의 소리'를 듣고 그것을 기록하고 있다. 그래서 이야기를 듣는 사람이나 글을 읽는 사람은 '두근거리면서 타자의 소리를 기록하고 있는' 나의 흥분에 반응하는 것이다."

지금 제가 하고 있는 이런 이야기도 지금 말을 하면서 생각난 것들입니다. 지금부터 하려는 이야기도 이 자리에서 생각나는 대로 할 것입니다. 이야기가 어디론가 날아가서 수습이 안 될 수도 있겠습니다만 여하튼 어딘가에 착지할 수 있으면 좋겠지요.

선수를 친다는 것

최근 지쿠마문고에서 우치다 하켄內田百閒 전집이 나왔습니다. 저는 하켄 선생 열성 팬으로 제11권『탄타로스』의 해설을 맡은 적이 있지요. 제가 맡은 11권은 주로 하켄 선생의 호세이대학法政大学 시절 항공연구회 이야기입니다.

하켄 선생은 훌륭한 교육자였고 내공이 대단한 분이었습니다. 내공이 대단하다는 것은 학생들에게 '선수를 칠 줄 안다', '한 발 앞설 줄 안다'는 것입니다. 교실에도 제시간에 맞춰 들어가지 않습니다. 조금 늦게 들어가서는 수업을 시작하면서 느닷없이 야단을 칩니다. 학생들은 깜짝 놀라지요. "대체 이 사람은 무슨 생각을 하는 거지? 뭘 하려는 거야?" 하고 학생들이 의문을 품게 만듭니다. 그것을 미리 계산해서 수업에 임하는 것입니다.

이런 것이야말로 교사들이 배워야 하는 것입니다. 단적으로 말해서 교사의 역할은 이것이 전부라고 말할 수도 있습니다. 학생에게 선수를 치는 것, 한 발 앞서 있는 것, 학생들로 하여금 "이 사람은 대체 뭘 말하고 있는 거지? 뭘 하려는 거야?" 하고 의문을 품게 해서 뒤를 좇아오도록 만드는 것, 교사의 역할은 단지 그뿐이라고 할 수 있습니다. 그것이 교사가 하는 일의 알파이자 오메가라고 저는 생각합니다.

교사가 학생보다 한 발 앞서 있으면 그걸로 됐다는 것입니다. 만약 지금 제 이야기를 듣고 있는 여러분들이 "우치다는 이제 이런 결론을 말하지 않을까. 이런 사례를 인용하지 않을까" 하고 예측하는 그대로 제가 이야기를 한다면 그 순간부터는 듣고 있는 여러분의 긴장도가 뚝 떨어지고 말 것입니다.

아침조례 시간에 교장선생님이 하는 훈화나 지역행사에서 의원들이 하는 축사가 지루해서 견딜 수 없는 것은 바로 그런 까닭입니다. 무슨 말을 할지 이미 구두점까지 다 알고 있으니까요. 그런 이야기를 계속 듣고 있도록 하는 것은 거의 정신적인 고문입니다. 정말 괴로운 일이지요. 자신의 인생에서 귀중한 한때가 죽어가고 있는 불쾌한 느낌이 듭니다.

뻔한 이야기를 듣는 일이 얼마나 불행한 일인지를 교단 위에서 말하는 당사자나 듣고 있어야만 하는 아이들이 일일이 깨닫고 있지는 않을 겁니다. 하지만 이는 거의 근원적인 지점에서 사람을 상처

입히고 손상시키는 경험이 아닌가 생각합니다. 거기에는 운동성이 없습니다. 살아 있는 것이 없습니다. 생물로서 뭔가 본질적으로 잘못된 일이 일어나고 있다는 것을 아이들도 느낍니다. 그래서 아이들도 어른도 지루한 이야기를 들으면 곧 졸리게 되는 겁니다.

조는 행위는 겨울잠을 자는 것과 비슷합니다. 일종의 가사 상태에 들어가는 것이죠. 고통을 슬쩍 넘기는 일입니다. 이야기를 듣고 있는 동안 졸린다는 것은 그 이야기를 듣는 것이 실제로 생명력을 좀먹는 경험이라는 것을 듣고 있는 사람이 생물의 본능으로 스스로 알아차린다는 것입니다.

하켄 선생은 가르칠 때는 대단히 엄격한 선생이어서 학생을 야단치기만 하는 것 같아도 함께 맥주를 마실 때는 학생들이 생각지도 못하는 짓궂은 행동을 곧잘 했습니다. 제11권 『탄타로스』에 나오는 항공연구회 일화도 대단합니다. 호세이대학 학생들이 1930년대에 2개월 정도 걸려서 로마까지 친선 비행을 한 적이 있는데, 선생의 글에는 학생 비행사에 대한 애정이 넘칩니다. 그 항공연구회 회칙 제1조가 이렇습니다. "회장의 권한은 절대적이다." 이런 말을 할 수 있는 사람은 보통 사람이 아닙니다. 그 말에는 단편적인 지식이나 기술을 가르치는 것이 아니라 전체적인 것을 전수하는 교사로서의 결단이 깃들어 있습니다. 교사가 학생을 향해 '자신은 절대적 존재'라고 선언하는 것은 여간한 각오와 애정 없이는 할 수 없는 일입니다. 이런 사람은 정말 '달인'이라고 생각합니다.

달인이란 앞에서 말한 '한 발 앞서 있는 사람'을 뜻합니다. 청중이

나 강사의 경우를 예로 들어 말하자면 늘 한두 걸음 앞서 걸어가는 것입니다. 이와 비슷한 이야기를 고노 요시노리甲野善紀 선생한테서도 들은 적이 있습니다.

좇아오게 만들면 승부의
주도권을 쥘 수 있다

고노 선생은 무술인입니다. 저도 합기도를 수련하고 있어서 선생을 저희 학교에 몇 번 초대해 지도를 받은 적이 있습니다. 한번은 고노 선생이 자기 손을 잡게 한 뒤 그것을 푸는 기술을 보여주셨습니다.

상대방에게 기술이 안 걸린다는 것은 이쪽이 상대방의 예상 범위 안에서 움직이고 있다는 뜻입니다. 상대가 앞질러서 움직임을 막아버리기 때문입니다. 사람들은 대부분 예측 범위 안에서 움직이므로 상대가 미리 파악해서 앞질러버리면 끝장입니다.

반대로 '기술이 걸리는' 경우는 이쪽이 무엇을 할지 상대방이 모른 채 좇아오는 상태에서 성립됩니다. 뒤좇아오는 사람은 어떤 식으로든 제어가 가능합니다. 원하는 방향으로 이끌고 갈 수 있습니다. "좇아오는 상대는 마음대로 살리고 죽일 수 있다"라고 고노 선생은 말씀하셨습니다. 이것은 아주 높은 경지의 원리라고 저는 생각합니다.

고노 선생께 힌트를 얻고 나서 스스로 이것저것 궁리를 해보면서 깨닫게 된 것들이 꽤 많습니다. 미묘한 지연 상태에 처한 상대가 그 상태를 만회하려고 따라올 때, 좇아오는 사람의 신체는 아주 유연해진다는 것입니다. 근육이 유연해지고 피부의 감도가 올라갑니다.

생각해보면 당연한 이야기입니다. 예측할 수 없는 움직임을 주의 깊게 살피면서 변화를 따라가고 있는 거니까 신체 감도가 올라가는 건 당연합니다. 센서의 감도가 높아지는 거죠. 어깨에서 힘이 빠지고 관절이 부드러워집니다. 어떤 변화에도 임기응변으로 대응할 수 있게 중심도 한쪽에 치우치지 않고 모든 신체 부위가 바로 '동원 가능' 상태로 유연해집니다. 다시 말해, 승부 자체에서는 매우 불리한 상태에 있고, 이미 '지고 있음'에도 신체적으로는 '좋은 상태'인 겁니다. 30여 년 동안 무도 수련을 해오면서도 이 점을 전혀 알지 못했습니다.

무도에는 다양한 역설 또는 수수께끼가 있는데, 이 '지고 있는 상태가 기분이 좋다'는 것도 그 수수께끼 중 하나입니다. 이런 것은 격투기 경기를 하는 분들에게는 이해가 되지 않을 거라 생각합니다. '지면 아프거나 불쾌한' 것이 보통이고, 그래서 '이기고 싶다'는 동기 부여가 되는 거니까요.

그런데 무도의 훈련 국면에서는 그렇지 않습니다. 그 반대입니다. 무도의 기본적인 교육법인 '형形' 연습에서는 항상 고단자인 스승이 '선先'을 줍니다. 이것은 정해져 있습니다. 그리고 미묘하게 지체된 상태로 제자가 따라갑니다. 그건 단순히 모델을 좇아가면서 그 형태를 따라 하기 위한 것이 아닙니다. 그렇게 '뒤를 좇아' 갈 때 신체가 유연해지고 감도가 높아져 신체적으로 '좋은 상태'가 될 수 있기 때문입니다.

그 '좋은 상태'의 절정에서, 즉 전신이 최고로 이완되어 어떤 입력에도 대응할 수 있을 정도로 임기응변 시스템이 갖춰졌을 때, 거기에 기술을 써서 넘어뜨리는 겁니다. 역설적으로 들릴 수도 있겠지만, 인간의 신체가 최고로 이완되어 있고 가장 임기응변으로 대응할 수 있을 때는 다시 말하면 '가장 위기 상태일 때'입니다.

이것은 군대와 같습니다. 군사적으로 가장 위기 상황일 때 군대는 가장 융통성 있고 효율적으로 운용될 수 있어야 합니다. 당연한 이야기죠. 평상시에는 아주 효과적으로 작동되던 시스템이 군사적 긴장이 높아지면서 오히려 경직되어 응용할 수 없게 된다면 아무 쓸모가 없으니까요.

생물도 똑같습니다. 가장 위기 상태일 때, 신체 감도와 잠재적인 운동 성능이 최고가 되어야 합니다. 그 상태를 경험하기 위해 수련을 반복합니다. 이는 제자가 스승의 주도권 아래에 '놓이는' 경험을 반복하는 일입니다. 그런데 그것은 전혀 불쾌한 경험이 아닙니다. 고통도 굴욕도 아니고, 오히려 쾌감이라고 할 수 있습니다.

저 같은 초보 단계의 무도인이 무도의 역설에 대해 아는 데는 한계가 있지만, 지금 단계에서 제가 발견한 것은 '배움이란 근본적으로 좇아가는 모드이고, (고노 선생이 말하는) 센서 모드에 몸을 두는 것'이라는 정도입니다. 몸과 마음의 감수성을 최대한 민감하게 만들어서 눈앞에서 변화해가는 것을 미미한 간격을 두고 뒤좇을 때 신체는 가장 이상적인 상태가 됩니다. 그래서 사제 관계에서 스승을 따라 하게 하는 것은 스승을 롤 모델로 삼아 '흉내' 내게 하려는 것이 목적이 아니라, 롤 모델을 '좇는' 몸짓 그 자체가 목적이어서 그렇게 하는 겁니다. 말하자면 '뒤좇아 오도록 하는' 그 자체가 교육인 것입니다.

황석공 이야기

사제 관계를 생각할 때 도움이 되는 이야기가 있어 소개하려고 합니다. 장량과 황석공 이야기입니다. 이것은 〈장량〉과 〈구라마텐구〉라는 노能(일본의 전통 연극_편집자 주) 작품에 나오는 이야기인데, 2백 편밖에 안 되는 노 작품에서 두 번 나오는 거니까 중세 일본인들에게는 아마도 아주 친근한 중국 일화 중 하나였겠지요.

장량은 한나라의 건국 공신입니다. 그가 젊었을 때 진나라의 시황제를 암살하려다 실패하고는 도망을 갑니다. 망명 중에 어떤 나라에서 황석공이라는 노인을 만나게 되는데, 황석공은 태공망의 병법을 이어받은 달인이었습니다. 황석공이 장량에게 "병법의 비결을 전수해주겠다"고 해서 두 사람은 사제 관계를 맺습니다.

그런데 황석공은 딱히 뭘 가르쳐주지도 않습니다. 장량이 조금 안달이 나서 "이 사람은 대체 무슨 생각을 하고 있는 거지" 하는 생각이 들 무렵, 어느 날 길에서 우연히 황석공을 만납니다. 말을 타고 있던 황석공이 갑자기 왼쪽 신발을 툭 떨어뜨리고는 장량더러 "주워서 신겨라"라고 합니다. 장량은 순간 욱하는 심정이었지만 일단 그 신발을 주워서 신겼습니다. 그러자 황석공은 그대로 가던 길을 가버립니다.

며칠 후 장량은 또 말을 타고 가는 황석공을 길에서 마주칩니다. 그러자 황석공은 이번엔 양쪽 신발을 다 툭툭 떨어뜨리고는 또 "주워서 신겨라"라고 합니다. 장량은 속으로 더 불끈했지만 참고 신발을 주워서 신기는 순간 그동안의 의문이 풀리면서 '병법의 오의奧義'가 전수됩니다. 신발을 신겨주는 순간 태공망 병법의 전수가 다 이루어지는 겁니다.

노 공연에서는 황석공이 장량에게 오의를 전수했다는 증명으로 두루마리를 건네주는데 그 두루마리를 펼쳐 보니 백지였다는 또 다른 추가 연출도 있습니다. 이것은 여러 예도禮道 세계에서 자주 인용되는 사례입니다.

그러면 과연 황석공은 무엇을 가르쳤고, 장량은 무엇을 배운 걸까요? '신발을 한 번 떨어뜨리고 주워서 신겨준다. 그다음엔 양쪽 신발을 떨어뜨리고 또 주워서 신겨준다. 그리고 그 순간에 병법의 오의가 전수된다.' 만약에 병법의 오의가 구체적인 기술이나 정보 같은 것이라면 이런 이야기는 성립할 수 없습니다. 그런 것은 순간적으로 전달할 수 없으니까요. 그 자리에서 바로 터득했다는 것은 병법의 오의라는 것이 그런 실제적인 정보가 아니라는 것을 의미합니다. 아마도 정보 자체가 아니라 '정보를 전달하는 방법'일 겁니다.

황석공이 가르쳐준 것은 일종의 '관계 맺는 법', '사람을 상대하는 법'인 거죠.

보통 사람이라면 황석공의 메시지를 전달받지 못했을 겁니다. 신발을 주워서 신기면서도 "노인네가 신발을 다 떨어뜨리고, 참… 나이를 드셨나 보네. 치매신가" 하고 끝났겠죠. 그런데 장량의 경우는 그렇지 않았습니다. 두 번째로 신발을 신기는 순간 뭔가를 깨달은 겁니다. 여기서부터는 제가 생각한 이야기입니다. 이 이야기의 핵심이 어디에 있냐면 '아주 유사한 상황이 두 번 반복되는 것'에 있습니다. 나머지는 중요하지 않습니다. 두 번 반복되는 것, 그것이 문제가 됩니다.

처음에는 신발 한 짝이 떨어집니다. 두 번째는 신발 두 짝이 모두 떨어집니다. 처음 한 번뿐이었다면 장량도 단순히 노인의 실수라고 생각했을 수 있습니다. 그런데 같은 일이 두 번 반복되니까 장량도 생각을 하게 됩니다. "같은 상황에서 선생은 또 똑같이 신발을 떨어뜨리셨다. 저번엔 왼쪽 신발, 이번엔 양쪽… 이것은 도대체 무슨 암호인 걸까." 장량은 이런 식으로 생각하기 시작했을 겁니다. "내가 모르는 게임을 선생이 하고 있는 것이 아닐까?"라고 말이죠.

"과연 이 게임은 어떤 규칙으로 진행되고 있는 걸까? 이 게임을 통해 황석공은 내게 뭘 말하려고 하는 걸까?" 아마 장량은 그렇게 자신에게 물었을 겁니다. '그러한 물음'을 세우는 순간, 자기도 모르게 '제자가 되는' 겁니다.

'내 앞에 있는 사람이 내가 모르는 규칙의 게임을 하고 있다. 나에게는 안 보이는 무언가 높은 지성을 감추고 있다'는 식의 구도로 두 사람 사이의 관계를 규정하는 것이 사제 관계의 구조입니다. 라캉이 말하는 '나는 모르는 무언가를 알고 있을 거라고 생각되는 주체' 그것이 스승(라캉의 경우에는 분석자)입니다. 그렇게 생각한 순간에 장량은 이미 진 겁니다. 그러한 주체를 스스로 만들어냄으로써 자기 자신을 제자의 위치에 놓았기 때문입니다.

두 번째로 신발이 떨어졌을 때 '내가 모르는 규칙에 따라 게임을 하고 있는 사람'이라고 황석공을 정의하고, '그 규칙이 뭘까'를 생각하기 시작한 그 순간에 장량은 황석공에게 '선수를 빼앗긴' 것을 깨달았을 겁니다. 절대적 시간차를 두고 '뒤좇는' 위치에 놓일 때 그 사람은 '이미 진 것이다'라는 것을 장량은 깨닫게 됩니다. 자신의 눈앞에 있는 사람이 '수수께끼를 지닌 사람'이라고 생각하는 순간 '뒤따라가는' 모드에 들어가게 되고 맙니다. 그리고 '뒤따라가는 위치'에 있다는 것, 그것이 무도에서는 '진다'는 것입니다.

장량은 이때 '절대적으로 지는 법'을 몸으로 배운 것입니다. 그것은 반대로 말하면 '절대적으로 이기는 법'을 배운 것이기도 합니다. 그러니까 장량은 자신이 기술이나 강약의 수준이 아니라 '구조적으로' 패자의 위치에 서 있다는 것을 깨달은 순간, '절대 필승'의 방법(그것이 바로 '태공망의 병법'입니다)도 동시에 배우게 된 겁니다. 저는 이 일화를 이런 식으로 해석했습니다.

눈앞에서 스승이 두 가지 미묘하게 다른 몸짓을 했을 때 그것을 '수수께끼'라고 생각할 수 있는 사람과 그렇게 하지 못하는 사람이 있습니다. 거기서 '뭔가 이상한데…'라고 느낄 수 없는 사람은 사제 관계에 진입할 수도 없습니다.

사제 관계에는 몇 단계가 있습니다. 스승의 행동에 '나로서는 이해할 수 없는 규칙'이 있다고 추론하는 단계, 내가 모르는 그 규칙을 이해하고 싶다고 욕망하는 단계, 그리고 그 수수께끼를 이해하려고 욕망함으로써 구조적으로 패자가 된다는 것을 터득하는 단계. 장량은 이런 몇 가지 단계를 순식간에 체득했고, 그것이 바로 병법의 오의를 터득한 것이 아니었을까… 저는 나름 그렇게 생각하고 있습니다. 이런 것들은 말로 가르쳐주기도 어렵고, 들어도 잘 모르는 일입니다.

몸을 쪼개서 듣기

합기도에서 자신의 기술이 초보일 때는 비록 상대방의 움직임에 선수를 친다 해도 상대방의 몸이 잘 유연해지지 않습니다. '지고'는 있어도 그렇게 '좋은 상태'가 되어주진 않습니다. 그런데 자신의 기술이 향상되고 나서 자신보다 한참 아래 단계에 있는 사람과 해보면 상대방 몸이 비약적으로 유연해졌다는 것을 느낄 때가 있습니다. 자신의 기술 수준에 따라 왜 상대방 몸이 달라지는 걸까요?

중국 무도에 '추수推手'라는 훈련법이 있습니다. 서로 손을 맞대고 경勁을 내보내기도 하고 받아넘기기도 하는 수련법입니다. 중국 무술에서는 힘을 표현할 때 '경勁'과 '역力'이라는 말을 구분해서 사용합니다. '역力'은 신체적인 힘, 근육이나 골격에서 나오는 힘으로, 우리는 그 힘을 써서 무언가를 잡거나 밀거나 합니다. 그런데 '경勁'은 다릅니다. 그것은 미세한 진동 같은 것으로, 상대방 신체 속에 스며들어가는 것입니다.

인간은 살아 있는 한 늘 다양한 파동을 내고 있지요. 심장도 고동치고 있고 호흡기도 수축과 팽창을 반복하고 있습니다. 세포도 끊임없이 진동하고 있지요. 인체는 이런 다양한 진동을 통제하면서 미세한 진동을 발산하는 것이 가능합니다. 그것을 컨트롤할 수 있다면 작은 여자아이라도 큰 성인 남자를 넘어뜨릴 수 있을 정도의 '경'을 내보낼 수가 있습니다.

'청경聽勁'이라는 말은 '경을 듣는다'는 뜻입니다. 상대방 신체에서 보내오는 신체 신호를 알아듣는다는 것입니다. '듣는다'는 말은 좋은 말이라고 생각합니다. 일본어에서 '듣다聽く'라는 말은 꼭 소리를 듣는다는 뜻에만 국한되지 않습니다. '술을 감정한다利き酒(키키자케)'고 할 때의 '키쿠利く'도 같은 어원인데, 이때는 '맛을 음미하다'라는 뜻이죠. "매화 향기를 듣다聽く" 할 때의 키쿠는 '향을 맡는다'는 뜻입니다. 청각뿐만 아니라 미각이든 후각이든 미세한 신호를 수신해 감지하는 것을 일본 사람은 꼭 '키쿠聽く'라고 합니다. 그래서 '경勁'도 느끼거나 만지는 것이 아니라 '듣는' 것입니다.

그것은 매화꽃 향을 맡는 것처럼 정말 기분 좋은 일입니다. 아마도 합주를 하는 느낌과 비슷할 겁니다. '내가 어떤 악절을 연주하면 상대방이 거기에 상응하는 악절을 이어서 연주하는' 재즈의 교차 연주 같은 느낌이랄까요.

저는 이 방법을 의권意拳(중국 무술의 일종_편집자 주)을 수련하는 미츠오카 히데토시 선생께 처음 배웠는데, 미츠오카 선생은 '들을 때 신체를 미세하게 쪼갠다'는 마음가짐을 가지라고 알려주셨습니다. 자신의 몸을 딱딱한 고체로 여기지 말고 신체를 구성하는 60조 개의 세포로 쪼개서 느끼라는 겁니다.

미세하게 쪼개면 상대방의 '경'이 전신의 세포 안으로 스며들듯 녹아 들어갑니다. '경'이라는 것은 일종의 '타격'이니까 그것을 정면에서 맞으면 휙 날아갑니다. 그것을 미세하게 쪼개어 부드럽게 들음으로써 자신이 입는 상해는 거의 제로에 가까워지게 할 수 있습니다. '경'을 내보낼 때는 반대로 60조 개의 세포로 분산됐던 기의 힘을 한 점으로 모아 상대방 신체로 똑바로 내보냅니다. 들을 때는 '60조 분의 1'로 바꾸고, 내보낼 때는 그것을 다시 '1'로 되돌리는 겁니다. 자신의 신체를 한없이 미세하게 쪼개고 그것을 다시 하나로 되돌리는 것, 그 분해와 통합을 반복하는 것입니다. 이것은 아주 기분이 좋은 일입니다.

서론이 너무 길어진 것 같습니다. 여기까지는 머리말이고 이제부터가 본론입니다. 오늘 이야기의 주제는 '신체가 내보내는 메시지를 듣는다'입니다. '신체로 듣는다'는 것이 무슨 말인가에 대한 저의 생각을 조금 정리해서 말씀드리고자 합니다.

스토리로 편성되어버린 신체

첫 번째는 교육학자 사토 마나부 佐藤学 선생의 말입니다. 사토 선생은 『신체의 다이얼로 그』라는 책에서 이런 이야기를 했습니다.

● 스토리 속에서 사는 사람들

원조교제를 하는 아이들을 인터뷰한 적이 있었는데 그때 저는 그 아이들의 이야기가 모두 깔끔한 스토리가 되어 있는 데 매우 화가 났습니다. 부모를 미워하는 스토리, 부모의 잘못된 육아에 책임이 있다는 하나의 스토리로 만들어져 있었던 겁니다. 동시에 그들은 그런 스토리에서 언제든 벗어날 수 있다는 감각, 다시 말해 '언제든 리셋할 수 있다'는 감각을 갖고 있었습니다. 그들은 실제 경험을 살고 있는 것이 아니라 스토리 속에서 살고자 하기 때문에 그런 감각을 갖게 된 것입니다. 그런 구조에 사로잡혀 있으면 곤란합니다. 스토리를 거절하지 않으면 안 됩니다.[1]

사토 선생은 여기서 '경험'과 '스토리'라는 두 가지를 대립적으로 이야기하고 있는데, 이것을 '신체'와 '뇌'의 대립이라고 바꿔 말할 수도 있을 것입니다.

요로 다케시 養老孟司 선생의 말씀대로 지금 세상은 '뇌화된 사회'입니다. '뇌'가 모든 것을 통제하려고 합니다. 이런 경향은 젊은 세대일수록 강해지고 있습니다. 젊은 사람들은 신체적 쾌락에 몸을 맡기고 머리를 전혀 안 쓴다는 주장을 하는 사람이 있는데, 오히려 그 반대입니다. 젊은 사람들은 신체를 전혀 안 쓰고 있는 것입니다. 신체가 완전히 죽었고 뇌만 살아 있습니다. 이것이 '스토리 속에서 산다'고 사토 선생이 지적한 상황입니다.

그 하나의 사례로 성매매를 거론해보려고 합니다. 오늘날 일본 지식인들이 원조교제나 매춘에 대해 쓴 글 중에는 꽤 문제가 많은 것들이 있습니다. 어떤 점이 문제인가 하면 거의가 머리로만 생각해 낸 이야기라는 점입니다. 매춘이라는 것은 오로지 신체적인 일임에도, 이 담론에서 신체 그 자체가 문제가 되는 일은 거의 없습니다.

우에노 시즈코와 오구라 지카코의 『더 페미니즘』은 그러한 매춘 용인론의 전형 중 하나입니다. 그중 한 대목을 읽어볼까요.

● '자기결정'이라는 스토리
오구라 : 그러면 우에노 씨는 원조교제를 하는 아이들의 마음도 이해 못 하시나요?
우에노 : 이해 못 하지는 않아요. 원조교제는 섹스를 공짜로는 하지 않는다는 점에서 제대로 된 자기결정이라고 생각해요. 게다가 개인적으로 협상 능력까지 가지고 있고, 제3자가 관리하지도 않으니까요. (…) 원조교제를 실제로 했던 아이 이야기를 들어본 적이 있는데요, 훌륭한 말을 했어요. "왜 남자한테 돈을 받는 거지?"라는 물음에 "돈을 낸 시간 말고는 나는 당신의 것이 아니다"라는 것을 분명히 하기 위해서라고 하더군요.[2]

이 발언에서 문제가 되는 것은 "돈을 낸 시간만큼만 자유롭게 쓰게 한다"는 이 소녀가 '자유롭게 쓰도록 하고 있는' 것이 대체 무엇인가 하는 것입니다. 원조교제를 하는 이 소녀가 일시적으로 고객에게 팔고 있는 것은 '그 자신'이 아니라 자신의 '신체'라는 겁니다. 자기 신체를 자신이 자유롭게 팔 수 있는 '소유물'이라고 생각한다는 것이죠.

이 소녀가 성매매를 하는 이유는 첫 번째는 '돈' 때문이겠지만, 반드시 그 이유만은 아니라고 봅니다. 이 소녀는 성매매를 통해 '나의 신체는 나의 소유물'이라는 것을 선언하려는 것이 아닌가 싶습니다. 자신의 신체에 대한 소유권을 선언하는 것, 그것이 오히려 더 주된 목적일 수도 있을 겁니다.

이것은 주인이 노예를 다른 사람에게 '시간제 대여' 하는 것에 비유할 수도 있겠지요. "이 노예를 당신에게 한 시간 빌려줄 테니까 그만큼의 대가를 내라"고 말하고 있는 거죠. "내가 노예를 당신에게 대여하는 것은 이 노예가 원래 나의 것이며, 그것을 내가 어떻게 다루든 그것은 온전히 내 자유라는 것을 보여주기 위해서다." 즉 자신이 노예를 지배하고 있고 그 생사여탈권을 가지고 있음을 확인하고 과시하기 위해 굳이 노예를 '대여'하는 것입니다.

이 논리에 따른다면 '신체를 파는' 행위는 우에노 시즈코 씨가 이야기하듯이 전혀 부끄럽거나 비굴한 행동이 아닙니다. 오히려 그 행위를 자랑스럽게 생각할 수도 있을 겁니다. 왜냐하면 그것은 자신의 신체소유권을 선언하는 것이기 때문입니다.

따로 팔 수 있는 정보도 기술도 없고, 남들에게 그다지 존경을 받지 못하는 젊은이에게도 최소한의 자존심은 있습니다. 그런데 아무에게도 사회적 경의를 얻을 수 없을 때 사람은 '자신이 지배할 수 있는 것'을 찾아내어 그것을 마음대로 건드려 손상시키면서 '내게도 지배할 수 있는 것이 있다'는 것을 확인함으로써 심리적 '부력'을 얻으려 합니다. 차별 당하는 사람이 자신보다 더 심하게 차별을 당하는 사람을 찾아내어 그들을 차별하듯이, 약한 사람이 자신보다 더 약한 사람을 찾아내어 그들에게 고통을 주려고 하듯이, 자신의 신체 외에 자유롭게 쓸 수 있는 사회적 자원이 없는 사람은 자신의 신체에 고통을 줌으로써 정체성을 재확인할 수가 있습니다.

자신의 신체를 지배하여 그것에 고통을 주는 사람은 다르게 말하면 그 외에는 지배하고 고통을 가할 수 있는 것을 소유하지 못한, 그야말로 '가난한' 사람입니다.

소녀들을 거기까지 몰아붙인 것에 대해서는 학교나 가정, 사회 전체의 책임도 있을 것입니다. 하지만 그렇다고 해서 '인간은 자기 신체를 마음대로 손상시킬 권리가 있다'는 주장에는 동의할 수 없습니다. 그것은 노예를 채찍질하는 것 외에는 자기 자존심을 유지할 방법을 갖지 못한 농장주에게 "당신은 노예를 마음대로 괴롭힐 권리가 있다"고 말할 수 없는 것과 마찬가집니다. 어떤 사람에게 권리가 없다는 것이 그 사람이 '그보다 더 권리가 없는 존재'를 해칠 권리를 정당화하지는 않습니다. 저는 그렇게 생각합니다.

'나의 신체'는 성매매 따위는 하고 싶어 하지 않습니다. 모르는 사람의 성기를 자신의 몸 안에 받아들이는 것이 신체로서는 좋을 리가 없습니다. 그것을 쾌락으로 경험할 수 있는 것은 '뇌'뿐입니다. 성매매를 통해 획득된 '화폐'나 '자기결정권' 같은 개념은 '뇌'에게만 의미가 있지 신체에는 아무 의미도 없기 때문입니다.

자신의 신체에 경의를 표하기

"내 신체는 나의 '도구'이므로 마음대로 혹사해도 된다. 신체는 모든 것을 바쳐서 뇌의 욕망에 봉사해야 한다"는 것은 하나의 이데올로기이며, 그것도 아주 긴 역사를 가진 뿌리 깊은 이데올로기입니다. 매춘에 대한 '가장 진보적인' 주장에서조차 이 이데올로기가 여전히 지배적인 것도 그 때문이겠지요. 그래도 저는 '자신의 신체에 경의를 표하는' 것의 중요성을 계속 환기시키고 싶습니다.

'자신의 신체에 경의를 표하기'란 지금 내 신체가 무엇을 하고 싶어 하는지에 관한 메시지를 주의 깊게 '듣는' 것입니다. 지금 나의 신체는 어떤 자세를 취하고 싶어 하는지, 무엇을 먹고 싶어 하는지, 어떤 촉감의 옷을 입고 싶어 하는지, 어떤 목소리의 말을 듣고 싶어 하는지, 어떤 식으로 자기 몸을 만졌으면 하는지… 그런 것들은 머리로 생각해서는 알 수 없습니다. 몸에게 물어야 합니다. 머리가 생각하는 것은 "다이어트를 해야 하니까 칼로리가 낮은 음식을 먹는다"든가, "다리가 늘씬해 보이니까 아프지만 참고 하이힐을 신는다"든가 하는 것들뿐입니다. 이론적으로는 그것이 맞아도 신체가

"싫다"고 거부하는 일도 있을 겁니다. 그리고 그 이의신청의 목소리는 어떤 경우에도 충분히 배려를 받아야 한다고 저는 생각합니다.

그러나 뇌의 명령을 신체가 거부할 때, 대부분 사람들은 뇌의 편을 들어 신체의 저항을 제압하려고 합니다. 어릴 때부터 "신체는 늘 게으름을 부리려 하고 안락을 원하고 반사회적인 '쾌락'에 빠지려고 하니까 그것을 뇌로 규제하고 통제해서 '일'을 하게 해야 한다"는 식으로 교육받았기 때문에 오히려 '신체가 보내는 메시지를 들으면 안 된다'고 믿게끔 되어버린 것이 아닌가 싶습니다.

뇌가 아닌
신체의 신호를 따르기

몇 년 전 아카시의 돔 형태 육교에서 큰 사고가 있었습니다. 불꽃놀이를 보기 위해 수천 명이 육교 위로 몰리면서 사람들이 계단에서 밀려 눈사태처럼 쓰러져 2백여 명이 다치고 열한 명이 죽었습니다. 그 뒤에 지자체, 경찰, 경비회사가 책임을 추궁당했습니다. 저는 지자체도 경찰도 물론 잘못했다고 생각하지만 그보다 사람들이 왜 '그런 곳'에 갔는지 의문이 듭니다.

'그런 곳'이 위험하다는 것은 조금만 생각해보면 누구나 알 수 있습니다. 수천 명이나 되는 사람들이 줄줄이 육교에 올라가는 광경을 눈으로 보면 거기에 올라가는 것을 신체가 싫어하지 않을 리가 없습니다. 사람 신체는 생존전략에 충실하기 때문에 신체에 위험 징조가 있으면 반드시 반응합니다. 당연히 불쾌감이 생길 겁니다. '가고 싶지 않다'고 느껴서 다리가 무거워지고 걸음이 더뎌집니다. 위험신호 체계가 작동해서 '가지 마'라고 몸이 말하기 시작합니다. 그럼에도 불구하고 아주 많은 사람들이 신체가 발신하는 위험신호를 무시하고 그곳으로 갔습니다. 왜 그랬을까요?

그것은 뇌가 '모두가 가는 곳은 안전하다'고 하면서 신체의 신호를 꺼버렸기 때문입니다. '모두가 가는 곳은 안전하다'는 건 뇌가 생각하는 거죠. 신체는 그런 생각을 하지 않습니다. '다수와 함께 행동하는 것이 단독행동보다 생존전략상 항상 유리하다'는 것은 근대 이후(니체가 말하는 '대중사회' 출현 이후)에 지배적이 된 개념입니다.

지금 일본 사회에서 발생하고 있는 문제의 많은 부분은 이 '대중사회의 행동 코드'와 '개인의 신체가 생존을 원해서 발신하는 신호' 사이의 알력에 기인한다고 생각합니다. 학교에서도 가정에서도 회사에서도, 신체가 무언가에 반응하고 '더 이상 여기에 있으면 안 된다, 생존에 위험하다'는 신호를 발신할 때가 있습니다. 다들 정도의 차이는 있어도 그 신호를 알아듣고는 있습니다. 그 신호에 따라서 움직이는 사람도 있지만 대다수는 거기에 따르지 않습니다. 그 사람들은 뇌로 생각하고 있는 것이죠. "아무래도 모두가 학교에 가는 사회에서 나만 탈락하면 안 되겠지. 살아가기 위해서는 '모두와 같은 일'을 하는 것이 유리할 거야"라고 이론적으로 생각해서 그 말에 따르고 맙니다.

우리가 만나게 되는 모순이란 극단적으로 말하면 거의 이와 비슷한 패턴입니다. 그것은 뇌가 "다수파를 따라가. 규칙을 따라. 그러면 오래 살 수 있을 거야"라고 할 때 우리 신체는 "도망가. 여기를 떠나. 살아남아"라고 말하는 모순입니다. 뇌와 신체가 다른 말을 하는 겁니다. 여기서 갈등이 생기는데, 99퍼센트의 현대인은 뇌를 따릅니다. 신체가 보내는 "이대로 가다가는 생명이 위험해"라는 신호를 뇌의 판단에 따라 무시해버립니다.

저는 이 갈등에 더 주의를 기울여야 한다고 말씀드리는 겁니다. 뇌는 그다지 믿을 만한 것이 아닙니다. 비즈니스에 성공하기 위해서나 좋은 성적을 거두기 위해서는 뇌가 더 도움이 되겠지만 죽느냐 사느냐 하는 극한 상황에서 뇌에 의지하는 것은 위험합니다. 뇌가 만들어내는 것은 환상이며 이야기입니다. 만들어진 이야기 속에 인간이란 존재를 통째로 집어넣기 위해 뇌가 작동하는 겁니다. 이야기가 있으면 더 다양한 스트레스로부터 몸을 지킬 수 있지요. 그건 물론 필요한 일입니다. 그런데 생사의 경계, 즉 '이야기'가 더 이상 통하지 않는 장면에서는 뇌의 판단을 믿어서는 안 됩니다. 신체를 믿어야 합니다. 이것이 잘 이해되지 않는 것 같습니다.

'감각 차단'은 무엇을 낳는가

다음에 인용하는 예가 그런 사례 중 하나입니다. 마이클 길모어Michael Gilmore의 가슴

아픈 실화를 담은 책 『내 심장을 향해 쏴라Shot in the Heart』입니다. 무라카미 하루키村上春樹가 번역했습니다. 아래에 인용하는 대목은 마이클 길모어의 형 게리 길모어가 하는 말입니다. 게리는 그 후에 두 사람을 죽이고 사형을 당합니다. 살면서 다양한 장면에서 남에게 상처를 주고 마지막에는 사람을 죽여서 사형 당하게 되는 인간이 어떤 '이야기' 속에서 살았는지가 여기에 담겨 있습니다.

● 살아남기 위한 감각 차단
그때 게리는 나에게 한 가지 교훈을 주었다. 그가 나에게 준 몇 안 되는 교훈 중 하나다. "너는 딱딱해지는 것을 배워야 한다"고 그는 말했다. "뭐든 그대로 받아들여 감각을 지우는 것을 배워야 돼. 고통도 분노도 아무것도 느끼면 안 돼. 알았냐? 만약에 누군가가 너를 때려누이려고 한다면 그놈이 너를 잡아서 걷어차려고 해도 너는 가만히 참아야 돼. 저항하는 건 소용없어. 거스르지 마. 그대로 가만히 당하고 아무 말도 말고 그냥 가만히 걷어차이는 거야. 마음껏 하라고 해. 그것이 살아남기 위한 유일한 방법이야."[3]

살아남기 위해서는 몸의 소리를 듣지 말라고 형 게리 길모어는 말합니다. 그리고 그는 몇 명이나 사람을 죽이고 상처를 주고 결국 자신도 죽습니다. 인생의 대부분을 감옥에서 지내고, 그 안에서도 남들에게 상처를 입히고 자신의 몸에도 상처를 입히는 '자해하는 사람'입니다. 매일같이 손목을 긋거나 목을 매거나 하면서 결국 게리 길모어는 살아남는 데 실패합니다. 살아남는 데 실패한 사람이 말하는 '살아남기 위한 지혜', 거기에 그 실패의 원인이 집약되어 있다고 저는 생각합니다. 그것은 바로 '감각 차단'입니다.

감각 차단을 하는 사람은 자신에게 상처를 주고 남들에게도 상처를 입힙니다. 그야말로 '살아남을 기회를 최소로 만드는 방법'입니다. 그러니까 우리는 그 반대를 생각하면 됩니다. 저라면 이렇게 바꿔서 말하겠습니다. "딱딱해지면 안 돼. 뭐든 그대로 받아들이면 안 돼. 감각을 지우면 안 돼. 고통과 분노를 민감하게 느껴야 돼. 누군가가 너를 때려누이려고 하면 그런 일이 일어나기 전에 그곳에서 도망가. 그게 안 되면 온 힘을 다해 저항해. 결코 상대가 원하는 대로 하게 놔두지 마. 그것이 살아남기 위한 유일한 방법이야."

생물은 위기 상황에 맞닥뜨렸을 때 두 가지 선택지 중 하나를 택합니다. 감각을 차단할지 감각을 민감하게 할지. 예를 들어 무도 수련을 할 때 내가 상대를 메치려고 하면 초보자는 몸이 거의 딱딱하게 굳어집니다. 긴장해서 자신을 움직일 수 없는 상태로 만들고 맙니다. 그렇게 자신의 신체 감각을 지우고 아픔을 느끼지 않게 만듭니다. 이를 악물고 폭풍이 지나가는 것을 기다리는 겁니다.

많은 생물 중에는 그런 생존전략을 택하는 종도 있긴 합니다. 위급한 상황에서 가사 상태가 되어버리는 생물이죠. 반쯤 죽음으로써 아주 죽는 사태를 피하려는 겁니다. 산술적으로는 맞는 선택일 수 있지만 인간에게는 위험한 선택입니다.

생사의 경계선에서 감각을 지우는 것은 위험 부담이 매우 큽니다. 오히려 위험한 상황이 닥쳤을 때는 신체감수성을 최대화하는 것이 낫습니다. 자신의 주변에서 일어나는 사소한 일들, 평소라면 의식에 잡히지도 않았을 미세한 정보, 모든 상황 변화에 대응할 수 있도록 신체를 부드럽게 만드는 겁니다. 거의 액체라고 해도 될 정도로 유연하게, 마치 미소를 짓듯 전신을 이완시켜 놓는 것입니다.

감각을 최대화하느냐 차단하느냐

위기가 닥쳤을 때 저절로 스위치가 전환되어 이처럼 '이완된 신체'가 될 수 있도록 하는 것이 무도를 수련하는 목적 가운데 하나일 것입니다. 고체가 될 것인가 액체가 될 것인가. 위기에 닥쳤을 때 일반적으로 사람들은 몸을 굳게 만들어 가사 상태를 취하려고 합니다. 게리 길모어가 말한 것처럼 말이죠. 그렇지만 무도는 결코 그런 전략을 택하면 안 된다고 가르칩니다.

왜 무도를 수련하는 걸까요? 칼날이 머리 위로 내리꽂힐 때 순간적으로 가사 상태가 되어 대응한다면 고통은 별로 느끼지 않겠지만 바로 죽고 말겠죠. 살아남기 위해서는 그 순간에 몸을 유연하게 해서 신체감수성을 최대화하고 몸이 부드럽게 움직일 수 있어야 합니다. 무도 수련은 그런 반사운동을 몸에 익히고 몇십 년간 계속 그 연습을 반복해서, 눈앞에 갑자기 진검이 닥치는 순간에 무의식적으로 스위치가 켜져 '감수성과 운동능력을 최대화'하는 선택을 하도록 몸에 새기는 것입니다.

제가 문신이나 피어싱에 위화감을 느끼는 것은 고통을 참는 경험을 자기 몸에 강제하는 것이기 때문입니다. 아무리 솜씨 좋게 시술을 했다 하더라도 시술하는 순간만큼은 어쨌든 신체감각을 차단하고 고통을 참는 경험을 해야 했을 것입니다. 고통을 참는 경험을 왜 신체에 강제하는 걸까요? '자기표현'을 하고 싶기 때문입니다. 자신의 예술적 감각, 대담함, 반사회성을 보여주기 위한 표시로 신체를 이용하고 있는 거죠. 그런데 '내 삶의 방식'이라든가 '나의 예술적 감각' 같은 것은 뇌의 영역에서 생기는 일이잖아요?

신체는 그런 이론이나 명분을 붙이지 않아도 잘 움직이고 있습니다. 머릿속에 어떤 철학이 있건 어떤 미의식이 있건 심장은 그것과 전혀 상관없이 고동치고 있고, 위장도 알아서 음식물을 소화하고 있습니다. 물론 침을 맞거나 칼에 베이거나 하면 신체는 필사적으로 아픔을 피하려고 하지만 뇌는 신체를 기호적으로 이용하고 싶으니까 감각을 차단하는 방법을 씁니다. 신체감수성을 한없이 낮추고 '신체를 침묵'시키는 겁니다. 그렇게 해서 뇌를 위해 신체를 이용하는 거죠.

그것이 버릇이 됩니다. 아무리 가난하고 아무리 낮은 신분이어도 자신의 신체만큼은 스스로가 지배하고 통제하고 상처를 주고 괴롭히고 망가뜨릴 수 있습니다. 누구에게도 존경을 받을 수 없고, 누구에게도 보호받지 못하는 무방비 상태의 가난한 사람에게 마지막으로 남겨진, '아무리 난폭하게 취급해도 괜찮은 자원'이 자기 신체인 것입니다. 감각만 차단해버리면 자신의 신체는 아무리 상처를 입거나 혹사당해도 불평을 하지 않습니다.

그렇게 해서 버릇이 됩니다. 언제든 자기 신체를 도구로 사용하게 되는 거죠. 도구로 쓰이는 신체는 괴로워서 제발 그만두라고 호소하지만 뇌는 그 비명에 귀를 기울이지 않고 억지로 신체를 혹사시킵니다. 그러면 신체는 늘 어딘가 아프고 어딘가 상태가 안 좋고 또 어딘가 아물지 않는 상처가 남게 됩니다.

그렇게 되면 이제 감각을 민감하게 하는 것 자체가 불가능해집니다. 감도를 높인다는 것은 통각 역시 올라간다는 것이니까요. 그래서 상처 입은 신체를 방치하면 점점 경직되어 가사 상태 영역이 전신으로 퍼지게 됩니다. 그렇게 해서 아무런 아픔도 쾌감도 느끼지 못하는 신체가 완성됩니다.

이것은 위험한 일입니다. 신체적으로 둔한 사람은 사회적으로도 둔감해지기 때문입니다. 당연한 말일지 모르지만 사회적으로 둔감해진다는 것은 인간으로서는 치명적인 일입니다.

'감도가 좋아지는 것'을 거부하는 장소

이사를 하려고 집을 찾고 있을 때, 조건도 잘 맞고 방 구조도 괜찮고 채광도 좋고 집세도 적당한데 방에 들어서는 순간에 '음… 뭔가 좀 아닌 것 같다'고 느낄 때가 있습니다. 반대로, 다소 조건에는 맞지 않지만 방에 들어선 순간에 "여기라면 살아도 되겠다"고 느낄 때도 있습니다.

저는 이사하는 걸 좋아해서 지금까지 열아홉 번이나 이사를 했습니다. 그 경험을 바탕으로 말씀드리자면, 방을 찾는 데는 비결이 있습니다. 부동산에서 소개를 받고 빈 집에 들어서는 순간 여러 다양한 상상을 해보는 겁니다. 봄이 되면 어떤 느낌일까? 여름엔 어떨까? 가을바람이 불 때쯤엔 어떨까? 눈이 오면 또 어떤 느낌일까? 이런 상상을 해봅니다. 봄바람이나 가을의 선선함, 겨울의 차가운 공기, 그런 상상의 감각이 신체 차원에서 꽤 생생하게 떠오르는 집이 좋은 집입니다.

하지만 그 반대로 '느낌이 안 좋은 집'에서는 그런 상상이 잘 안 됩니다. 그보다 뭔가 '강한 것'이 존재하기 때문입니다. 그 강한 뭔가가 나의 신체적 상상력을 가로막아서 그 집에 살았던 전 주인이 경험했을 사계절의 미묘한 변화의 감각을 느끼지 못하는 것입니다. 그 강한 것이 뭔지는 알 수가 없습니다. 어쨌든 내 신체가 '감도를 높이는' 것을 싫어할 만한 뭔가가 그 집에 있고, 그 때문에 그 집의 '잔향殘香' 같은 것을 잘 느끼지 못하는 것입니다.

제가 아는 사람 중에 꽤나 오랫동안 정신 상태가 안 좋은 사람이 있습니다. 그 사람 집에 갔을 때 저는 "느낌이 안 좋은 집이구나" 생각했습니다. 구조도 좋고 채광도 좋고 정리정돈도 잘 되어 있었는데 왜 그런지 기분이 좋지 않았습니다. 그 집에 오래 머물고 싶지 않앉습니다. 그런데 그 사람은 그곳에 계속 살고 있는 거죠.

땅이 갖고 있는 좋지 않은 기운이란 정말로 존재합니다. 그 땅이 갖고 있는 희미한 독 같은 것이죠. 이런 말을 하면 '미신'이라며 화를 내는 사람이 있습니다. 어떻게 학자가 그런 비과학적인 말을 하느냐고 비난합니다. 그런데 그런 사람도 "기운 내"라든가 "음침한 녀석이군" 또는 "광기를 느낀다"는 말을 할 때가 있죠. 그 '기운'이나 '음침함', '광기'란 대체 무엇일까요? 그것 역시 과학적으로 밝힐 수 있는 것이 아니죠. "보세요, 이게 바로 '기운'이에요" 하며 보여줄 수 있는 게 아니니까요. 하지만 그 사람들도 그런 것을 '느끼기' 때문에 그런 표현을 하는 거죠. 그러니까 '좋지 않은 기운'도, '사악한 기운'도 느끼는 사람은 느끼는 겁니다. 옛날 사람들은 그런 걸 제대로 느꼈기 때문에 그런 말들이 남아 있는 거라고 생각합니다.

그 반대의 경우도 있습니다. 제가 사는 아시야芦屋는 좋은 동네입니다. 왜 좋은 동네인가 하면 고분古墳이 있기 때문입니다. 지금부터 천 몇백 년 전에는 물론 이 주변 지역이 다 빈터였겠죠. 어느 곳에서든 다 살아도 되는데 굳이 여기에 살고 싶어 해서 자연스레 이곳에 마을이 생겨난 것입니다. 옛날 사람들은 전기도 없고 도로도 포장되어 있지 않고 짐승들이 득실거리는 곳에서 생활했으니까 당연히 현대인보다 훨씬 신체감수성이 좋았을 겁니다. 그렇게 신체감수성이 예민한 고대인이 '기'가 좋은 땅을 골라 그곳에 자리 잡는 것은 당연한 일입니다.

어디든 상관없이 마음에 드는 곳으로 걸으라고 하면 동물도 사람도 다 한길을 걷습니다. 그래서 길이 생깁니다. 짧은 지름길이 생기고, 동물도 사람도 처음부터 정확히 알고 있었던 것처럼 구불구불한 한 줄의 길을 따라갑니다. 다른 데로 걸어 다니는 것보다 기분이 좋으니까 그리로 걸어 다니는 거죠. 길은 대체로 기의 흐름이 아주 좋은 곳에 생깁니다. 그래서 고분이나 패총이 있는 곳이 좋은 땅인 것은 당연합니다.

몇천 년 전부터 사람이 살았던 땅이 있는가 하면 몇천 년 동안 아무도 살지 않았던 땅도 있습니다. 사람이 살지 않았던 땅, 최근 들어 택지로 개발된 지역은 다시 생각해보는 것이 좋습니다. 사람이 살 수도 있었을 텐데 오랜 세월 동안 아무도 살지 않았던 이유를 말이죠. 그곳에 아무도 살지 않았던 것은 다 그럴 만한 이유가 있기 때문입니다.

왜 '말이 통하지 않는 사람'이 되는 걸까

앞서 말한 그 사람 집은 뭔지 모를 나쁜 기운을 발산하는 땅에 자리를 잡고 있었던 것 같습니다. 물론 견딜 수 없는 정도는 아니지만 신체감수성을 높이려고 하면 견디기가 힘들어지는 것이죠. 신체가 스스로 감도를 높이고 싶어 하지 않는 것입니다. 아무리 둔감한 사람이라도 감도를 높이고 싶지 않다는 것만큼은 확실히 느끼고 있는 것입니다.

둔감한 것은 둔감해지기로 마음먹은 결과이기 때문에, 아무리 둔감하더라도 그렇게 둔감해져야만 하는 동기를 포착하는 일에서 만큼은 민감한 것입니다. 어떤 생물이 위험을 느끼고 가사 상태가 되는 것과 마찬가지입니다. 위험을 느끼지 못하면 어떤 동물도 죽은 척하지 않습니다. 감도를 높이면 힘들어진다는 것을 알기 때문에 감도를 떨어뜨리는 것이죠.

비언어적 커뮤니케이션의 감도는 스스로 떨어뜨리려고 마음먹으면 떨어뜨릴 수 있습니다. 스스로 고통스러운 일, 슬픈 일을 느끼지 않으려고 하면 그럴 수 있습니다. 게리 길모어처럼 딱딱하고 무감각해진 몸을 만들어 불쾌한 일을 참아내서라도 생명을 연장하려고 하는 인간은 신체감수성이 점점 떨어집니다. 본인은 그렇게 해서 고통의 시간을 넘기고 있다고 생각할지 모르지만 실제로는 타인이 보내는 비언어적 메시지를 거의 체계적으로 오독하거나 놓치게 되는 것입니다.

사람은 입으로만 커뮤니케이션을 하는 것이 아니라 다양한 방식으로 희미한 신호를 주고받고 있습니다. 적의를 갖고 있는 사람과 애정을 갖고 있는 사람은 미묘한 몸짓이나 눈빛, 목소리 톤, 손이 스치는 방식이 다릅니다. 그처럼 비언어적으로 전달되는 메시지가 있는 것입니다.

그런데 그런 비언어적인 메시지를 잘 듣지 못하는 사람이 있습니다. 비꼬는 말도 알아듣지 못하고 농담을 해도 웃지 않는 사람들이 있죠. 우호적인 느낌으로 하는 말과 냉랭한 감정으로 하는 말의 차이를 알아채지 못하는 사람도 있습니다.

그런 식으로 메시지를 잘 듣지 못하는 사람은 사회적 네트워크에서 점차 소외됩니다. 일을 해도 잘하지 못합니다. 친구도 생기지 않습니다. 하지만 본인은 그 이유를 잘 모릅니다. "나는 아주 잘하고 있다. 잘 참고 여러 가지 힘든 일도 견디고 있다"고 생각합니다. 그렇게 참고 견디면 견딜수록 점점 커뮤니케이션 감도가 떨어지고 '말이 통하지 않는 사람'이 되어 사회적 네트워크에서 소외됩니다.

수줍어할 줄 안다는 것

무디어지는 것은 애초에 단추를 잘못 끼웠기 때문입니다. 견뎌서는 안 되는 것을 견디고 있어서 그렇습니다. 싫은 느낌이 들었을 때 그곳에서 달아나지 않고 불쾌한 것을 참고 견디는 길을 선택한 탓에 신체 감도가 떨어진 것이 치명적인 실패입니다. 일단 그 방향으로 가면 딱한 일이지만 결국 망하는 길로 이어집니다. 그런데 이러한 위험성을 아무도 말해주지 않습니다. 특히 학교교육에서 문제가 되고 있는 지점을 사토마나부 선생은 이렇게 지적하고 있습니다.

● 듣는 능력
활발하게 의견을 말하거나 발표하는 법에 대한 지도는 많이 하고 있다. 그런데 유년기나 사춘기에는 수줍음을 타거나 내성적인 성격을 소중하게 여기는 것이 좋다고 본다. (…) 현대 사회는 의견 말하기를 끊임없이 요구하는데, 이는 그 전 단계인 경청하는 가운데 생겨나는 눈에 보이지 않는 유대감이나 갈등 관계를 가로막는다.[4]

사토 마나부 선생의 이 말은 수줍음으로 표현되는 신체감수성에 관한 것입니다. 주저하거나 수줍어하는 것을 요즘은 거의 아무도 칭찬하지 않습니다. 수줍어하는 사람에게 "좀 더 적극적이 돼라"라고 요구하면서 도도한 사람에게는 "좀 수줍어해라"라고 말하지 않습니다.

수줍음이 인간적으로 아름다운 자질이라고 생각하는 관습이 이제는 없습니다. 말이 잘 나오지 않아 머뭇머뭇하고 부끄러워하는, 자기 의견을 말하기보다 다른 사람의 말을 듣는, 그래서 결국 상대방의 의견에 동조하고 마는 그런 사람은 현대 사회에서는 '자기결정을 하지 못하는 사람'으로 몰려 낮은 평가밖에 받지 못합니다.

그래서 이처럼 수줍음 타는 아이를 자기표현 잘하고 자기결정을 할 줄 아는, 자기 의견을 척척 말할 줄 아는 아이로 개조시키려는 교육을 하고 있는 것입니다. "자신의 의견을 말하세요. 자기가 좋아하는 것을 좋아하는 방식으로 표현하세요. 그것이 자유이고 그것이 인간의 권리인 것입니다"라고 하면서 말입니다.

하지만 그것은 틀린 것입니다. 자신의 본성이라든가 자유라든가 욕망이라든가 하는 것은 모두 '뇌'의 작용이기 때문입니다. 뇌는 어딘가로부터 이야기를 가져와서 다만 그것을 출력할 뿐입니다. 아이들을 보면 알 수 있습니다. "자유롭게 의견을 말해보세요" 하면 지겨울 정도로 틀에 박힌 이야기만 합니다.

대학 1학년생들에게 "좋아하는 주제로 리포트를 써보라" 하면 놀랄 정도로 틀에 박힌 리포트를 써냅니다. 본인들은 자유롭게 썼다고 생각하지만 그 자유로움의 방식이 무서울 정도로 똑같은 것입니다. 자신들에게 자유로운 화법이라는 것이 그 세대만이 공유하고 있는 형태여서, 그런 식으로 말하게끔 무의식적으로 강제당하고 있는 것인데, 본인들은 그 사실을 눈치 채지 못하고 있습니다. 그렇지만 자신이 눈치 채지 못하는 것을 신체는 감지할 수 있습니다.

수줍어하는 사람도 머릿속에는 분명히 말하고 싶은 것이 있습니다. 이러저러한 기성품 이야기들이 산처럼 쌓여 있기 때문에 그것을 단지 입 밖으로 꺼내기만 하면 됩니다. 하지만 그것을 입에 담으려고 할 때 신체가 거기에 브레이크를 겁니다. 말하려고 하지만 혀가 잘 움직이지 않습니다. 그것은 혀가 뇌에 저항하고 있기 때문입니다. '이건 말하지 않는 편이 낫겠어', '그 말에는 뭔가 내 기분이 제대로 담겨 있지 않아' 하며 신체가 체크를 하고 있는 것입니다. 그것을 무릅쓰고 말을 하려고 하면 말이 막히고 혀가 꼬이거나 도중에 할 말을 잊어버리거나 얼굴이 빨개집니다. 말을 버벅거리거나 분명하게 말하지 못하는 것은 신체가 활발하게 작동하고 있다는 증거입니다. 신체가 뇌의 폭주를 저지하고 있는 것입니다.

뇌는 소중한 장기입니다. 인간의 문명은 뇌가 만들어가고 있으므로 뇌를 너무 제약해서는 곤란합니다. 하지만 폭주하는 것이 뇌가 하는 일이라고 해도 좋을 정도이므로 어느 정도는 뇌를 제어하지 않으면 안 됩니다. 그런데 그 뇌를 제어하는 방법은 누구도 가르쳐 주지 않습니다. 학교에서도 전혀 가르쳐주지 않습니다.

말보다 몸을 믿기

다케우치 도시하루竹內敏晴

씨는 연극 연출가인데 커뮤니케이션과 관련한 다양한 워크숍을 진행하기도 합니다.

다케우치 씨에 따르면 두 사람이 짝을 이루어 한 사람이 상대방에게 "이쪽으로 오세요"라고 말하면 상대방이 그 말에 어떻게 반응하는지를 살피는 워크숍에서 상대가 다가오지 않는 경우가 있답니다. 오라고 하는 말에 따르려고 하지만 몸이 거기에 응하지 않는 것입니다. 이 경우를 다케우치 씨는 이렇게 설명합니다.

● 비언어적 메시지

결국 당신은 말로는 오라고 하면서 손을 한껏 뻗은 채 이 안으로는 들어오지 말라고 온몸으로 말하고 있지 않은가요? (…) 의식과 존재의 분열이 나타나는 것이라고 말할 수도 있겠지만 보다 근원적으로는 몸이 가까워지고 싶지 않다고 말하고 있는 것이 틀림없습니다. (…) 서로간에 동작 하나하나를 보고 아는 것이 아니라 몸에서 몸으로 바로 전해지는 어떤 것을 '온몸으로 경청하는' 일이 끊임없는 성찰의 출발점이 되겠지요.[5]

이 말은 한마디로 '말에는 신체성, 물질성이 있다'는 거죠. 이 생각에 매우 공감합니다. 여기서 든 사례는 이중구속 이론의 적절한 예입니다. 이중구속은 언어적 메시지와 비언어적 메시지가 충돌할 경우 메시지를 받는 쪽이 혼란을 겪는 상황을 가리킵니다.

그러나 이중구속으로부터 달아나는 것은 그다지 어렵지 않습니다. "오세요"와 "오지 마세요"라는 상반된 메시지가 전해져 온다면 그중에서 신체가 말하는 메시지를 받아들이면 됩니다. 몸이 "오지 마세요"라고 말하면 입으로 아무리 "오세요"라고 말하고 있어도 그쪽은 무시하는 것이 좋습니다. "이 사람의 메시지는 오지 말라는 것이구나"라고 바로 해석하면 이중구속은 일어나지 않습니다.

이것은 대단히 중요한 일입니다. 실제로 우리는 일상생활에서 입으로 말하는 것과 신체가 발신하는 메시지가 다른 경우를 종종 맞닥뜨립니다. 그때 어느 쪽을 신뢰할 것인가. 항상 신체가 발신하는 메시지를 우선 배려하면 메시지를 잘못 읽는 일을 피할 수 있습니다. 이중구속 상황에 놓여 정신이 병드는 일도 피할 수 있겠죠. 대체로 그렇습니다. 인간은 입으로 말하는 것과 몸으로 말하는 것이 다릅니다. 그런 건 괜찮습니다. 하지만 신체가 발신하는 메시지를 알아채지 못하면 곤란해집니다.

이야기가 또 옆길로 새고 있습니다만, 명인이나 고수들도 행위와 말이 그렇게 어긋나는 경우가 종종 있습니다. 합기도 9단인 타다 선생이 저의 무도 스승님인데, 선생님이 "이 기술은 이런 겁니다. 이렇게 이렇게 해보세요" 하고 말할 때 말로 설명하는 것과 몸의 움직임이 다른 경우가 있습니다.

저처럼 범상한 무도인은 입으로 말하는 것을 몸으로 구현하지 못해서 어긋나게 되지만 타다 스승님의 경지에서는 그 반대의 이유로 어긋납니다. 신체가 구현해내는 수준이 너무 높아서 무술 용어가 쫓아가지 못하는 것입니다. 말이 몸에 미치지 못하는 셈이지요. 그런데 제자들은 대부분 그 말을 듣느라 실제로 선생님의 몸이 어떻게 움직이고 있는지를 보지 못하고 놓치고 맙니다.

이걸 보고 있으면 실로 흥미진진합니다. 도장에서 스승님이 기술을 설명하고 있을 때 설명과 동작이 일치하지 않는 것을 알아채고 스승님이 움직이는 그대로 하려고 하는 사람은 극소수밖에 없습니다. 어느 정도 수준이 되는 사람은 스승님의 동작과 말이 다르다는 것을 알아채긴 하지만 그만 말을 따라가고 맙니다. 대부분의 사람들이 말을 좇아갑니다. 신체감수성을 수련하는 현장에서조차 말이 우위에 있는 것입니다. 하지만 저는 헷갈리지 않습니다. 말과 움직임이 다를 때는 머뭇거리지 않고 움직임 쪽을 따릅니다.

그런데 학교교육 현장에서는 그런 것을 결코 가르쳐주지 않습니다. 오히려 반대입니다. 학생과 교사의 관계에서 "교사의 말과 행동이 다르다"는 비판을 많이들 합니다. 하지만 그런 비판은 해봐야 소용없습니다. 교사가 말하고 있는 것은 아무래도 좋습니다. 들을 것도 없다고 생각합니다. 학생들은 교사의 행동을 봅니다. 교사의 행동에서 받아들이기 힘든 것이 있다면 그것은 배울 필요가 없는 것이지요. 그걸로 충분하다고 생각합니다.

책을 신체로 읽기

학교에서 가르쳐주지 않는 것 가운데 또 한 가지 중요한 것은 흔히 뇌 활동이라고 생각하는 많은 부분에 신체가 관여하고 있다는 것입니다. 이를테면 책을 읽는 경험이 그런 것입니다. 저는 기본적으로 머리로 읽지 않고 몸으로 책을 읽는 사람입니다. 저는 옛날부터 그렇게 생각하고 있었습니다만, 사람들은 이 말을 잘 이해하지 못하는 것 같습니다.

저는 철학자 엠마뉴엘 레비나스Emmanuel Levinas의 저서를 번역하고 있는데, 처음 레비나스의 책을 읽을 때는 너무 난해해서 무슨 말을 하는지 전혀 알아듣지 못했습니다. 단 한 줄도 이해할 수 없었습니다. 그럼에도 거기에 대단히 중요한 뭔가가 써 있다는 것만큼은 알 수 있었습니다. 그래서 날마다 몇 페이지씩 읽었습니다. 전혀 이해하지 못한 채로 2주 정도 읽으니까 이상하게도 다음에 어떤 문장이 이어질지 알 수 있었습니다. 혹은 "이 문장은 부정의문문으로 끝나지 않을까", "이제 슬슬 구두점이 찍히고 문장이 끝날 때가 된 것 같은데" 하는 식으로 호흡을 느낄 수 있게 되었습니다. 레비나스 선생님이 숨을 들이쉴 타이밍을 알 수 있었습니다. 그러는 가운데 점점 호흡을 느끼면서 힘주어 말하고 있는 대목을 알 수 있게 되었습니다. 이런 식으로 목소리가 지닌 물성 같은 것이 신체에 스며든 뒤에야 '의미'를 알 수 있게 되는 것입니다.

글을 읽으면서 "다음에는 이런 말이 나오지 않을까" 하고 생각했을 때 그 예상이 딱 맞아떨어지면 "오, 역시 그렇군!" 하며 감동하게 됩니다. 그럴 때 처음으로 벽을 돌파하는 일이 일어나는 것입니다. 그때 레비나스의 사고회로에 순간적으로 동조되는 것이겠지요. 이해한다고 하는 것은 무엇보다도 우선 신체적으로 '동조'되는 것이라고 저는 생각합니다.

기다 겐木田元이라는 위대한 철학자의 문장을 읽고서 저는 "아, 내 말이 맞구나" 하고 생각했습니다. 기다 겐 선생은 학생 시절 하이데거의 『존재와 시간』을 읽었을 때의 일을 이렇게 회상하고 있습니다.

● 신체로 읽는다

이런 텍스트를 읽을 때는 여하튼 날마다 읽습니다. 하루에 서너 쪽씩 날마다 읽지 않으면 아무래도 끝나지 않기 때문입니다. 그렇게 읽다 보면 점점 문체가 몸에 달라붙는 걸 느낍니다. 몸이 문체에 길이 든다고 할지, 그러면 뭔가 알 것 같은 기분이 듭니다. 다음에 무슨 말이 이어질지 아는 정도가 되는 것입니다.[6]

다음에 무슨 말이 이어질지 감이 잡힌다는 것은 놀라운 일입니다. 경험한 사람이 아니고는 결코 할 수 없는 말입니다. 신체로 책을 읽는 경험은, 정말 난해한 것과 씨름하는 사람이라면 많든 적든 모두 경험하는 일이라고 생각합니다. 어디에선가 글을 쓰고 있는 사람과 호흡이 일치하고 심장의 고동이 같이 뛰면서 다음에 나올 말이 자신의 입에서 튀어나오는 것입니다. 그것이 이해한다고 하는 것의 실마리라고 생각합니다.

이러한 이야기는 무라카미 하루키도 하고 있습니다. 샐린저의 『호밀밭의 파수꾼』을 새롭게 번역하면서 했던 대단히 흥미로운 경험을 들려주고 있습니다. 고등학생 때 『호밀밭의 파수꾼』을 읽었을 때는 아무런 감동이 없었는데, 그 뒤 40년 가까이 한 번도 손에 잡지 않았다가 새로 번역을 하게 되어 다시 읽기 시작했을 때 그 순간에 고등학교 시절 읽었을 때의 샐린저가 자신의 몸속에 깊숙이 들어와 있었다는 이야기입니다.

● 신체적 독서

극단적으로 말한다면, 소설에서 의미성이라는 것은 많은 사람들이 생각하는 것처럼 그렇게 중요한 것이 아닐지도 모릅니다. 보다 중요한 것은 의미성과 의미성이 어떤 식으로 유기적으로 서로 호응하고 있는가 하는 것이라고 생각합니다. 그것은 이를 테면 음악에서 배음이라는 것과 비슷한 것입니다. 배음은 사람의 귀에는 들리지 않지만 배음이 얼마나 함께 울리는지에 따라 음악의 깊이에 대단히 중요한 것입니다. 온천탕에 몸을 담그고 있으면 몸이 더 쉽게 따뜻해지는 것처럼 배음이 스며 있는 소리는 신체에 더 깊이 오래 남습니다. 물리적으로 그렇습니다. 하지만 그것이 어떻게 그렇게 되는지 말로 설명하기는 거의 불가능에 가깝습니다.[7]

이런 느낌은 잘 압니다. 온천탕이 좋은 비유입니다. 일반 목욕탕의 물도 42도, 온천탕의 물도 42도이지만 같은 시간 동안 몸을 담그고 있어도 왠지 온천탕에 들어가 있었던 몸이 덜 식습니다. 그것은 온천탕에는 신체적으로 작용하는 다른 어떤 요소가 있기 때문입니다. 의미만 놓고 보면 두 개의 문장이 같은 주장을 하고 있는 것처럼 보여도 훌륭한 문장은 그 속에 몸을 담그고 있으면 문장이 신체 속으로 파고들어옵니다.

그렇게 파고들어오는 것은 '의미'가 아닙니다. 무라카미 하루키가 말하는 것처럼 의미성과 의미성의 유기적인 관계, 즉 '텍스트의 신체'인 것입니다. 텍스트의 신체에 나의 신체가 반응하고 있는 것이지요. 읽는다고 하는 행위는 진실로 거기에서 시작합니다. 호흡, 리듬, 촉감 같은 텍스트의 신체성을 경유하여 이윽고 의미성에 다다르는 것입니다. 훌륭한 텍스트는 그런 것을 경험하게 해줍니다.

거꾸로 말하면, 범상한 텍스트라는 것은 신체성이 없는 텍스트라는 말이 됩니다. 메시지가 선명하고 멋진 말들이 정연하게 쓰여 있는데도 읽고 나서 마음에 남는 것이 아무것도 없는 책이 있습니다. 알기 쉽게 쓰여 있고 그 책이 말하고 있는 것에 토 달 것이 없지만 책을 덮으면 아무것도 남지 않는 그런 책이 있지요.

그 책은 '신체'가 없는 것입니다. 글을 쓴 사람이 자신의 몸으로 쓴 것이 아니라 머리로만 쓴 것입니다. 그래서 읽는 사람도 신체로 읽게 되지 않는 것입니다. 머리로 읽게 될 뿐입니다. 머리로 쓴 텍스트는 그것을 쓰는 사람이 글을 쓰고 있을 때 자신의 신체 안에 있는 무언가를 잘라내버리고 있는 것입니다. 자신의 신체와 뇌의 회로를 어딘가에서 끊어버리고 쓰고 있는 것이지요. 그래서 깔끔하고 분명한 것입니다.

다시 말해 주저함이나 수줍음이 없는 것이지요. 망설인다거나 입속에서 우물거린다거나 머뭇거리고 얼굴을 붉히면서 서성거린다거나 그런 것이 전혀 없지만, 그 대신 그것을 읽는 사람의 신체에도 아무것도 남기지 않는 것입니다.

신체와 뇌의 회로가 열린 채로 글을 쓰는 사람은 신체가 텍스트 속에 잠겨 있는 것처럼 씁니다. 그래서 때로는 무엇을 말하고 있는지 알 수 없게 되기도 합니다. 하시모토 오사무가 그 대표적인 사람입니다. 문장은 엉망이고 오락가락하지만 여기에는 글을 쓰는 하시모토 자신의 신체적 필연성이 작용하고 있습니다. 그의 문체 자체가 하시모토 씨 사고의 신체인 것입니다.

그래서 독자들도 그 흔들림에 몸을 맡기고 있으면 신체적으로 기분이 좋아집니다. 노래를 오래도록 함께 부르는 것 같은, 손을 맞잡고서 노래하는 기분이 듭니다. 뭔지 모르게 상대방 신체의 반향이 느껴집니다. 결과가 어떻다거나 스토리가 어떻게 되는지 여부가 아니라 글쓴이의 '사고의 신체'와 자신의 신체가 어느 순간 동조되고 그것이 자기 안의 깊은 곳에 자리 잡아 자신의 자양분이 됩니다. 언제까지고 잊히지 않는 여운이 남습니다. 그런 문장이 있습니다.

● 내 신체는 머리가 좋다

나는 내 머리는 그다지 신뢰하지 않지만 내 신체만큼은 전면적으로 신뢰하고 있다. (…) 신체라는 것은 지성적인 것이다. 뇌는 '모른다'고 하는 불쾌함을 배제하지만 신체라고 하는 둔감한 지성은 "모르는 것은 그냥 모르는 것이지" 하고 대수롭지 않게 그 사실을 받아들인다. 그것이야말로 신체가 지성을 가능하게 하는 것이다.[8]

정말 명언입니다. "내 신체는 머리가 좋다"라는 이 표현은 제 책 제목으로도 썼습니다. 훌륭한 사고방식이라고 생각합니다.

커뮤니케이션은 의미의 '바깥'에 있다

다음 인용문은 다니카와 슌타로谷川俊太郎가 '언어의 촉감'에 대해 말하고 있는 내용입니다.

● 언어의 촉감

시는 언어이므로 의미가 있을 거라고 생각하는 사람들이 많다. 그래서 주제가 무엇이다, 무엇을 말하고 싶어 한다고 이야기하지만, 나는 난센스 시를 읽음으로써 이에 저항한다. 언어라고 하는 것은 의미만이 아니라 음향도 있고 이미지도 있고 촉감도 있다는 것을 난센스 시가 잘 말해준다. 그처럼 모두들 언어가 가지고 있는 촉감을 잊어버리고 의미만 추구하고 있다.[9]

무라카미 하루키나 하시모토 오사무, 다니카와 슌타로처럼 언어를 잘 구사하는 사람들은 뜻밖에도 같은 이야기를 하고 있습니다.

언어에는 신체가 있다는 것, 언어의 신체와 읽는 사람의 신체가 공명한다는 것입니다.

의미성이라는 것은 뇌의 일입니다. 뇌 차원에서는 텍스트를 읽는 것과 시를 읽는 것에 그다지 차이가 없습니다. 인간과 인간의 언어적 커뮤니케이션에서는 의미성은 그다지 문제가 아닙니다. 그 예로서 철학자 와시다 키요카즈鷲田淸一가 들려주는 이야기가 있습니다. 말기 암 환자의 상태가 갑자기 악화되었을 때를 가정해봅시다.

● 듣는 힘

"저는 이제 가망이 없는 건가요?" 하고 말하는 환자에게 당신이라면 어떻게 대답하겠습니까? 다음과 같은 선택지가 주어졌다고 가정한다면 말입니다.

1. "그런 말 하지 마세요. 더 용기를 내셔야죠" 하고 격려합니다.

2. "그런 걱정은 하지 않으시는 게 좋아요" 하고 대답한다.

3. "왜 그런 기분이 드시죠?"라고 되묻는다.

4. "이렇게 아플 땐 그런 기분이 들기 마련이에요" 하며 동정을 표한다.

5. "이제 가망이 없는 건가… 그런 기분이 드시나 봐요" 하고 되묻는다.[10]

이 설문을 의료 관계자들에게 던졌을 때, 의과대학 학생들은 1번을 골랐습니다. 간호사들의 대답은 거의가 3번이었습니다. 정신과 의사들은 5번을 골랐습니다. 여기서 올바른 대답은 5번입니다. 결국 의미성은 문제가 안 된다는 것입니다.

당신의 말이 내게 도달했다는 것을 상대방에게 표시하는 가장 효과적인 방법은 같은 말을 그대로 들려주는 것입니다. 같은 말을 되풀이하는 것은 의미성의 수준에서는 아무 의미가 없다고 생각되겠지만 실은 '당신의 메시지가 내게 전해졌습니다, 접속이 이루어졌습니다, 패스가 이루어졌습니다'라는 것을 표시하는 가장 좋은 방법입니다.

이것은 로만 야콥슨Roman Jakobson이 말하는 '언어의 교화적 기능'이라는 것입니다. 야콥슨은 의미가 있는 메시지를 전하기 위한 커뮤니케이션과 별도로 '커뮤니케이션이 이루어지고 있고 우리가 접속되어 있음'을 전하는 메시지가 있다고 말합니다.

앞의 메시지를 어떤 문맥에서 읽어야 하는지를 지시하는 메시지를 비언어적 메시지라고 하는데, 교화적 메시지는 반드시 비언어적인 것에 한정되지 않습니다. 요컨대 당신의 말이 내게 전해졌다고 하는 것이 상대방에게 전달되면 어떤 것이든 좋은 것입니다. 말이든 몸짓이든. 사람과 사람이 연결되기 위해서는 '당신의 말이 내게 전해졌다'고 하는 메시지 이상으로 중요한 것은 없습니다.

야콥슨은 교화적 기능의 대표적인 예로서 '신혼부부의 대화'를 듭니다. 이것은 남편이 무슨 말을 해도 그 말을 그대로 따라 하는 아내의 대화입니다만, 저는 오즈 야스지로小津安二郎 감독의 〈안녕하세요〉라는 영화 마지막 장면에서 두 사람이 주고받는 대화가 떠오릅니다. 이 두 사람은 역에서 연달아 똑같은 말을 되풀이하고 있지요. "참 좋은 날씨예요." "좋은 날씨죠." "아, 저 구름 참 이상한 모양을 하고 있어요." "정말 이상하네." 그러면서 똑같은 말을 반복합니다. 그 장면에서 이 두 사람이 말로 표현하지는 않지만 깊이 사랑하고 있다는 것이 전해져 옵니다.

사랑하고 있음을 굳이 말할 필요는 없습니다. 당신의 말이 내게와 닿았음을, 우리 사이에 접속이 이루어지고 있음을 확인하고 또 확인해도 질리지 않는 것, 그것이 사랑하고 있는 상태인 거지요. 그것으로 좋은 것입니다. 커뮤니케이션을 가능하게 하는 커뮤니케이션, 혹은 접속이 이루어지고 있음을 나타내는 접속인 것입니다.

커뮤니케이션
자장磁場으로서의 신체

어떤 말이 사람에게 가 닿을까. 이것은 대단히 중요한 문학적 주제여서 여기에서 제대로 다 말하기는 어렵겠지만, 다시 한 번 다니카와 슌타로의 글을 인용해 말씀드립니다. 그는 미숙한 시인의 시와 뛰어난 시인의 시에 어떤 차이가 있는지에 대해 이렇게 말합니다.

● '타자'로 하여금 말하게 하라

젊고 아직 미숙한 사람의 시에서도 그와 유사한 것을 느끼는 일이 있다. 말하자면 쏟아내듯 자기가 하고 싶은 말을 모두 꺼내놓는다고 해서 작품이 성립되지는 않는다. 한낱 어리석음으로 보일 뿐이고 소음에 지나지 않는다. 아무리 절실함이 담겨 있어도 일종의 소음을 동반한다.

시의 언어가 작품으로 성립하는지 어떤지는 거의 직감으로 판단할 수밖에 없지만, 한 가지 기준은 그 언어가 작가와 떨어져 자립하는가 하는 것이다. 그처럼 자립하는 언어라는 것은 그 시를 쓴 사람의 소란스러움에서 분리되어, 설령 아무리 이상한 말처럼 보인다 해도 그 말은 그 자체로 조용히 거기에 있다. (…) 소란스럽지 않은 말, 어딘가에 침묵을 품고 있는 말이 어떤 말인지를 가만히 생각해보면, 그것은 어떤 이름을 가진 한 개인의 것이 아니라 그보다 더욱 '무명성'의 것, 집합적 무의식 같은 데서 생겨나는 것이 아닐까 나는 그렇게 생각한다.[11]

다니카와 선생은 참으로 깊은 분으로, 그 분의 글은 어떤 글이든 읽다 보면 한숨이 나올 정도로 통찰을 품고 있습니다. 위 문장은 저도 깊이 공감하며 고개를 끄덕이며 읽었습니다.

단 3초라도 소란스러운 것은 소란스러운 것이고, 울림이 있는 것은 무명성이 있을 때입니다. 말을 하는 개체와 개체를 다 같이 품은 공동의, 우리들 모두에게 흐르고 있는 어떤 종류의 커다란 말의 신체입니다. 우리 모두를 잇고 있는 '몸(살)'입니다. 모두의 발아래 있는 부드러운 기반을 딛고 있을 때 우리는 모두 거기로부터 움틉니다. 말이 전해진다는 것은 그것을 보증하고 있는 근본적인 말의 기반이 있다는 것인데, 그 기반이란 '간주관성間主觀性'이라는 철학 용어로는 제대로 설명할 수 없을 만큼 깊고 넓은 것입니다.

다니카와가 말하는 무명성이나 집합적 무의식이라는 것은 말을 하는 인간, 듣는 인간 모두를 포괄하고 있는 '몸'을 가리킵니다. 그래서 어떤 종류의 '강한 말'은 단순한 음성이나 문자기호라는 레벨에 머물지 않고, 간주관적인 '몸' 안으로 먹혀 들어갑니다. 그리고 그것을 매개로 해서, 말로 묶인 공동체 전체에 스며들어갈 수 있습니다. 말이라는 것은 그렇듯 신체적인 것입니다. 말이 지니는 그런 근원적인 힘, 주술적인 힘에 대해 중국문학자인 시라카와 시즈카白川靜가 들려주는 말을 마지막으로 소개하고 싶습니다.

『시경詩經』은 중국의 고전인데, 거기엔 여섯 가지 종류의 시 형식이 있습니다. 다음에 인용하는 것은 '부賦'라는 형식에 대해 시라카와 시즈카가 우메하라 다케시에게 설명하고 있는 장면입니다.

● 말의 영적인 힘
'부'라는 문학의 본질부터 말하자면, 이를테면 산의 아름다운 모습을 보고 "산의 웅장함과 골짜기의 모양새, 숲의 깊이…" 이런 식으로 형형색색 그림을 그리듯 하나하나 꼽으면서 노래하지. 이것이 '부'일세. 그저 노래하는 것이 목적이 아니라 그렇게 노래함으로써 그 대상이 품고 있는 내적인 생명력을 자기 속으로 끌어들인다네. 가령 병이 들었다면 큰 강이 물결치는 모습이라든지, 바다의 파도가 부서지는 모습이라든지, 꽃이 피어 흐드러진 모습이라든지 이런 것들을 문학적으로 다양하게 아름답게 노래한다네. 그렇게 함으로써 병을 낫게 하기도 한다네. 이것이 '부'의 문학일세. 여러 가지를 노래하길 바라네. 그렇게 노래로 표현된 말의 힘으로, 그렇게 표현된 것과 영적으로 서로 통하는 힘이 생겨나고, 그것이 작

용해서 병이 낫는다는 말일세. 그런 것이 본래의 '부'일세.[12]

시라카와 시즈카는 말의 근원적인 기능이 '주문'에 있다고 말하고 있습니다. 우리를 둘러싸고 있는 여러 영적인 것들에 축복을 보내고 주문을 외우는 것이 말의 본래의 힘이라는 것입니다. 이것은 레비 스트로스의 언어증여설과 함께 탁월한 언어관이라고 생각합니다. 말이 지니고 있는 신체성, 이것을 듣는 데 뇌는 쓸모가 없습니다.

문학비평은 흔히 문학의 주제나 방법이나 전위성 따위를 논하지만 사실 문학은 그런 것과 무관합니다. 우리가 읽는 것은 텍스트의 신체이기 때문입니다. 텍스트를 신체적으로 읽고 있을 따름입니다. 좋은 텍스트를 읽으면 병이 낫습니다. 그 정도의 힘이 문학에 있습니다. 시인도 음악가도 댄서도 철학자도 잠재적으로 모두 그런 피지컬한 능력을 지니고 있습니다. 신체가 지닌 지적인 힘 또는 영적인 힘을 발신하는 기술을 어딘가에서 알게 된 것입니다. 뇌가 만들어내는 '이야기'로는 결코 가닿지 않는 곳까지 자신의 울림을 가닿게 하는 커뮤니케이션 수준이 확실히 존재합니다.

이런 이야기를 요즘 여기저기 돌아다니며 하고 있습니다. 최근 들어 이런 말에 공감하는 사람이 조금씩 늘고 있습니다만 아직은 쉽게 받아들여지지 않는 듯합니다. 대학 교수들은 특히 쉽게 이해하지 못합니다. "우치다 선생은 정말 오컬트를 좋아하시는군요" 같은 말로 마무리가 되곤 하지요.

오늘은 여러 가지 너무 수다를 떨어서 송구스럽습니다만 저 자신이 가장 소중하게 여기는 것을 마지막으로 한 가지만 더 말씀드리겠습니다. 생과 사의 경계에 섰을 때 신체감수성을 최소로 할 것인가 최대로 할 것인가. 인생의 기로에서 위기에 맞닥뜨렸을 때는 센서를 최대화할 필요가 있습니다. 어떤 식이든 여러분 자신의 방식으로 센서를 최대화하는 것을 궁리하는 것이 앞으로 살아가는 데 많은 도움이 될 거라고 생각합니다. 이것을 다시 한 번 말씀드리며 마치겠습니다.

2
표현을 세밀히 나눈다는 것

─ 신체와 기호

'청년문화'가 크게 융성하고, '젊음'의 가치가
사상 최고로 뛰어오르고 있는 이 사회에서 사람들이
'젊음'이라고 믿고 있는 것은 실은 '어림'인 겁니다.
사람들은 '젊어지고' 있는 것이 아니라 '어려지고' 있는 겁니다.

아이들의 언어표현이 위기 상황에 와 있는 것은 사실입니다. 초등학교 교사들의 좌담회 기사를 읽었는데, "귀찮아", "짜증나", "닥쳐", "꺼져" 같은 공격적이고 잘라버리는 듯한 말투가 어린이들의 자기표현 언어에 깊이 침투해 있다고 합니다. "짜증나"라고 말하는 아이들에게 선생님이 "왜 짜증나는데?" 하고 물어보면 "짜증이 나니까요"라고 동어반복을 할 뿐 이야기에 진전이 없습니다. 짜증나는 상황이나 입장도 다르고, 아마 그 아이 자신이 느끼고 있는 답답함이나 분노, 불안감의 양상도 모두 다를 텐데 그것이 언어적으로 다르게 표현되지 않고 "짜증나"만으로 반복된다는 것은 어떤 위기의 징조가 아닐까 하는 것이 제 생각입니다.

표정이 없는 아이들

얼마 전 텔레비전에서 〈블랙메일〉이라는 프로그램을 본 적이 있습니다. 여성 게스트의 남자친구를 다른 여성이 유혹해 남자친구가 넘어가는 과정을 다른 곳에 있는 여자친구가 화면으로 관찰한다는 꽤나 악취미인 몰래카메라 프로그램입니다. 방송국이 유혹자로 캐스팅한 여성의 꾐에 자기 남자친구가 빠지는 과정을 모니터로 보고 있던 여자친구는 처음부터 끝까지 마냥 "짜증나"라는 말밖에 하지 않았습니다.

처음에는 남자친구의 신의를 다소 기대하고 있다가 점점 불안감이 커지면서 마지막에는 분노와 실망으로 넘어가는, 적어도 3단계

정도의 감정 단계가 있을 법한데 이 여성은 서른 번 가까이 "짜증나"를 반복할 뿐이었습니다. 그 발성에는 음의 고저 변화도 울림의 변화도 없고 표정도 한결같았습니다. 내내 같은 말투, 같은 표정으로 "짜증나"만 되풀이합니다. 기대에서 불안으로, 절망에서 분노로, 이 정도의 아주 간단한 정서적 변화조차 요즘 아이들은 표현할 수 없게 된 걸까, 그런 생각이 들었습니다.

표정 변화와 정서 발달은 관련이 있습니다. 지금 아이들은 표정 변화 자체가 줄어들고 있죠. 제 지인 중에 정신과 의사 나코시 야스후미라는 분이 있는데, 그분도 NHK 교육 채널의 〈진지한 십대 수다쟁이〉라는 토크 프로그램을 예로 들면서 그렇게 말했습니다. 십대들이 나와서 각자 자기 의견을 거침없이 펼치는 매우 교육적인 토론 프로그램이죠. 그런데 아이들의 표정이 어쩐지 기이해 보인다는 겁니다. 말하는 내용도 조리 있고 상대방의 말에 조용히 귀 기울일 줄도 알고, 아주 친근한 커뮤니케이션이 이루어지고 있는 것처럼 보이는데 뭔가가 이상한 겁니다. 출연한 청소년들에게는 실례가 되는 말인 줄 알지만, 그래도 "뭔가 이상하다"는 생리적인 감각은 여하튼 부정할 수 없는 겁니다. 나코시 선생도 그 청소년들을 보면서 똑같이 이상한 느낌을 받았는데, 그것은 바로 그 아이들에게 표정이 없다는 겁니다.

표정에 변화가 없다는 것은 조현병의 초기 증상이라고 합니다. 나코시 선생 말씀으로는 지금부터 20년 전의 진단기준을 적용한다면 〈진지한 십대 수다쟁이〉에 나오는 친구들은 거의 모두가 조현병 초기 증상으로 진단된다고 합니다. 옛날 같으면 조현병 초기 증상으로 진단될 정도로 병든 아이들이 텔레비전에 나와도 그들을 보면서 위화감을 느끼는 사람이 별로 없다는 것은, 그만큼 세상에 그런 아이들이 많아졌다는 뜻이겠죠.

원리적으로 말하자면 인간의 정신세계에 객관적으로 '이상'이나 '정상'이 있는 것은 아닙니다. 그때그때 다수파의 평균치를 일단 '정상'으로 보고, 거기서 벗어나면 '이상'으로 여기는 거죠. 모두가 신을 믿는 사회에서는 무신론자가 정신이상으로 여겨지고, 무신론자 사회에서는 신앙을 가진 사람이 이상한 사람 취급을 받죠.

그래서 이 이야기는 20년 전이라면 '병'으로 진단받았을 사람들이 지금은 '정상' 범주에 들어간다는, 이른바 '정치적 올바름'이 적용된 사안에 불과하지만, 그것이 이상하게 생각되지 않을 만큼 '표정 없는 사람들'이 우리 주변에 많아지고 있다는 것은 부정할 수 없는 사실이라고 생각합니다.

사춘기는
말을 더듬는 시기

〈진지한 십대 수다쟁이〉를 보면서 제가 마음에 걸렸던 것은 이 아이들에게 '주저함', '더듬거림', '막힘' 같은, 언어기능의 문제가 거의 안 보인다는 점이었습니다. 아주 매끄럽게 말이 흘러나와요. 피디가 미리 대본을 줘서 그것을 다 외워둔 것이 아닐까 싶을 정도로 아주 매끄럽습니다.

　여러분이 열세 살이나 열여섯 살이었을 때 어떤 식으로 말을 했는지 생각해 보세요. 그렇게 말이 매끄럽게 나왔었나요? 아니지 않았나요? 왜냐하면 사춘기 소년소녀일 때는 본래 '말이 잘 안 나오는' 법이니까요. 사춘기의 특징은 '샤이shy'하다는 것입니다.

　사춘기 때는 대체로 그렇게 이기적이지도 않고, 무작정 자기 욕망을 실현하기 위해 돌진하지도 않고, '어떻게 해서든 내가 하고 싶은 일을 끝까지 해내고 싶다'고 주장하지도 않죠. 그렇게 분명하지 않습니다. 왜냐면 솔직히 자신이 무엇을 하고 싶은지를 자신도 잘 모르니까요.

　자기감정을 말로 잘 표현할 수 없고, 욕망의 윤곽도 잘 파악하지 못하겠고, 자기 신체 하나도 어떻게 움직이면 좋은지 잘 모르겠는, 그래서 '몸 둘 바를 모르는' 상태, 말도 잘 못하고, 몸놀림도 어색한… 이런 것이 사춘기 때 느끼던 보통 감정이 아니었나 싶습니다.

　무언가 말을 하려고 해도 '입 밖으로 나온 말'과 그 말을 한 '마음' 사이에 항상 어긋남이 있고, 말이 너무 많거나 모자라거나 해서 늘 자신이 말한 내용에 스스로 위화감을 느끼고, 자신이 한 말이 자신에게 적대적인 것 같은 소외감조차 들고, 거울에 비친 자신을 봐도 "이게 누구지?" 싶게 거리감이 느껴지고, 그 모습이 자기 자신이라고 인정할 수가 없는 그런 감각들 말입니다.

　그래서 "나는 솔직히 이것을 하고 싶어요"라든가, "나는 이렇게 생각해요" 같은 이야기가 매끄럽게 말이 되어 나올 리가 없는 겁니다. '말하고 싶지만, 말로 못 하는' 것이 사춘기 언어활동의 '보통'이니까요. 자신의 마음을 전하려고 해도 주저하거나 말이 막히거나 더듬거나 해서 어쩐지 매끄럽게 말이 안 나오는 거죠. '젊다'는 것은 그런 상태를 말하는 것이 아닐까 생각합니다.

오해하시는 분들이 많은데요, 원래 '젊은' 사람들은 더듬는 겁니다. 나쓰메 소세키夏目漱石의 『산시로三四郎』나 『마음』에서도 청년은 생각이 말로 잘 표현이 안 돼 괴로워하는 존재로 항상 그려졌죠.

어른도 젊은이도 아닌

자기 얼굴을 거울에서 보면서 "이 얼굴이 나군. 이상한 얼굴이야. 말투도 뭔가 이상하네. 그래도 뭐 이 정도는 나의 정체성으로 용서할 수 있는 범위라고 봐야지." 이런 쿨한 자기 진단을 할 수 있게 되면 비로소 '어른'이라 할 수 있습니다. 역설적으로, 자신이 하고 있는 말에 위화감을 느끼지만 그래도 위화감이 있는 자기 말에 책임을 질 줄 아는 것이 '어른'이죠.

반면, 어떻게 해도 '진정한 마음'을 말로 표현하지 못해 무엇을 말해도, 무엇을 해도 '이런 건 나답지 않다'는 답답함만 남고, 그 때문에 자신이 내뱉은 말에 대한 책임을 끝까지 질 수가 없어서 했던 말을 철회하고, 말끝을 흐리는 이런 모습이 '젊음'의 특징입니다.

그렇게 생각한다면, 청산유수처럼 '자기 의견'을 거침없이 말하는 아이들은 '젊다'는 조건에 해당하지 않습니다. 하지만 '어른'도 아닙니다. '어른'인지 아닌지는 금방 알 수 있습니다. 그 사람이 하는 말을 듣고 '뭔가 이상하다'는 느낌을 갖게 되는 일은 어른의 경우는 잘 없습니다. '어른'이 하는 말은 귀에 쏙 들어오고 이해가 잘 됩니다. 그럼 이 아이들은 대체 뭘까요? '젊은이'도 아니고, '어른'도 아니고.

지금 일본은 '청년문화' 사회라고 불립니다. 그래서 모두가 '젊게 꾸미기'에 바쁩니다. 그런데 만약 중년 '아저씨'가 '젊은이' 흉내를 낸다면 어떤 몸짓을 할까요. 그전까지 잘난 듯이 이것저것 딱 잘라 말했던 사람이 갑자기 "으음, 어떨까. 잘 모르겠군. 말로 잘 표현이 안 되네…" 하고 얼굴을 붉히며 말을 더듬게 될까요. 설마, 그런 일은 없겠죠.

'젊은이' 흉내를 내는 '아저씨'는 '말을 한번 꺼내면 남의 말을 듣지 않게' 됩니다. 갑자기 완고해지고, 거침없이 발언하고, 남 얘기에 전혀 귀를 기울이지 않고, 끝까지 자기중심적으로, 욕망이 가는 대로 행동하려고 하죠. 그런 것을 '젊음'이라고 생각하고 있으니까요.

물론 이런 것들은 '진정한 사춘기'의 모습이 아닙니다. 왜냐면 사춘기 아이들이란 에고이스트가 되고 싶어도 애초에 자신의 '에고'가 어떤 것인지 그것이 무엇을 원하는지도 잘 모르는 나약한 존재니까요. 할 수만 있다면 '단언'하고 싶지만 무엇을 '단언'해야 할지 잘 모르는, 가능하면 남의 눈 따위는 신경 안 쓰고 방약무인하게 행동하고 싶지만 남의 시선이 신경 쓰여 미칠 것 같은… 이런 것이

'젊음'인 거죠.

　그러니까 '젊은이 흉내'를 하는 아저씨가 젊은이가 된 기분으로 연기하고 있는 것은 '젊은이'가 아닌 겁니다. 그건 뭔가 하면 (이건 나코시 선생의 진단인데) 사춘기 이전으로 퇴행해버린 모습입니다. 즉, '청년문화'가 크게 융성하고, '젊음'의 가치가 사상 최고로 뛰어오르고 있는 이 사회에서 사람들이 '젊음'이라고 믿고 있는 것은 실은 '어림'인 겁니다. 사람들은 '젊어지고' 있는 것이 아니라 '어려지고' 있는 겁니다.

어린이와 청소년은 어떻게 다를까

　　　　　　　　　　　어린이와 청소년을 구분 짓는 경계는 단순히 2차 성징과 같은 생리적인 것에만 그치지 않습니다. 가장 뚜렷한 특징은 '아동기에는 덜 발달되었던 정서가 풍부해지는 것'입니다. 그것이 아동기에서 청년기로 이행이 진행되고 있음을 나타내는 가장 큰 징후입니다.

　정서가 발달하면 우선 표정이 풍부해집니다. 애매한 표정이나 '말로 표현하기 어려운 표정'을 지을 수 있게 됩니다. 어린아이들은 희로애락 같은 단순한 감정 표현밖에 못하지만 사춘기 소년소녀들은 그것들이 혼재된 꽤나 복잡한 표정을 점차 획득해갑니다.

　대화를 나누는 상대에 따라 조금씩 표정이나 발성법, 자세를 바꾸는 기술도 배웁니다. 예를 들면 아버지에게 말하는 경우와 어머니에게 말을 거는 경우에는 얼굴 표정도 목소리도 달라집니다. 친한 친구를 대할 때와 그렇지 않은 친구를 대할 때 "안녕"이라는 인사 한마디도 별도의 감정을 담아서 할 수 있게 됩니다. 자신과 상대방 사이의 멀고 가까움, 또는 입장 차이, 이해관계 차이에 따라 표정이나 목소리 톤, 자세가 미묘하게 달라집니다. 인사하는 각도가 미세하게 바뀝니다.

그런 것들을 할 수 있게 되고, 그런 것이 최대 관심사로 떠오르게 되는 것이 사춘기인 것이죠. 그러니까 거울에 비친 자기 얼굴을 보고 '이게 정말 내 얼굴인가' 하며, 너댓 살 아이라면 결코 상상할 수 없는 자신의 정체성에 대한 불안한 물음도 품게 되는 것입니다.

경어는 말을 쪼개는 것

그렇게 정서가 발달하면 신체표현이 다양해지고 '쪼개는 방식'이 점점 세밀해져 갑니다. 표정, 발성, 몸짓 같은 신체적 변화에 더해서 매너나 어휘, 복장, 취향에서도 점점 세밀한 차별화가 생깁니다.

예를 들면 '경어'도 그렇습니다. 존댓말은 상대방 마음에 들기 위해 하는 것이 아닙니다. '경敬'이라는 말의 본래 의미는 '위험한 것으로부터 몸을 피하는' 것입니다. 『논어』에 '경귀신이원지敬鬼神而遠之(조상의 영은 멀리서 공경하는 것이지 너무 허물없이 다가가는 것이 아니다)'이라는 말이 있듯이 도깨비나 귀신처럼 힘이 있고, 그 힘을 어떻게 사용할지 예측하기 힘든 존재에 대해서는 경솔하게 다가가지 않고 조금 거리를 두는 것이 좋다는 뜻입니다.

그러니까 '경어를 쓰는 것'은 사회 훈련의 기본입니다. 아이는 사회적인 입장이 약합니다. 지위도, 권력도, 돈도, 정보도, 아무것도 없으니까 우선 자신을 지키는 법을 배워야 합니다. 아이에게 주변은 모두 '무서운 것들' 투성이지요. 다른 사람들이 자신을 어떻게 해칠지 예측할 수 없습니다. 아이에게 어른들이란 '귀신과 같은 부류'인 셈이죠. 그래서 경어를 사용하는 겁니다. 위험한 존재로부터 몸을 피해서 거리를 두는 것은 살아남기 위한 당연한 생존전략입니다.

몇 년 전 연말에 방영된 텔레비전 드라마 〈추신구라忠臣藏〉*에서 기무라 타쿠야가 연기한 호리에 야스베이가 손윗사람에게 '반말'을 하는 장면을 보고 깜짝 놀랐습니다. 오오이시 쿠라노스케에게 "오오이시 씨, 당신 말하는 게 이상해" 하면서 말이죠. 당시에 실제로 이렇게 말했다가는 '즉시 할복'입니다. 각본을 쓰는 사람은 결코 장난삼아 이렇게 쓴 것이 아닐 겁니다. 어쩌면 현대식 '청년문화'에 대

---

* 일본의 전통 연극 가부키 작품 〈가나데혼 추신구라假名手本忠臣藏〉에 나오는, 실화를 바탕으로 한 복수극. 에도 시대 중기인 1701년 3월, 아코번(지금의 효고현) 다이묘인 아사노는 막부 장군 키라의 집요한 괴롭힘을 참지 못해 칼을 뽑았다가 실패하여 아코번은 해산되고 아사노는 할복의 명을 받는다. 이에 분한 마음을 풀 길이 없던 아코번의 47명 무사들은 1703년 12월 14일, 키라의 집을 습격해 복수에 성공한다. 신하의 충심을 그린 이 이야기는 에도 시대부터 많은 일본인들의 공감을 받아왔고, 해마다 연말이면 텔레비전 드라마로 방영된다. 오오이시 쿠라노스케는 47명 무사들의 우두머리이며, 호리에 야스베이는 무사 중 한 명이다._옮긴이

한 연대감으로 '손윗사람이라도 혼을 담아 대화를 하면 통한다'는 주장을 하고 있는 건지도 모릅니다. 그런데 그 사고방식 자체의 이데올로기성은 다루어지지 않고 있습니다.

야스베이가 실제로 오오이시 쿠라노스케 같은 높은 사람에게 말하는 경우 동년배에게 말할 때와는 예절도 어법도 발성도 다를 것입니다. 사무라이니까요. 그때그때 상대와 자신의 신분 차이에 따라 거리, 절하는 법, 손을 두는 위치까지 정해져 있습니다. 그런 식으로 신체 조작을 사회적인 기호로 적용시키는 기술을 옛날 무사들은 제대로 몸에 익히고 있었습니다. 아니, 그렇다기보다는 상대에 따라, 입장에 따라, 상황에 따라 말투도 예절도 복장도 모두 '달리하는' 그 세심한 신체 조작 훈련 자체가 무술적인 신체 운용의 훈련에도 통했을 것입니다.

앞서 '신체를 쪼갠다'는 것에 대해 말씀을 드렸고, '동작의 단위를 세분화함으로써 선수를 치는' 무술의 시간 조작 기법에 대해서도 말씀드렸습니다. 일상의 몸가짐이 곧 수행이라는 것이 무사의 마음가짐이므로, 상대가 누구더라도 '반말'과 같은 어리숙한 언어 운용을 무사가 구사할 리가 없습니다. 게다가 상대는 봉건사회에서의 손윗사람입니다. 힘도 정보도 자기보다 많이 가지고 있고, 자기를 해칠 가능성이 있는 상대와는 적당한 거리를 둬야죠. 만약 야스베이가 쿠라노스케에게 존댓말을 쓰지 않았으면 습격 작전에 참가하기도 전에 먼저 '무례한 놈'으로 찍혀 할복을 해야 했을 겁니다.

하지만 지금은 시대 고증을 무시하고라도 '경어 따위는 쓰지 않는 것이 인간적으로 순수하고 평등한 삶이다. 자, 모두 평등하게 살기 위해 반말을 하자'는 듯한 이상한 이데올로기가 만연하고 있습니다. '평등'이라 하면 듣기야 좋지만 바꿔 말하면 '심플'하다는 것이죠. 단순함, 즉 하나로 모든 것을 해결하자는 식의 아주 '부실한' 삶이 권장되고 있는 것입니다. 매스미디어 전체가 거의 대정익찬회* 大政翼贊会 같은 방식으로 이 '단순화' 노선을 외치고 있습니다.

'정형화'라는 퇴행 옵션으로
도망치는 아이들

그런데 이를 '언어 사용에 둔해졌다'는 식으로 뭉뚱그려 단정 짓는 것은 위험합니다. 왜냐하면 언어 사용에 민감해지는 것이 사춘기에는 자연스러운 현상이니까요. '민감해지고 싶은' 시기에 굳이 '둔해진다'는 것은 노력하지 않으면 안 되는 일입니다. 누구에게나 똑같은 말투로 말하는 것은 아직 말을 충분히 학습하지 못한 유아의 특징입니다. 그렇다면 어느 시기까지는 부모나 교사, 친구들 사이에서 언어의 사용법을 바꾸려고 애쓰던 아이들이 사춘기의 어느 단계에서 갑자기 그 다양성을 풍요롭게 하는 방향에서 오히려 빈곤해지는 방향으로, 즉 유아기로 의도적인 퇴행을 했다는 것입니다.

---

* 1940년대 전반기에 존재했던 일본제국의 관제 국민 통합 기구_옮긴이

작년에 제 대학원 세미나 수업을 청강했던 한 중학교 교사에게 학교 현장 이야기를 들을 기회가 몇 번 있었습니다. 인상 깊었던 이 야기는 학생들이 확 바뀌는 시기가 중학교 2학년 여름방학이라는 겁니다. 방학 전까지는 쭈뼛쭈뼛하고 애매모호하던 아이들이 방학 이 끝나자 머리를 갈색으로 염색하고는 날라리 학생처럼 쭈그리고 앉아 교사를 째려보면서 "야, 너 짜증나거든" 하는 식으로 변해버리린다는 겁니다.

저에게 이 이야기는 무척 인상적으로 들렸습니다. '9월 데뷔'를 한 불량 중학생들은 그전까지의 '말더듬이' 상태에서 단번에 불량 청소년의 정형화된 틀에 자신을 맞춤으로써 사춘기의 심리적 위기를 회피했음을 의미하기 때문입니다.

아마 이 아이들도 내면과 자신의 말이나 신체, 몸놀림 사이에 어긋남이 있을 겁니다. 하지만 그 '어긋남'을 어떻게든 조정하면서 자신의 정체성을 느릿느릿 구축해가는 그 힘든 과정을 참지 못해 기존의 정형화된 틀에 자신을 집어넣는 것으로 정신적 안정을 얻으려고 한 거죠.

그런데 중학생 한 명 한 명이 느끼는 위화감이나 불만, 불안감을 그렇게 쉽게 기존의 틀에 딱 끼워 넣을 수 있을까요? 원하는 색깔로 머리를 염색하듯 자신에게 딱 맞는 표현 양식을 만나기는 어렵습니다. 불량 청소년 A군과 B군은 가정환경도 다르고 학교에서의 위치나 언어 능력, 신체 감수성, 취미나 취향도 다르니까요. 그 모두를 '없는 셈'치고 기존의 정형화된 불량 청소년 틀에 자신을 딱 끼워 맞출 수는 없죠.

그들은 결국 그렇게 기존의 틀에 들어감으로써, 아무도 추체험할 수 없고 대체할 수 없는, 저마다 고유한 '내면과 외면의 어긋남'을 조정하는 힘든 일에서 도망쳐버리는 겁니다. 그렇게 기존의 '불량 청소년 타입'에 쑥 들어가는 것으로 스스로 '나다움'을 달성했다는 행복한 환상 속에 안주하게 됩니다. 다르게 말하면, 사춘기의 개성을 '똥값'에 팔아먹음으로써 자아 정체성에 대한 일종의 안정감을 사는 것입니다.

유아가 유아를 재생산하는 시대

그런데 실은 이것이 사회적으로 심각한 영향을 미치고 있다고 생각합니다. 그처럼 사춘기를 '퇴행' 옵션으로 그냥 넘어가버린 사람은 아무리 나이를 먹어도 다시는 '주저하거나 수줍어'할 수도 '복잡'해질 수도 없기 때문입니다.

'청산유수처럼 말하는' 능력은 후천적으로 언제든지 학습할 수 있습니다(영업사원들의 세일즈식 말투는 일주일이면 익힐 수 있습니다). 하지만 '더듬고' '막히고' '주저하는' 사춘기 특유의 언어 운용 회로는 한번 망가지면 다시 살릴 수가 없습니다. '수줍음shyness' 같은 것은 한번 잃어버리면 다시는 얻을 수 없습니다. 하지만 그것의 중요성을 아무도 알려주지 않습니다.

지금 일본에서는 사춘기를 어찌어찌 극복해서 '어른'이 되는 길을 가기보다 유아기로 퇴행하는 길로 사람들이 밀려들어 가는 '도착 현상'이 진행되고 있는 것처럼 보입니다. 나코시 선생의 병원에는 "우리 아이가 좀 이상해요" 하면서 자녀를 데려오는 부모들 중에 아이보다 훨씬 더 정신적으로 이상이 있는 사람들이 있다고 합니다. 하지만 본인은 모르고 있는 겁니다. "정말 미치면 증상이 나타나지 않는 경우가 있다"고 나코시 선생은 말합니다.

그런 사람은 결혼도 했고, 아이도 있고, 나이도 있으니까 겉모습은 완전한 '어른'으로 보입니다. 하지만 심리적으로 사춘기를 통과하지 않았기 때문에 내면은 유아인 겁니다. 사춘기를 정면으로 맞닥뜨리지 않고, '말을 더듬는' 귀한 시기를 기존의 '양키*'나 '고스로리 소녀**' 같은 정형화된 타입을 연기하는 것으로 통과해버린 사람은 그 후에 사회생활을 하든 결혼을 하든 본질적으로 유아일 수밖에 없는 것이죠.

겉모습은 '어른'인데 속은 '유아'인 부모 밑에서 자란 아이들이 아무 문제없이 사춘기를 통과할 수 있을 리 없습니다. 심플하고 평평하고 그 때문에 강고한 정체성을 가진 부모 슬하에 있는 아이들이 그 영향을 뿌리치고 사춘기의 정신적, 신체적 위기를 극복하는 것은 참으로 어렵지 않을까 생각합니다.

* 영어의 yankee에서 따온 일본 속어로, 비행 청소년 또는 날라리를 일컫는 말_옮긴이
** Gothic & Lolita의 준말로, 원래는 서로 전혀 다른 것인 고딕 양식과 로리타 패션을 결합한 현대 일본의 특유한 패션 스타일, 또는 그러한 서브컬처를 일컫는 말_옮긴이

언어가 단순해지는 것은

전 사회적 규모로 진행되고 있는 유아화 현상은 '교양의 붕괴'라는 또 하나의 징후와 근본에서 연결되어 있는 것 같습니다. 교양의 가치가 이 정도로 폭락한 것은 근대 이후 처음 있는 일이 아닌가 싶습니다. 그 일은 단적으로는 '교양'과 '잡학'을 혼동하는 형태로 나타나고 있다고 생각합니다.

지금 텔레비전 프로그램 영향으로 잡다한 지식을 소개하는 책이 많이 팔리고 있는데, 그런 잡학 퀴즈의 답을 1만 개 외웠다 하더라도 그것은 교양과는 아무 관계가 없습니다. 교양이란 쉽게 말하면 어떤 사실을 그와 다른 여러 측면에서 바라볼 줄 아는 것입니다. 또는 어떤 사실을 그와 아무런 관계가 없어 보이는 다른 사실과의 맥락 속에 다시 배치할 줄 아는 능력이라고 표현할 수도 있습니다.

퀴즈 식 지식은 서로 관련 없는 정보들이 무작위로 뒤섞여 있는 상태라고 할 수 있습니다. 수많은 부스러기 정보들이 장난감 상자 안에 마구 들어가 있는 상태 같은 것이죠. 얼마든지 더 많이 집어넣을 수는 있겠지만 상자의 용량을 아무리 늘리더라도 그것은 그저 커다란 '장난감 상자'에 불과합니다.

교양이라는 것은 그런 게 아닙니다. 교양은 '넘쳐 흐르는' 것입니다. 수습이 안 되고 제어가 안 되어 자신의 지적 구조 자체를 무너뜨릴 정도로 '밖으로' 향하는 근원적인 외부지향성을 띠고 있습니다.

잡학 지식은 아무리 많아도 방해가 되지는 않습니다. 그것은 자신이 이미 알고 있는 내용을 수평 방향으로 확대한 것일 뿐이지 자신의 정치적 신념이나 신앙, 미의식, 도덕관념에 결코 저촉되는 것이 아닙니다. 잡학은 전부 다 하나의 '장난감 상자' 안에 들어갈 수 있습니다.

하지만 교양은 그것과는 다릅니다. 교양은 많을수록 수습이 어려워집니다. 왜냐하면 교양은 자신의 지적 시스템에 끊임없이 '변경'과 '버전 업'을 요구하기 때문입니다. 그것은 항상 한계를 넘어서려고 합니다. 늘 미지의 영역으로 들어가려 합니다. 교양은 사람이 조용히 만족하는 것을 용납하지 않습니다. 흔히 말하는 "교양이 방해한다"는 말은 정말입니다.

제가 이야기하려는 것은 오늘날 일본 사람들 사이에서 교양이 사라지고 있다는 것입니다. 다르게 말하면 교양의 사회적 기능을 부정하는 이데올로기가 지배적으로 되어가고 있다는 이야기입니다.

그것은 '심플한 것이 좋다'는 이데올로기입니다. 단순하고 경박하고 단조롭고 반짝거리는, 구성요소가 가급적 적은 것들이 가치 있는 것으로 여겨지고 있죠. 그것은 정치계와 언론계, 사회의 구석구석까지 관통되고 있는 현상입니다. 뭔가 '이야기를 심플하게 만드는 것', '흑백을 명확히 하는 것'에 온 나라가 열광하고 있는 것처럼 보입니다. '이야기를 심플하게 만든다'는 건 쉽게 말하면 '가급적 적은 어휘'로 문장을 '단정 지으며 말하는' 것이죠.

얼마 전에 제 세미나 수업을 듣는 한 학생이 취업 준비 때문에 도쿄에 다녀와서는 "도쿄 사람들은 참 희한하게 말한다"며 많이 놀랐다고 했습니다. 자기가 뭔가 재미있는 말을 하면 도쿄 학생들은 표정을 하나도 바꾸지 않으면서 "초~우케루(대박 웃긴다)" 하고 말한다는 겁니다. 목소리 톤의 변화도 없이 언제나 낮은 목소리로 "초~우케루" 하면서 눈은 하나도 웃지 않는다고 했습니다. 또 한 가지는 이제 관서(오사카 중심의 서쪽 지방_편집자 주) 문화권에도 조금씩 들어오고 있는 현상인데, 무엇을 물어봐도 "비묘~(글쎄~)"라고 답하는 것입니다. "내일 올래?" "비묘~." "그 카레 맛있어?" "비묘~." 그런 말이 유행하고 있다고 합니다.

"초~우케루"와 "비묘~" 같은 말들이 지배적인 유행어가 된 순간, 그전까지 쓰였던 다른 말들이 그 말로 인해 '사어'가 됩니다. '나우이(유행이다)', '다사이(촌스럽다)', '우자이(귀찮다)' 같은 말들도 이젠 사어가 됐죠. '키모이(징그럽다)'도 거의 사어에 가깝습니다. 그런 조잡한 형용사들이 사라져가는 것은 전혀 안타깝지 않지만, 문제는 젊은이들이 그렇게 새로운 언어를 획득하더라도 사용하는 어휘의 총량이 늘지는 않는다는 것입니다. 하나가 유행하면 다른 하나가 사라지면서 어휘의 양은 제로섬 구조인 거죠.

어휘가 늘면
감정이 세밀해진다

사람의 감정을 희로애락이라 표현하지만 실제로는 그렇게 명확히 구분할 수 있는 것이 아닙니다. 감정은 애초부터 아날로그적인 연속체여서, 어디서 '기쁨'이 끝나고 어디서 '슬픔'이 시작되는지는 아무도 분명히 말할 수 없습니다. 어디서 '분노'가 '미움'으로 바뀌는지 객관적인 지표가 있을 리도 없습니다.

다시 말해 감정이라는 카오스적이고 무정형적인 덩어리에 칼집을 내어 잘게 쪼개어 어떤 감정과 다른 감정의 중간 지점에 이름을 붙이면 이론적으로 감정은 무제한 쪼갤 수 있습니다. '쓴웃음을 짓는다'든가 '너무 기뻐서 운다' 같은 중간 감정들로 쪼개려면 얼마든지 쪼갤 수 있지요. '분노의 울음', '절망적인 미소'처럼 원리상 감정은 무제한으로 쪼갤 수 있는 겁니다.

그런 중간적 감정 표현을 어떤 타이밍에, 어떤 문맥에서, 어떤 표정과 어떤 발성법으로 하면 상대방에게 잘 전달될까. 그런 것은 원래 사춘기를 거치면서 조금씩 알게 되는 것들입니다. 감정을 나타내는 어휘가 하나 늘면 표정이 하나 늘고, 발성법이 하나 늘고, 신체 표현이 하나 늘고… 그렇게 해서 인간의 신체는 쪼개지고 쪼개져 치밀해집니다.

사춘기라는 것은 어쨌든 감정을 세밀하게 나누지 않으면 감당하기 힘든 시기입니다. 자신의 감정을 실을 수 있는 '더 애매한 표현'은 없을까? 이런 욕구가 사춘기 언어에 대한 기본적인 자세니까요.

그래서 이 시기의 아이들은 열심히 고전 문학이나 외국 문학을 읽으려고 하는 거죠. 그런 작품 속에는 평소 일상생활에서 교사나 부모, 친구, 텔레비전 출연자들이 결코 말하지 않는, '듣도 보도 못했던 말'이 숨어 있으니까요. 그런 말 중에 자기 마음에 '와 닿는' 말이 있기도 하거든요.

저는 열다섯 살 때 개인적인 '비밀 단어장'을 만들어 새로운 단어를 만났을 때 '아, 이건 쓸 만한데' 싶으면 적어두곤 했습니다. 그것은 현학적인 취미가 아니라 정말로 '말에 굶주렸기' 때문입니다. 그 시기에 얼마나 진지하게 감정의 칼집, 표현의 치밀화에 도전했는지가 나중에 그 사람의 커뮤니케이션 능력 발달에 영향을 미치게 되지 않을까 생각합니다.

사용할 수 있는 기호가 그렇게 하나하나 늘어간다는 것은 반대로 말하면 상대방의 미묘한 표정이나 억양에서 아주 섬세한 심리 상태에 이르기까지 상상할 수 있게 된다는 것입니다. 그렇게 서로 주고받을 수 있는 신체 메시지의 종류가 점점 늘어납니다. 정서의 풍부함이란 그런 것입니다. 나눌 수 있는 감정 표현의 종류가 많다는 것이죠. '정서'라는 건 아주 산문적으로 말하면 어휘나 표정, 발성, 몸짓으로 얼마나 다양한 감정을 구별해서 표현할 수 있는가 하는 문제입니다.

표현이 '쪼개진다'는 것

그것은 일류 피아니스트가 손가락 하나로 건반을 툭 쳐서 내는 소리와 제가 똑같이 툭 쳐서 내는 소리의 깊이가 다른 것과 마찬가집니다. 손가락이 건반에 닿았다가 떨어질 때까지의 손가락 움직임을 피아니스트는 이를테면 10

등분을 해서 그 하나하나의 동작 단위에 완급과 농담을 부여할 수 있습니다. 저는 그렇게 할 수 없습니다. 그저 건반을 꾹 누르는 한 동작뿐인 거죠. 단위가 하나밖에 없습니다. 소리가 다른 까닭이 바로 이것입니다. 피아니스트가 마술을 부리는 것이 아니라 하나의 동작을 몇 단위로 쪼갤 수 있는가 하는 계량적인 문제입니다.

우리가 누군가의 신체 표현을 보고 '깊이가 있다, 미적인 감동을 받는다'고 할 때는 대개 그 움직임의 '분할도' 또는 '해상도'가 치밀해서 그렇습니다. '표정이 풍부한 소리다, 감정이 깊은 소리다'라고 음악평론가들이 말하는데, 누가 쳐도 그 건반에서 한 가지 소리밖에 나오지 않는다면 그런 비평은 성립되지 않죠. 건반 하나를 누르는 것만으로도 그 소리에 감정이나 깊이를 더할 수 있다는 것은 정말입니다. 연주를 잘한다는 것은 단순히 '실수를 안 하는' 수준이 아닙니다. 얼마나 많은 동작 단위가 그 연주 속에 들어 있는가에 따라 소리의 중후함과 깊이가 결정되는 것입니다.

한 건반을 누를 때 손가락이 10단위의 운동을 하고 있고, 다음 건반을 칠 때는 5단위의 운동을 하고 있다면 첫 번째 음과 두 번째 음은 운동단위 수가 달라 소리의 해상도도 다릅니다. 거기서 소리의 깊고 얕음에 차이가 납니다. 그러니까 도레미파솔라시도를 순서대로 쳐도 그 안에 삼차원적인 깊이가 생겨납니다. 청중은 소리의 순서를 듣고 있는 것이 아니라 각각의 소리가 구축하는 깊이나 중후함을 듣는 겁니다.

오디오에 조예가 깊은 사람은 CD와 MD, 아날로그 LP 레코드

사이에 소리 차이가 있다는 것을 압니다. CD나 MD는 인간의 귀에 들리는 가청음만 건져내고 나머지 소리는 배제합니다. 하지만 아날로그는 귀에 들리지 않는 소리까지 건져내죠. 귀에는 들리지 않지만 그 울림은 듣는 사람의 몸에 직접 들어옵니다. 소리가 육체적으로 스며들어간다는 것은 그 말입니다.

학생들에게 디즈니의 〈판타지아〉라는 영화를 보여줬더니 멀미가 났다고 말하는 학생이 있었습니다. 일본 애니메이션은 제작비 문제로 1초에 들어가는 프레임 수가 적습니다. 그래서 움직임이 조금 거칠고 딱딱해 보입니다. 디즈니 애니메이션은 그 두 배의 프레임이 들어가기 때문에 움직임이 훨씬 부드럽고 매끄럽습니다. 동작에서 감칠맛이 납니다. 그런데 일본 아이들은 오히려 디즈니 애니메이션을 인공적이라고 느끼는 거죠. 그래서 보고 있으면 멀미가 나면서 오히려 기분이 나빠집니다.

우리 신체는 시각으로 본 것들의 움직임에 무의식적으로 동조하고 있습니다. 그래서 그 학생은 디즈니 애니메이션을 볼 때 움직임을 따라가면서 신체 시스템이 혼란을 일으켜 멀미가 난 것이 아닐까 싶습니다.

현재 중학생들은 하루 평균 4시간 텔레비전을 보거나 컴퓨터 게임을 한다고 합니다. 그만큼 보면 애니메이션이나 비디오 게임 등장인물들의 움직임이 아이들의 신체 동작에 영향을 미치지 않을 리 없습니다. 어릴 때부터 1초가 24개의 프레임으로 쪼개져 있는 디즈니 애니메이션을 보고 자란 아이와 12개 프레임으로 쪼개져 있는 일본 애니메이션을 보고 자란 아이 사이에는 15년 후 신체 동작에 차이가 생겨도 전혀 이상하지 않다고 생각합니다. 가정의 정서교육이 어떻고 체육수업이 어떻고 하는 수준의 문제가 아니라, 정직한 신체 메커니즘이 그렇게 만드는 겁니다.

어떻게 하면
어깨를 내려놓을 수 있을까

합기도에 새로 입문한 사람을 지도할 때 가장 어려운 일은 어깨를 제대로 움직일 수 있게 돕는 일입니다. 사람들은 보통 '어깨'를 생각할 때, 딱딱한 팔뼈가 몸체에 나사로 고정되어 있고, 그 나사를 기점으로 360도 회전하는 기계적인 기관으로 이미지화하고 있습니다. 그래서 마치 로봇의 팔처럼 어깻죽지 연결 지점을 중심으로 빙글빙글 도는 것처럼 상상하는 것이지요. 머릿속에 있는 '어깨의 시각적 이미지'가 그렇게 되어 있기 때문에 그 이미지에 따라 자신의 신체를 사용하고 있는 겁니다. 머릿속에 있는 '그 이미지'를 버리라고 해도 그게 말처럼 쉬운 일이 아닙니다.

코노 요시노리 선생님이 항상 하시는 말씀이지만, 관절의 경첩 운동(와이퍼 운동)은 무술에서는 금기입니다. 경첩 운동으로 팔을 움직이는 건 아무나 할 수 있습니다. 쉬운 일이니까요. 팔꿈치나 어깨를 기점으로 한 경첩 운동은 바로 로봇 애니메이션에서 로봇들이 팔을 움직이는 동작 그대로입니다. 하지만 실제 인간의 어깨나 팔꿈치 동작은 그렇게 단순한 것이 아닙니다. 훨씬 더 복잡하게 관절을 움직이고 있습니다.

그런데 무도의 초보자들은 원래 인간의 관절이 그렇게 할 수 있도록 진화된 운동을 하지 않고 일부러 불리하고 단순한 운동을 하려고 합니다. 왜냐면 팔꿈치나 어깨의 움직임에 대한 머릿속의 이미지가 '팔뼈가 나사로 동체에 고정된 구조'로 그려져 있기 때문입니다. 신체 자체는 복잡한 운동을 다양하게 소화할 수 있는데도 뇌가 단순한 신체 동작 이미지를 고수하면 몸도 그 이미지에 갇혀 움직이지 못하게 되는 것입니다.

'어깨의 막힘을 치운다'고 말하지만 실제로 그렇게 하는 건 결코 쉽지 않습니다. 하지만 체감적인 상상력을 구사한다면 가능해집니다. '아기를 안고 있는 느낌으로'라는 이미지를 전해주면 어깨의 막힘이 쑥 빠집니다. 아기를 안으면 일반적으로 왼쪽 어깻죽지 부분에 아기의 옆머리 부분이 닿게 되죠. 이곳이 딱딱하게 경직되어 있으면 아기의 머리가 아프기도 하고 머리 위치도 안정되지 않습니다. 그래서 그렇게 튀어나오는 부분이 없게 동작을 취합니다. 이두박근이 베개가 되는 거니까 이 부분에 알통이 있으면 아기는 편히 잠잘 수 없으므로 팔 근육의 긴장도 풀고 부드럽게 합니다. 가슴이 펴져 있어도 안정이 안 되니까 가슴도 살짝 오므립니다.

어깨의 막힘을 풀고 가슴을 편안하게 하고 위쪽 팔을 부드럽게 하면 '의권意拳의 참장공站椿功과 비슷한 자세가 됩니다. 스쿠버 다

이빙으로 물속에 들어갔을 때 몸무게와 부력이 비슷해지면 수중에서 딱 멈출 수 있는데, 그런 느낌이라고 할 수 있습니다.

동물에게 새끼를 지키는 일은 생존전략상 최우선 과제입니다. '이기적 유전자'의 입장에서 말하자면 본인의 생명보다 아이가 더 소중합니다. 그렇다면 아이를 안을 때의 신체 자세야말로 생명체로서 사람이 취할 수 있는 자세 중 최강이어야 할 겁니다. 그렇잖아요? 충격에 가장 잘 대처할 수 있고 주위에서 어떤 위험한 일이 생기더라도 바로 반응할 수 있는, 즉 의식의 흐름이 끊기지 않은 상태가 되어 있을 겁니다.

바깥쪽 방어는 강고하고 어디에도 급소가 없지만 아기를 품고 있는 안쪽은 부드러운, 그리고 신체가 어떻게 움직여도 이 안쪽만은 그다지 큰 변화가 없고 그대로 안정 상태를 유지하고 있는, 이런 신체형의 탁월성에 대해 인류는 아마 진화의 이른 시점에 이미 깨달았을 겁니다. 처음에는 '아기를 지키는 신체형型'이 발견되었고, 그 이후의 신체 조작은 모두 거기서 전개되는 식으로 발달하지 않았을까, 저는 그렇게 상상하고 있습니다.

참장공 수련을 할 때, 한시韓氏 의권의 미츠오카 히데토시光岡英稔 선생은 "바깥의 빗방울 소리를 들을 수 있을 정도의 민감함이자 총소리와 같은 전격적인 예민함"이라고 표현했습니다. 가장 섬세하고 또 가장 강인한 자세, 그것이야말로 최고의 신체형인 거죠.

우리는 시각 이미지가 분명한 신체 운용의 경우 그 이미지와 꽤 비슷하게 동작을 재현할 수 있습니다. 하지만 체감은 시각보다 더

강합니다. "아기를 안았을 때의 느낌을 상상해보세요" 하면 아이를 안아본 적이 있는 사람은 아주 정확하게 그때의 체감을 떠올릴 수 있습니다. 아무리 몸이 울퉁불퉁하고 딱딱한 사람이라도 체감이 떠오르면 아기를 안았을 때 자신의 근육, 골격, 신경이 어떤 느낌일지 상상해서 추체험할 수 있습니다. 체감적 기억이라는 것은 아마도 시각적 이미지나 청각 인상 같은 것보다도 깊이 우리 신체에 들어와 있는 것이 아닐까 생각합니다.

기억이란 운동적인 것이다

기호를 동작으로 옮기기 위해서는 다양한 회로가 필요합니다. 해야 할 동작을 말로 지시하는 '언어'적인 회로, 모델의 시각상을 동작으로 재현하는 '시각'적 회로, 그리고 체감을 재생하는 '체감'적 회로. 이 중에서 체감 회로를 사용해서 동작을 재현하는 것이 가장 본질적인 신체기호의 조작일 것입니다.

무도뿐만 아니라 스포츠 경기나 무용에서도 훈련법으로는 '해야 할 일을 말로 지시하는 방식'과 '모델이 보여주는 방식'이 주로 쓰이고 있지, '이상적인 체감을 상상적으로 추체험시키는' 방식은 아직 별로 발달하지 않은 것 같습니다.

코노 선생은 "인간의 신체는 손과 손이 순간적으로 닿는 것만으로도 상대방의 무게중심, 다리 위치, 운동의 힘, 속도를 알 수 있다"

고 말합니다. 한 순간 아주 작은 접점으로부터 서로의 신체 상태에 대해 많은 양의 정보가 오간다는 것입니다. 한 연구회에서 폴 발레리Paul Valery의 신체론을 들었을 때, 발레리도 코노 선생님과 똑같은 말을 했다는 것을 알고 놀랐습니다. 발레리도 '인간은 손가락과 손가락이 닿는 순간에 무한의 정보가 전해진다'고 말합니다. 이 이야기를 소개한 뒤에 바로 이어서 "이런 19세기적인 미신에 사로잡혔던 발레리는⋯"이라는 설명이 덧붙긴 했지만요(웃음).

하지만 잘못된 것은 이 덧붙은 설명 쪽이라고 봅니다. 발레리와 코노 선생이 맞습니다. 19세기부터 20세기 초반까지만 해도 운동성의 기억이라든지 운동성의 지각과 전달이라는 것이 유럽에서는 정통 학문으로 존재했습니다. 그런데 어떻게 된 일인지 1920년대에 그 대부분이 사라지고 말았습니다. '기억을 제어하는 것은 머리가 아니라 신체다. 기억은 운동적인 것이다'라는 베르그송과 발레리의 생각이 싹 다 버려졌으며 아무도 돌아보지 않게 된 것입니다.

해부학이나 생리학이 발달하면서 '뇌의 시냅스 신경회로가 움직이는 것이 바로 기억이다'라는 식으로 기억에 관한 설명이 바뀌었습니다. 하지만 그 이전까지는 평범하게 일상생활을 하는 사람들도 '손가락과 손가락이 닿는 순간에 상대방의 신체 정보가 전해지는 것은 당연하다'는 것을 경험적으로 알고 있었습니다. 프루스트 Marcel Proust의 『잃어버린 시간을 찾아서』에서는 넘어져서 비틀거린 순간에 옛날 기억이 되살아나는 유명한 장면이 있지요. 19세기까지만 해도 어떤 자세를 취하면 신체 기억과 과거의 체감이, 경우에 따라서는 자신이 경험하지 않은 타자의 체감까지 되살아난다고 하는 것이 '상식'이었습니다.

저의 스승 타다 선생이 와세다대학 학생이었을 때, 2주 동안 단식을 하고서 우에시바 선생과 도장에서 연습을 한 적이 있다고 합니다. 50년 전 그날을 타다 선생은 지금까지 생생하게 기억하고 있습니다. 우에시바 선생이 자기를 던졌을 때의 체감을 분명히 기억하고 있을 뿐만 아니라, 그날 아침에 일어나 집을 나와 전철역까지 가서 전철을 타고 신주쿠 역에 도착해서 걸어서 도장까지 갔던 경로를 전부 다 떠올릴 수 있다는 겁니다. 도장의 다다미를 밟았던 발바닥의 감촉도, 우에시바 선생이 도장에 들어오셨을 때의 분위기 변화도, 자신이 던져져서 공중에 떠 있었을 때의 체감도 모두 생생히 신체적으로 기억하고 있다고 합니다. 그러니까 그 후 50년 동안 언제 어디서나, 스무 살 때 그날 그곳에서 우에시바 선생의 지도를 받았던 자신의 체감을 불러낼 수 있는 것입니다. 참조해야 할 신체운동의 모델이 자기 신체 안에 체감 기억으로, 운동성 기억으로 완전한 형태로 남아 있는 거죠.

손이 닿는 순간에 대량의 신체 정보들이 전해져 그 체감이 운동적으로 기억되며, 그 운동성의 기억은 '스위치'만 켜면 몇십 년이 지나도 그 현실감 그대로 되살아난다… 지금 이런 말을 하면 믿기 힘든 분들이 많겠지만, 불과 백 년 전까지만 해도 이쪽이 생리학이나 의학의 '상식'이었던 겁니다. 그리고 제 스스로는 경험적으로 폴 발레리의 '운동성의 기억'이라는 개념에 더 신뢰감이 느껴집니다.

현대인들의 신체운용상 가장 심각한 문제는 단순히 요즘 아이들 몸이 굳어 있고 허약하다거나 등이 굽었거나 평발이거나 하는 해부학적인 수준의 문제에 그치는 것이 아니라 신체에 의한 커뮤니케이션이라든가 미적 표현, 신체성의 기억처럼 근원적인 지점에서 핵심을 놓치고 있는 데 있지 않나 생각합니다.

'신체가 기억한다'는 것이 오늘날에도 '상식'이라면, 신체운용 방식이 지금과는 상당히 다를 거라 생각합니다. 기억은 인간에게 가장 중요한 것입니다. 기억이 선명하지 않으면 여러 지적 활동이 여의치 않게 됩니다. 추론할 때 출발점으로 잡는 데이터를 추론 과정에서 조리 있게 불러내는 일이 불가능합니다. 처음 정한 주어가 뭔지를 도중에 잊어버리면 문장 하나도 제대로 완성할 수 없습니다.

'뇌와 신체'의
이원론을 극복하다

그렇게 본다면, 신체는 본질적으로 지성적이라는 사실을 알 수 있을 겁니다. 여기까지 '지성과 신체', '뇌와 신체'라는 이원론의 구조로 '신체의 소리를 들어야 한다'는 이야기를 했습니다만, 사실 뇌와 신체의 이원론이라는 건 말이 안 되는 겁니다.

지적 활동의 근간에 있는 기억 부분에 운동이 깊이 관여하고 있다면 신체와 지성의 활동이 대립적으로 논해질 리가 없죠. 신체는 지적이고, 지성은 신체적입니다. 이 두 가지 '계系'는 실제로는 나눌 수 없을 정도로 긴밀하게 엮여 있습니다.

이원론을 말할 때 대립적으로 말하면 어떻게 말해도 대립항이 실체처럼 보이게 될 위험이 있습니다. 뇌와 신체를 이원화하면 뇌와 신체가 저마다 따로 존재하면서 대립하고 있는 것 같은 그림을 떠올리게 됩니다. 하지만 실제로는 그렇지 않습니다. 뇌는 신체의 일부이며 신체는 뇌 활동에 깊이 관여하고 있으니까요.

무라카미 하루키가 『호밀밭의 파수꾼』을 번역할 때의 일화에 대해 이전에 언급했었죠. 고등학교 때 읽고 별로 재미가 없어서 그다지 마음이 내키지 않았는데 샐린저의 영문 원서를 봤더니 자기 몸 안에 샐린저가 신체적으로 들어와 있다는 것을 깨달았다… 이런 이야기였습니다.

여기서 희한한 것은 무라카미 하루키는 노자키 다카시가 번역한 일본어로 『호밀밭의 파수꾼』을 읽었을 텐데, 샐린저의 영어 텍스트가 내는 울림이 '신체적으로' 기억되어 있었다는 겁니다. 이상하죠? 일본 작가의 글이라면 텍스트를 소리 내어 읽으면 그 작가 고유의 리듬이나 음운이 신체적으로 들어가서 기억되는 일이 있을 수 있겠지만, 번역된 소설을 읽고 그 작가의 울림이 신체적으로 기억되었다는 것은 어떤 사연일까요?

만약에 문학작품이 만들어내는 '울림'이라는 것을 단순히 '소리'로만 생각한다면 그런 일은 불가능할 것입니다. 그 울림이 신체로 스며든다는 것을 '신체의 공진'같이 사실적인 것으로 받아들여서는 곤란합니다.

소설을 읽고 있으면 문장이 몸속 깊이 쑥쑥 들어오는 감각을 느낄 때가 있습니다. 그건 작가의 '호흡'과 같은 것으로, 그 글을 읽고 있는 우리가 공감하면서 일어나는 일입니다. 여기서 말하는 '호흡'이라는 건 물리적인 음성과는 다른 것이겠죠. 그게 무엇이냐고 묻는다면 잘 설명하기 어렵지만, 굳이 말하자면 '신체적인 의미성'이라고 할까, '의미에 채워진 체감'이라고 할까, 그런 것입니다.

'의미가 빠진 신체'도
'신체가 빠진 의미'도 있을 수 없다

그 때문에 커뮤니케이션에서는 의미성이나 신체성을 별개의 것으로 쉽게 다룰 수 없습니다. 언어의 의미에 신체성이 깊이 스며드는 것처럼 신체 역시 의미에 의해 편성됩니다. 의미가 빠진 신체도, 신체가 빠진 의미도 있을 수 없습니다.

소설을 읽을 때, 등장인물의 외모나 심리 묘사가 아주 세밀한데도 그 인물상이 전혀 그려지지 않을 때가 있습니다. 반대로 묘사다운 묘사가 없는데도 단 하나의 동작, 하나의 형용사로 인해 그 인물의 체감과 호흡, 감정의 기복까지 생생하게 떠올라 거기에 동조하면서 마치 그 사람의 인생을 내가 사는 것 같은 현실감을 느낄 때가 있습니다. 베르그송은 이런 경험을 '지적 직관'이라고 불렀습니다.

● 지적 직관

소설 속 인물의 체험이 내게 전해진다고 상상해보자. 작가는 그 인물의 성격을 얼마든지 자세히 묘사하고, 무엇이든 말하고 행동하게 할 수 있겠지만, 작가가 소비하는 그 모든 말도 내가 한 순간 그 인물 자신과 만났을 때 경험하게 될 단적이고 나눌 수 없는 감정과 같지는 않을 것이다.[1]

아마도 소년 무라카미 하루키는 『호밀밭의 파수꾼』을 읽었을 때, 한 순간 소년 콜필드와 '만남'을 이룬 거겠죠. 그러니까 이런 말도 하게 된 거라고 생각합니다.

● 신체적인 기억

하지만 『호밀밭의 파수꾼』은 한 번밖에 읽지 않은 것치고는, 그리고 "그렇게 와 닿지는 않는데?" 하고 담백하게 이야기한 것치고는 신기하게도 마음 깊숙이 강하게 남아 있습니다. 살아오는 동안 내 안에 늘 파수꾼의 존재가 있었습니다.[2]

소통이라는 것은 언어 기호에 의미성과 신체성, 운동 그리고 기억이 깊고 중층적으로 엉켜 있는 너무나도 복잡한 과정이라고 생각합니다. 이야기 마무리가 잘 안 된 것 같습니다만 일단 지금으로서 제가 알 수 있는 것은 여기까지입니다.

3 죽은 뒤의 나를 만나다

─ 신체와 시간

시간을 앞뒤로 밀면서 위기를 넘기는 기법을 우리는
대부분 자각하지 못한 채 종종 씁니다. 다만 그때
미래로 내딛는가 또는 과거로 백스텝을 밟는가에 따라
큰 차이가 생기는 거라고 생각합니다.

'뇌와 신체'라는 이원론적인 이야기를 지금까지 해왔습니다만, 앞서 말씀드린 것처럼 실제로는 그렇게 간단한 것이 아닙니다. 신체는 지성적이고, 지성은 신체적입니다. 신체와 지성 사이에는 기존의 시간과 공간 좌표축으로는 잘 설명하기 어려운 역동성이 작동하고 있는데, 오늘은 그 이야기를 하고자 합니다. 오늘 이야기의 주제는 '시간'입니다.

다음에 어떤 말이 이어질지 어떻게 알 수 있는가

앞에서도 인용했습니다만, 기다 겐 선생은 젊은 시절, 하이데거의 『존재와 시간』을 읽었을 때의 인상을 이렇게 이야기했습니다.

저런 텍스트를 읽을 때는 여하튼 매일 읽습니다. 하루 서너 페이지씩 날마다 읽지 않으면 너무 오래 걸리니까요. 그렇게 날마다 조금씩 읽다 보면 점점 글의 문체가 내 몸에 와 붙는 걸 느낍니다. 나의 신체가 문체 속으로 파고 든다고 할까요. 그러면 뭔가 알 것 같은 느낌이 듭니다. 다음에 무슨 이야기가 이어질지 알 것 같은 느낌이 들 정도가 됩니다.[1]

여기서 중요한 것은 '다음에 무슨 이야기가 이어질지 알 것 같은 느낌이 든다'입니다. 이런 말은 그 저자에 빙의된 것처럼 책을 읽어본 사람만이 할 수 있다고 생각합니다. 그런 일이 정말로 있습니다. 문장을 읽다 보면 몸이 글 속으로 빠져들면서 자신이 문체의 리듬에 올라타고 있는 듯한 느낌을 아마 여러분도 경험한 적이 있을 겁니다. 그런 일을 마치 수행하듯이 날마다 몇 시간씩 일주일, 한 달동안 계속하다 보면 '다음에 무슨 이야기가 나올지' 알 수 있게 됩니다.

기다 겐 선생이 한 경험의 신기한 점은 하이데거의 『존재와 시간』을 잘 이해하지 못하고 있음에도 '다음에 무슨 말이 이어질지를 알 것 같았다'는 점입니다. 내용을 이해하고 있다면 다음에 무슨 말이 나올지를 추론하는 것이 그다지 어려운 일이 아니지요. 그런데 '읽어도 도무지 의미를 알 수 없는 책'의 경우, 무엇을 말하고 있는지를 알지 못함에도 불구하고 '다음에 무슨 말이 이어질지를 알 것 같은' 순간이 온다는 것은 신기한 일입니다.

저도 번역을 하고 있어서 이런 감각을 경험적으로 알고 있습니다. 레비나스는 참으로 난해한 철학자여서 그가 뭘 말하고 있는지를 솔직히 말해 나 정도의 머리로는 알 수 없었습니다. 그래도 하루 열줄, 스무 줄씩 날마다 번역하다 보면 왠지 '이 다음에는 부정의문문 문장이 오고, 이 동사가 오고, 마지막에는 이런 식으로 결론을 맺지 않을까' 하는 식의 어렴풋한 예측이 되는 경우가 있습니다. 내용을 이해하지 못하고 있는데도 그런 식으로 문장이 끝날 것이라는 걸 아는 겁니다.

거꾸로 흐르는 시간

좀 이상한 비유일지 모르지만, 이것은 춤출 때의 느낌과 비슷하다고 생각합니다. 춤을 출 때 우리는 지금까지의 모든 스텝의 패턴을 알고 거기서 추론해 다음 스텝을 예측해 춤을 추는 것이 아닙니다. 머리로 이해한 패턴을 참조하면서 팔다리를 움직이는 것이 아니라 신체가 자연스럽게 반응하면서 움직이는 것입니다. 리듬에 따라 상대가 다음에 어떤 식으로 스텝을 밟을지를 저절로 예측할 수 있게 됩니다. 춤춘다는 것은 그런 것입니다.

그럴 때도 순간적으로 '시간의 역류'가 일어나고 있는 것이 아닌가 생각합니다. 순간적으로 미래로 갔다가 현재로 돌아오는 그런 일이 일어나는 것이 아닌가. 그렇지 않다면 '아직 다 읽지 않은 문장이 어떻게 마무리될지를 알게 되는 현상'을 설명하기 어렵습니다. 문장을 읽으면서 그 문장이 어떻게 끝날지를 안다는 것은 '아직 읽지 않은 대목'을 '이미 다 읽었다'는 것이니까요.

텍스트를 읽는 작업이란 연속적으로 첫머리부터 문장을 쭉 따라가는 것과는 좀 다른 것이 아닐까요. 미래로 갔다가 현재로 돌아오거나 과거로 거슬러갔다가 현재로 돌아오는 식으로, 시간 안에서 일종의 왕복운동을 하는 것이 아닐까 생각합니다.

과거로 갔다가 현재로 돌아오는 것은 대부분 쉽게 이해하시겠지요. 어떤 책의 어떤 부분을 읽고 있을 때 문득 이전에 읽었던 텍스트의 의미를 알게 되는 일이 있습니다. '아, 그 말은 이런 뜻이었구나, 과연!' 하는 식으로 말이죠. 그때까지는 도무지 이해할 수 없어 정리되지 않은 채 찜찜하게 남아 있던 경험이나 이야기가 문득 '아아, 그런 것인가!' 하며 가슴 깊이 들어올 때가 있습니다.

이런 경우, 옛날에 읽었을 때 '이해할 수 없었다'는 느낌은 그대로 남아 있습니다. 보통, 인간은 '이해할 수 있는 것'만 기억해 흡수하고 '이해할 수 없는 것'은 폐기하거나 잊어버리고 만다고 여기기 쉽지만, 사실은 그렇지 않습니다. 오히려 반대입니다. '이해 못 한 채, 제대로 씹지 못하고 삼키지 못한 것'이야말로 오히려 스멀스멀 우리의 신체 속에 저장되고 있는 것이 아닐까요? 그래서 어느 날 '아, 그게 바로 이것이었구나' 하며 납득할 때, 신체 속 어딘가에 비어 있던 기왓장 한 조각이 맞아떨어지듯 '찰칵' 하고 저장됩니다.

결국 우리는 살아 있는 동안, 과거의 경험에서 '알게 된 것'의 리스트를 손에 쥐고 그것을 참조하면서 미래를 향해 몸을 던지는 존재라기보다는 오히려 과거에 '잘 알지 못하고 넘어간 것'의 리스트를 손에 쥐고서 그 '무지의 빈자리'를 '아, 과연!' 하면서 겨우겨우 메꾸며 살고 있는 것이 아닐까요?

그렇다면 '현재로부터 미래를 향해 가고 있다'고 말하는 것은 너무 단순하게 이야기하는 것일지 모릅니다. 미래를 향하면서 그와 동시에 과거로 거슬러 올라가 과거의 경험을 다시 고쳐 쓰고 있다고 할 수 있으니까요.

이를 테면 친구나 연인이 생기면 우리들은 각자 지나온 이야기에 관한 질문을 받습니다. "어떤 어린 시절을 보냈나요", "어떤 가족과 어린 시절을 보냈나요" 하는 식의…. 이런 이야기를 열심히 들어주는 사람이 있으면 이쪽도 신이 나서 여러 가지 일들을 이것저것 말하게 됩니다. 그러다 보면 그때까지 수십 년 동안 잊고 있던 과거의 경험이 아련하게 떠오르는 일이 있지요. 떠오르기만 하는 것이 아니라 그 경험이 어떤 의미였고, 자신이 그때 어떻게 느꼈는지까지 문득 알게 됩니다. 그리고 그것을 말합니다. 그러면 듣고 있던 상대는 "아, 그렇군요. 당신은 그런 사람이었군요" 하면서 맞장구를 쳐주게 됩니다.

과거는 미래가 만든다

이럴 때 떠올리는 과거의 기억이란 게 정말 과거인 것일까? 이건 결코 모를 일이죠.

라캉은 말하기를, 인간은 '전前미래형future anterior'으로 과거를 떠올린다고 합니다. 전미래형이라는 것은 프랑스어의 시제로, '미래의 어느 시점에 완료되었을 동작이나 상태를 기술하는' 것입니다. "내일 오후에 나는 이미 이곳을 떠났을 것이다"라고 말하는 식의 문장이 여기에 해당합니다.

인간이 '전미래형으로 과거를 생각해낸다'고 하는 것은 어떤 사람이 자신의 과거에 대해 이야기할 때 그 회상은 그 말이 끝나는 시점을 선취해서 이루어지고 있다는 뜻입니다. 다시 말해 '자신을 어떤 인간이라고 생각하고 싶은가'라는 현재의 욕망이 과거의 기억을 떠올리는 데 강하게 작용하고 있다는 것입니다.

실제로 그렇습니다. 지금 내 앞에 있는 사람이 나를 다정한 사람으로 생각해주기를 바란다면 나는 어린 시절에 있었던 일 중에 새끼 고양이를 주워서 길렀다든가 학급에서 왕따 당하는 친구를 편들어줬다든가 하는, 따뜻한 인간이라는 증거가 될 만한 기억을 선택적으로 생각해낼 것입니다. 용감한 사람으로 인식되기를 바란다면 화려한 무용담이 될 만한 기억을 우선적으로 찾아낼 겁니다. 우리는 그런 존재입니다.

우리는 과거의 이야기를 할 때, 대화를 나누고 있는 바로 그 자리에 있는 상대방과의 사이에 내가 구축하고 싶어 하는 그 관계를 방향타로 삼아 기억을 떠올립니다. 이상한 이야기이지만, 과거는 미래가 만드는 것입니다.

이러한 '전미래적'인 시도는 모든 경우에 일어나고 있는 것이 아닌가 싶습니다. 이를테면 내가 지금 누군가의 책에서 어떤 문장을 읽고 있는데 문득 '문장이 어떻게 끝날지 알겠다' 싶을 때가 있습니다. 그러면 나는 그 문장을 마지막까지 다 읽어버린 셈입니다. 나는 이미 미래에 다다른 것이죠. 그리고 현재를 마치 과거처럼 회상하고 있는 것입니다.

나는 그때 미래를 향해 비상하고 있는 셈입니다. 아직 그 시간이 되지는 않았지만 반걸음만큼 미래에 먼저 발을 들여놓고 있는 거지요. 그런 식으로 비상하여 선취한 미래로부터 바라보면 현재는 이미 과거가 되어 있습니다. 미래에서 본 과거로서의 현재인 거죠. 미래로 비상한다면 이를 감지할 수 있지 않을까 생각합니다.

시간이라는 것은 그처럼 시시각각 늘어나기도 하고 줄어들기도 하는 게 아닐까요. 늘어났다 줄어들었다, 휙휙 지나가기도 하고 천천히 가기도 하고, 앞이 막혀 지체되기도 하는… 적어도 주관적으로 볼 때 시간이라는 것은 그런 식으로 흐른다고 느낍니다.

어쩌다 우리는 '시계'라는 물건을 갖고 있어서 시간이 과거에서 미래를 향해 한 방향으로 흐르지 결코 역행하는 일은 일어나지 않는다고 생각하지만 '살아 있는 시간'은 시시각각 밀도가 다르고 농담이 있어서 앞으로 가기도 하고 되돌아가기도 하는 것이 아닌가 생각합니다.

시간을 살짝 밀거나 당기기

이종격투기 선수인 무사시武藏 씨한테서 이런 이야기를 들은 적이 있습니다. K-1의 주치의를 맡고 있는 미야케 안도三宅安道 선생이 무사시 씨와의 회식 자리에 저를 초대한 적이 있습니다. 저도 어쨌든 무도계의 끝자리를 차지하고 있는 터라 이번 기회에 무사시 씨 이야기를 들어보자 싶었습니다(실은 그 뒤에 만난 혼다 히데노부 선수한테서도 비슷한 이야기를 들었습니다). 무사시 씨에게 "링에서 상대 선수한테 강한 펀치를 먹었을 때 신체가 어떤 반응을 보이나요?"라고 물었습니다. 제가 수련하는 합기도의 경우는 눈앞이 캄캄해지는 정도의 일은 웬만해서는 일어나지 않습니다. 그래서 그런 경우에 신체가 어떤 반응을 보이는지가 궁금했던 것입니다.

평소 합기도를 수련할 때 저는 '위기 순간에는 신체감수성을 최대화해서 신체를 섬세하게 움직이면서 위험한 장면을 넘겨야 한다'고 가르칩니다. 일반론으로는 그렇게 말하지만, K-1이나 권투시합의 경우 한 방 먹었을 때 그처럼 신체감수성을 높인다면 어떻게 될까 하는 생각이 들었던 것입니다. 깃털이 스쳐도 반응할 수 있을 정도로 신체 감도를 높이면 당연히 통증을 느끼는 감각도 더 예민해질 것이므로 아주 세게 맞으면 패닉에 빠지지 않을까 싶었습니다. 그 모순을 어떻게 해결하는지 물었던 것이지요.

무사시 씨는 "시간을 살짝 밀어서 대처합니다" 하고 바로 대답했습니다. 시간을 민다고 하는 것은 이런 것입니다. 상대방으로부터 펀치를 한 방 먹을 때는 역으로 자신이 그 후에 두 방을 상대의 얼굴에 먹이는 상황을 떠올리고는 그것이 현재에 일어나는 일이라고 생각을 고쳐먹는 것입니다. 펀치를 두 방 먹여 상대방이 넘어지는 순간을 현재라고 생각하면 자신이 맞고 있는 지금은 과거가 되는 것입니다. 그러면 지금 자기가 어디를 맞아서 어떤 타격을 입고 있는지를 잘 알지만 그것은 이미 과거의 일이어서 그다지 현실감이 없어집니다. 그만큼 통증도 없습니다. 오히려 현실감이 있는 '현재'는 상대가 자신의 주먹에 맞아 매트에 넘어졌다고 하는 '환상의 미래' 쪽인 것이지요. 아직 일어나지 않은 미래가 실제로는 현재라고 자신을 설득하는 겁니다. 그런 식으로 순간적으로 자신의 사고를 바꿔

놓는 것입니다. 무사시 씨의 이야기는 이런 내용이었습니다.

이처럼 '시간을 훔치는' 기법에 대해 들으니, 저의 합기도 스승이신 타다 선생님이 반복해서 가르쳐주신 것의 의미를 알 것 같았습니다. 타다 선생님이 늘 하신 말씀은 '기술이 완전히 끝난 상태의 체감을 선명하게 이미지화해서 거기에 몸을 밀어넣으라'는 것이었습니다. 시간의 비유로 말하면, 기술이 끝난 상태를 현재로 간주하고 지금 기술을 걸고 있는 상태를 과거로 간주하라는 것입니다. 미래의 상태를 선취하는 것으로, 상대를 시간적으로 '절대적인 지체' 상태 속에 두는 것이지요.

같은 시간 속에 있다면 빨리 움직인 사람이 상대적으로 움직임이 빠르겠지만, 처해 있는 시간이 다르다면 빠르고 느린 것은 이제 문제가 되지 않습니다. 상대는 과거에 있고 자신은 미래에서 움직이고 있으므로, 미래에 있는 쪽이 절대적으로 '이른' 겁니다. '빠른' 것이 아니라 '이른' 것입니다. Not fast but early!

시간을 나눈다는 것

그런데 시간을 단순히 직선적인 것이라고 생각하고 그 선 위를 나도 상대방도 같이 나아가고 있다고 생각한다면, 앞서 말한 것들은 있을 수 없을 겁니다. 타다 선생도 '시간이라는 것은 밀도를 컨트롤할 수 있는 것'이라고 말씀하셨지만, 시간은 얼마나 빨리 움직이는가가 아니라 얼마나 미세하게 나누는가로 통제되는 것입니다. 1초를 한 단위로 움직이는 사람과 100분의 1초 단위로 자신의 신체를 나눌 수 있는 사람은 신체를 컨트롤하는 수준이 전혀 다릅니다. 100분의 1초 단위로 자신의 신체를 나누는 사람은 달리 말하면 1초 동안에 100가지 동작을 할 수 있는 것입니다. 그 사람과 1초에 한 동작밖에 할 수 없는 사람을 비교하면 상대적인 속도로 볼 때 100배 빠른 셈이 됩니다.

신부칸振武館의 쿠로다 테츠잔黑田鐵山 선생은 초짜가 검을 뽑는 동작을 보고 있으면 '저러다 날 새겠군' 싶을 정도로 동작이 느리게 보인다고 합니다. 물론 스톱워치로 객관적인 시간을 재보면 초짜와 고수가 검을 뽑는 속도는 영 점 몇 초 정도의 차이밖에 나지 않을 것입니다. 하지만 초짜는 칼자루를 쥐고서 칼을 뽑는 동작을 하나의 동작으로밖에 구현하지 못하는 데 비해 고수는 칼을 뽑는 한 동작 속에 체크 포인트가 무려 수백 군데가 있는 겁니다. 단 1초 사이에 그 수백 개의 동작 단위를 체크하는 사람의 눈으로 보면 "얍!" 하고 검을 뽑는 초보자의 동작이 슬로 모션처럼 보일 거라고 생각합니다.

무도의 관점에서 빠르다는 것은 실제로는 신체를 나누는 방식이 세밀하다는 것입니다. '빠른' 사람이란 시간을 세밀하게 나누면서 움직이는 사람인 것이죠. 디즈니 애니메이션의 움직임에 감칠맛이 난다고 하는 이야기를 앞에서 했습니다. 움직임에 감칠맛이 난다는 느낌은 춤이나 노의 고수가 움직이는 모습을 보면 알 수 있습니다. 하수와 국보급 고수는 같은 몸놀림이라 해도 동작의 질이 다릅니다. 무엇이 다른가 하면, 고수는 몸놀림이 세밀합니다. 공간 좌표로 볼 때 A지점에서 B지점으로 신체가 이동한다는 것은 같고, 걸리는 시간도 같습니다. 시간도 운동의 궤적도 같지만 움직임이 다릅니다. 그것은 공간을 이동하는 과정의 시간을 나누는 방식이 세밀하기 때문입니다. 그 결과, 움직임에 묘한 감칠맛이랄까 환상적인 아우라 같은 것이 생겨나 보고 있는 사람들이 거기에 취하고 마는 것입니다.

우리가 관객석에서 발레 공연을 보고 있을 때에도 무용수에 따라 저마다 시간의 흐름이 다르다는 것을 느낄 수 있습니다. 군무라도 어떤 한 무용수에게 문득 눈길이 가는 것은 그 사람에게서는 시간이 흐르는 방식이 다른 무용수와 다르기 때문입니다. 뛰어난 무용수는 같은 한 스텝을 밟는 데도 아주 긴 시간이 흐른 것 같은 느낌이 듭니다. 팔을 수평 상태에서 머리 위로 드는 동작 하나도 수석 발레리나가 하면 이상하게 긴 시간이 흐르는 것처럼 느껴집니다. 짧은 시간이 흘렀을 뿐인데도 그 움직임을 보고 있으면 아주 긴 시간이 지난 것 같은 주관적인 시간 감각이 생겨납니다.

아름다운 동작을 볼 때의 감동은 단순히 그 사람의 근육이나 골격이 부드럽다는 것만으로는 설명하기 어렵습니다. 거기에 나와 다른 시간의 흐름이 생겨나고 있고, 나와 그 사람의 시간 흐름 사이에 생긴 '어긋남'이 '취기'에 가까운 느낌을 주기 때문입니다. 시간이 바람에 흔들리는 버들가지처럼 휘는 것입니다.

다른 시간에
올라타고 있는 사람

합기도의 창시자 우에시바 모리헤이植芝盛平 선생이 무술을 시연할 때 누군가가 덤벼드는 것을 선생이 가볍게 물리쳐버리자 한 무도인이 "합기도라는 것은 '후後의 선先'을 잡는 것인가요?" 하고 물었던 적이 있습니다. '후의 선'이라는 것은 상대방보다 늦게 움직여 상대의 움직임이 끝나기 전에 먼저 움직임을 끝내는 것을 말합니다. 서부영화의 결투 장면에서 총잡이가 상대방에게 "먼저 총을 뽑아라" 하고 말하는 것과 비슷합니다. 상대방에게 선수를 치게 하면서 그것을 제압하는 것이죠. 그것이 '후의 선'을 잡는 것입니다.

그런데 우에시바 선생은 "합기도는 '선先의 선先'입니다. 여러분은 '선의 선'이라는 말의 의미를 잘 모르시겠지만"이라고 말하고는 더 이상 말씀을 하지 않았습니다. 왜 그런가 하면 '선의 선'은 우에시바 선생의 표현으로 말하자면 '역설'이기 때문입니다. '선의 선'을 잡는다는 것은 말하자면 내가 칼을 내려치려는 순간 상대가 태연하게 "내려쳐주세요" 하면서 휘두르는 칼 아래로 자기 목을 들이미는 것과 같습니다.

'선의 선'을 잡는다는 것은 승부가 아니라 일방적인 '살육'입니다. 그러므로 우에시바 선생은 "합기도는 '선의 선'이지만 그것은 가르쳐서는 안 된다"고 했고, "그것은 합기도에서는 봉인되어 있다"고 타다 선생님에게 들은 적이 있습니다.

'선의 선'을 쥐고 움직이는 사람은 상대와 다른 시간의 흐름 속에서 움직이고 있기 때문에 시간적으로 앞서 있는 거지요. 그러므로 '절대적으로' 이길 수밖에 없는 겁니다. '이기기도 하고 지기도 하는' 것은 무예라고 할 수 없습니다. 구조적으로 이기는 것이 무예입니다. 점점 능숙해지는 것은 무예가 아닙니다. 어느 단계에 이른 이상 그 후에는 어떤 일이 있어도 언제나 이기는 것이 무예의 궁극적인 의미라고 어떤 전서에 쓰여 있습니다. 솜씨가 좋아지면 거기에 비례해 승률이 올라가는 것과는 다른 것입니다. 무예에서 극의에 이른다는 것은 '구조적으로' 이긴다는 것입니다.

이는 무슨 의미일까요? 물리적으로 빠르고 강한 움직임이라는 것은 한계가 있습니다. 어떤 정도까지는 훈련으로 강화할 수 있겠지만 어딘가에서 한계에 부딪히기 마련입니다. 나이가 들면 누구라도 근육이 쇠하기 마련이고, 관절에 통증이 찾아오고 심폐 기능도 떨어집니다. 신체적인 능력은 나이를 먹을수록 저하됩니다. 그런데 수십 년 수련을 한 결과 젊었을 때보다 오히려 약해지는 일은 무예에서는 있을 수 없는 일입니다. 무예에서는 한 번 달인의 경지에 이르면 그 뒤로는 기술이 쇠퇴하는 일이 없습니다. 이 말은 무도 수련을 통해 단련하는 것이 단순히 신체 능력이 아니라는 말입니다.

무도 수련이 목표로 하는 것은 정량적인 신체 능력의 향상이 아니라 오히려 시간 감각의 연마가 아닌가 하고 저는 생각합니다. 그러므로 '다른 시간의 흐름'에 올라타는 기법을 한 번 몸에 익힌 달인은 언제나 상대를 '절대적인 지체' 상태에 두는 것이 가능합니다.

그래서 살리고 죽이는 것이 자유자재인 경지라고 말하는 것이 아닐까 합니다.

저 같은 정도의 무술 기량으로도 그 느낌을 어렴풋하게는 알 수 있습니다. 앞서 소개한 무사시 씨의 시간차 기술을 역이용한 셈입니다. 기술을 걸 때는 이미 기술이 끝났을 상태의 체감을 분명히 이미지화하면서 그 체감을 접촉점으로 상대에게 기술을 거는 겁니다. 그러면 상대는 그대로 움직입니다. 앞으로 일어날 '미래'의 체감을 현실감 있게 전하는 것이 가능해지면 상대방에게는 그것이 현재가 되기 때문입니다. 아직 태클을 당하지도 않았는데 벌써 내던져져 동작이 끝난 자신을 현실감 있게 감지하는 것입니다. 그래서 그 실감을 증명이라도 하듯, 이쪽이 설정한 미래를 향해 스스로 몸을 던집니다. 이것은 그다지 황당무계한 이야기가 아닙니다.

앞서 과거의 기억을 예로 들었습니다만, 엘리자베스 로프터스 Elizabeth Loftus의 『억압된 기억의 신화The Myth of Repressed Memory』를 통해 알려진 것처럼, 현실에서 일어나지 않은 과거의 일을 내 몸에서 일어난 것처럼 회상하는 일도 실제로 있습니다. 미국에서는 카운셀링 과정에서 억압된 유아기의 성적 학대 기억을 떠올린 사람이 아버지를 상대로 소송을 거는 사건이 잇달아 일어났습니다. 20년 전에 부친이 친구를 강간하고 살해한 현장을 목격한 기억을 억압하고 있었던 여성이 카운셀링 과정에서 그 기억을 떠올리면서 그 부친이 살인죄로 체포된 '조지 프랭클린 사건'은 아주 유명합니다. 세뇌 전문가인 로프터스는 이 사건에 대해 카운셀러가 유도해서 위조

된 기억을 심은 것이 아닌가 하는 의문을 던지고 있습니다.

　과거에 대한 위조 기억이 가능하다면 현재에 위조 기억을 집어넣는 것도 가능하겠지요. 현재라는 것은 원래 끊임없이 과거로 편입되는 시간 흐름의 가설적인 정점에 지나지 않는 것이므로 거기에 위조된 기억을 집어넣는 것은 그리 어려운 일이 아닐 것입니다.

　무술에서 '선', '후'의 개념은 단순히 물리적이거나 균질적인 시간의 선후가 아니라 '상대의 시간 의식을 내가 컨트롤하는' 기법이 아닐까, 저는 그렇게 생각합니다.

영화 〈자토이치〉에서 '지잉' 하는 소리가 의미하는 것

　　　　　　　　　　　　　　　　　　　　무도에서는 '잔심殘心'이라는 말이 곧잘 쓰입니다. 검술이나 봉술에서도 하나의 품새가 끝난 뒤 반드시 '잔심'을 표시합니다.

　잔심이라는 동작의 의미에 대해 '마음을 멈추고, 상대가 다시 일어서면 재빠르게 공격하기 위해 준비하는 것'이라고 합리적인 설명을 하는 사람도 있습니다만, 제가 생각하기에는 이런 설명은 약간 이상합니다. '베고 난 뒤에 상대가 다시 일어나 반격할지 몰라서 계속해서 칼끝을 상대에게 겨누고 있다'는 것은 사실은 '베지 않았다'는 것이니까요. 또는 '벤 것 같긴 한데 베지 않았을지도 모른다. 잘 모르겠다'는 것이라면 더더욱 곤란합니다. 자신이 뭘 했는지조차 모르는 것이니까요.

사람을 벤 뒤에 마음을 진정시키는 거라고 설명하는 사람도 있지만 이 말도 이상합니다. 상대를 베고 난 뒤 그때마다 마음을 진정시키지 않으면 가슴이 두근거리고 몸도 마음도 꼼짝 못할 것 같은 인간이 무인으로서 오랫동안 살아남을 수는 없습니다. 그러므로 그런 합리적인 설명은 합리적이어서 오히려 앞뒤가 맞지 않습니다. 그처럼 서투른 신체 운용이 하나의 형形으로 전승될 리가 없습니다.

그렇다면 검을 휘둘러 사람을 벤 뒤 검을 지긋이 바라보고 있는 것은 대체 무엇을 하고 있는 것일까요? 곰곰이 생각을 하다가 〈자토이치座頭市〉* 영화를 비디오로 보았습니다. 카츠 신타로勝新太郎 시리즈입니다. 기타노 다케시北野武의 〈자토이치〉가 칸 영화제에서 상을 받았다고 하니까 갑자기 오리지널이 보고 싶어졌던 겁니다. 연구실에 〈자토이치〉 시리즈가 비치돼 있어서 한 편 한 편 연달아 봤습니다. 그렇게 몇 편을 보는 동안 자토이치의 결투 장면에 어떤 공통점이 있다는 것을 알게 되었습니다.

그것은 바로 자토이치의 '잔심'입니다. 자신을 둘러싼 야쿠자들을 차례로 베고 나서 자토이치가 칼을 거두어들이는 바로 그때 '지잉' 하는 소리가 나면서 주위를 둘러싸고 있던 야쿠자들이 두두둑 하고 쓰러집니다.

---

* 일본의 유명한 검객 영화. 카츠 신타로가 지팡이 속에 칼을 숨긴 맹인 검객으로 나온다. 1965년 처음 개봉된 이후 극장판만 30편 가까이 제작되었다._옮긴이

이것은 아마도 거의 전 작품에서 나타나는 결투 장면일 것입니다. 그리고 이 '지잉' 하는 소리가 나기 직전 장면은 갑자기 조용해지면서 무음이 됩니다. 주변에서 아무 소리도 나지 않습니다. 그전까지만 해도 야쿠자들이 와자지껄 소란을 피우지만 이때만큼은 아무런 소리가 나지 않다가 지잉 하고 칼에 베인 야쿠자들이 쓰러짐과 동시에 주변의 자연음이 다시 들려옵니다. 단 몇 초 동안만 무음의 시간대가 있습니다.

확실히 무음의 시간을 끼워 넣으면 그 뒤의 '지잉' 소리가 더 효과적으로 들리는 것은 틀림없습니다. 하지만 모든 작품에서 이런 장면이 계속 되풀이되는 것을 볼 때, 이는 단순히 음향 효과를 노린 것이 아니라 실제로 검술의 달인이 사람을 베었을 때의 '실감'이 이런 것이 아닐까 하고 역대 영화 제작자들이 상상했기 때문에 그렇게 한 것 같습니다.

자토이치는 달인이므로 구조적으로 이깁니다. 상대가 아무리 많아도 결코 다치지 않습니다(내가 아는 한, 자토이치가 칼에 베인 것은 〈자토이치, 바다를 건너다〉에서 오오쿠스 미치요에게 오른쪽 어깨를 살짝 베인 것뿐인데, 그때는 일부러 피하지 않아서입니다). 이 말은 자토이치가 '이기기도 하고 지기도 하는' 무사가 아니라 구조적으로 이기는 무사라는 말입니다. 살리고 죽이는 것이 자유자재인 경지에 이른 거지요. 이 말은 곧 자토이치가 상대보다 시간을 앞서 움직이고 있다는 말입니다. 그러므로 형식적으로는 결투를 하는 모습이지만 자토이치가 '선의 선'을 쥐고 있는 이상 상대가 몇백 명이라 해도 그것은 자토이치에 의한 일방적인 '학살'입니다. 거기에 있는 인간들은 다만 베어지기 위해 거기에 있습니다. 그것을 그냥 풀을 베듯이 벨 뿐입니다.

이러한 무적의 결투는 황당무계하고, 진짜는 그렇지 않다고 항의하는 리얼리스트들이 있습니다만, 음… 뭐라고 할까요. 실제로 결투를 해본 사람들의 이야기를 읽어보면 '벨 수 있는' 사람이 베면 그것은 이미 '승부'가 아니라 일방적인 '살육'이라는 것만은 사실인 듯합니다.

자토이치는 아마도 빠르게 움직이는 것이 아니라 다른 시간의 흐름에 올라타고 움직이고 있는 것일 겁니다. 야쿠자들과는 다른 시간 속에 움직이고 있어서, 모두를 베어버린 뒤에 지잉 하는 소리와 함께 비로소 자토이치가 시간적으로 선행하고 있었던 부분, 다시 말해 모두가 절대적으로 지체되고 있던 만큼의 시간이 다시 원래의 시간으로 돌아오는 겁니다. 그때 소거되어 있던 현실음이 돌아와 다시 들려오기 시작하는 거죠. 그 무음과 '지잉' 하는 소리는 휘어진 시간의 보정을 표현하는 것이 아닌가 생각합니다.

이것을 저의 단순한 상상이라고는 생각하지 않습니다. 확실히 아는 것은 아니지만, 압니다. 고수가 칼을 휘두르는 모습을 보고 있으면 아주 순간적이나마 '무음'의 부분이랄까, 뭔가 드라이한 느낌이 있습니다. 바로 〈2001년 우주여행〉의 마지막 장면에서 늙은 포먼 선장이 죽어가던 호텔방처럼 소리도 없고 온기도 없는, 왠지 현실감이라고는 느껴지지 않는 시간이 흐릅니다. 그리고 칼이 철컥 칼집에 들어가는 순간 주위의 소리와 온기가 한꺼번에 돌아옵니다.

결국 그 사람들은 시간을 조금 앞으로 당겨서 모두가 좇아올 때까지 기다리고 있다가 모두가 좇아왔을 때 다시 일반적인 시간으로 돌아옵니다. 검을 휘두른 뒤 잠시 허공에서 검을 응시하고 있는 것은 '다들 좇아올 때까지' 기다리고 있는 것이 아닌가, 그러한 시간 잠금을 보정하는 것을 무도에서는 '잔심'이라고 부르는 것이 아닌가 생각합니다.

과거로 달아나는 사람, 미래로 달아나는 사람

'무슨 근거로 그런 터무니없는 이야기를 하느냐'고 묻는다면 특별히 과학적인 근거는 없다고 말씀드릴 수밖에 없습니다. 하지만 이런 종류의 이야기는 의외로 들어맞는 경우가 많습니다. 논리적으로 짜 맞춰 내린 결론이 아니라 '아, 그렇다면' '아, 그렇다면' 하면서 전혀 관계없는 데서 툭툭 예증이 튀어나오는 식의 이론인데, 꽤 들어맞습니다.

학문을 연구할 때도 한 길로 밀고 나가다 보면 말도 안 되는 실패를 할 때도 있습니다만, 책상 앞에서 관념적으로 생각한 것과 평범한 일상에서 느닷없이 발견한 것이 (뉴턴의 사과까지는 아니더라도) '아, 그것과 이것이 같은 거구나!' 하고 이어지면 대체로 정답입니다. '시간을 비튼다. 명인이나 달인은 미래를 선취함으로써 구조적으로 이길 수밖에 없다. 이것이 무술의 이치가 아닌가' 하는 것은 나의 생

죽은 뒤의 나를 만나다

159

각일 뿐이지만 아마도 크게 빗나간 생각은 아닐 겁니다.

왜 그런가 하는 것은 반대 경우를 생각해보면 알 수 있습니다. 다시 말해 언제나 '구조적으로 지게 되어 있는 사람'을 상정해보는 겁니다. 언제나 시간적으로 뒤처져 있는 사람이란 어떤 사람일까요? 바로 '트라우마를 갖고 있는 사람'입니다. 트라우마라는 것은 과거의 정신적 외상입니다. 과거에 심각한 정신적 상처를 입은 경험을 갖고 있어서 무슨 일이 일어나도 언제나 과거의 경험으로 돌아가 과거의 프레임으로 현재를 삽니다.

하나의 점에 붙들려 몸을 움직일 수 없는 것, 그것을 무도에서는 '거착居著'이라고 말합니다. 보통은 발바닥이 바닥에 착 달라붙어서 몸을 움직일 수 없는 상태를 뜻하는, 공간적인 의미로만 사용되는 말입니다. 그러나 지금까지 이야기해온 것처럼 당연히 '시간적인 거착'도 있을 수 있는 거지요. 어떤 시간의 한 점에 고착되어 시간이 앞으로 흐르지 않는 사람이 있다면 그 사람은 시간적으로 거착되어 있는 셈입니다. '저 사람은 저때부터 시계가 정지해버렸다'고 말할 수 있는 겁니다.

트라우마에 사로잡힌 사람에게 시간은 앞으로 나아가지 않고 언제나 과거로 돌아갑니다. 어떤 경험을 해도 그것을 과거의 프레임 안으로 넣고는 그 프레임으로 바라봅니다. 무사시 씨의 경우는 펀치를 한 방 먹었을 때 다음에 자신이 두 방 먹는 것을 '현재'라고 생각함으로써, 말하자면 '미래로 도망감'으로써 통증을 상대화합니다. 이와 반대로, 트라우마에 사로잡힌 사람은 과거의 어느 시점을 현재라고 생각함으로써 지금의 고통을 참기 쉬운 것으로 만듭니다. 즉, '과거로 달아남'으로써 현재의 고통을 완화시키는 겁니다.

과거에 연애로 인해 돌이킬 수 없는 상처를 입은 사람은 어떤 새로운 사람이 등장해도 '이미 알고 있는 경험'을 되풀이합니다. 이시하라 유지로石原 裕次郎의 노래 중에 〈오랜 상처가 있어서〉라는 노래가 있는데 이 노랫말대로라면 '오랜 상처'가 있어서 새로운 사랑의 가능성을 인정할 수 없는 것입니다. 그가 경험하는 사랑은 모두 '오랜 상처'를 들추는 것일 뿐입니다. 하지만 오랜 상처는 오랜 시간 앓고 있던 상처라서 어떻게 하면 통증을 완화할 수 있고 위로 받을 수 있는지 잘 압니다. 그래서 잘 모르는 새로운 형태의 상처를 받을 위험이 있다고 생각되면 서둘러 자기가 익히 잘 알고 있는 해묵은 상처와 같은 것으로 만들어서 처리하려고 하는 것이 트라우마에 사로잡힌 사람이 반복하게 되는 패턴입니다.

지금 일어나고 있는 아픈 경험을 시간적으로 비틀어서 완화한다는 점에서는 양쪽이 비슷하지만, 시간적으로 앞으로 가느냐 뒤로 가느냐에 따라 결과에서는 커다란 차이가 납니다. 우리는 시간 속을 자유롭게 오가며 미래로 가거나 과거로 가거나 하면서 살고 있습니다. 달인이라 불리는 사람은 어떤 위기 상황에 맞닥뜨렸을 때 '시간을 앞으로 슬쩍 미는' 기법을 사용합니다. 그런데 대부분의 범인들은 위기 상황에서 종종 시간을 뒤로 미는 것을 선택하지 않나요? 신체감수성을 최저로 만들어서 돌처럼 딱딱해지는 겁니다. 거북이처럼 꼼짝 않고 머리를 등껍질 속에 집어넣은 채 태풍이 지나

가기를 기다리는 거죠. 어쩌면 무생물로, 또는 프로이트가 말한 타나토스(원상) 상태로 돌아가는 겁니다. 지금 일어나고 있는 일로부터 눈을 돌리기 위해 우주의 시작 상태, 태고의 시간으로 돌아가는 것입니다. 우주의 기원으로까지 시간을 거슬러 올라가면 그야말로 트라우마의 최고치입니다. 그런 식으로 자기 자신의 시간을 먼 과거로 가져다놓음으로써 현재를 견디기 쉬운 것으로 만듭니다.

시간을 앞뒤로 밀면서 위기를 넘기는 기법을 우리는 대부분 자각하지 못한 채 종종 씁니다. 다만 그때 미래로 내딛는가 또는 과거로 백스텝을 밟는가에 따라 큰 차이가 생기는 거라고 생각합니다.

멈춘 시간을 움직이기 _ 프로이트

이제 프로이트 이야기를 할 차례입니다. 왜 나는 정신분석에 이토록 흥미를 느끼는 건지 저 자신도 잘 모르겠습니다만, 옛날부터 흥미가 있었습니다. 레비나스 철학과 무도, 프로이트Sigmund Freud의 정신분석에는 계속 흥미를 느껴왔습니다. 같은 우치다라는 사람이 한 몸을 쓰고 살고 있는데, 서로 전혀 다른 것에 관심이 생길 리가 없겠죠. 그러니까 정신분석, 레비나스 철학, 무도 수련을 저는 모두 '더 잘 살기 위한 기법'의 한 가지로 받아들이고 있는 것이 아닐까 생각합니다.

책상 앞에 앉아 책을 읽고 논문을 쓰다가도 저녁 무렵이 되면 펜을 놓고 벌떡 일어나 합기도 도장으로 갑니다. 이와 같은 일을 30년 동안 해오고 있는 것을 볼 때, 이 두 가지 행동 사이에는 뭔가 연결고리가 있는 것이 분명합니다. 아니라면 이상합니다. 하나는 일이고 다른 하나는 취미라는 식으로 심플하게 나눌 수 있는 거라면, 일에 열중하는 시기에는 수련을 잊어버리고 수련에 열중할 때는 일을 놓아도 좋을 텐데, 그런 일은 지금까지 한 번도 없었습니다. 연구가 잘 될 때는 수련도 잘 됩니다. 수련이 잘 안 될 때는 연구도 잘 되지 않습니다. 분명히 이 두 가지는 동조되어 있습니다. 한 인간 안에서 일어나는 일이므로 머리로 생각하는 것과 신체가 움직이는 것 사이에 구조적인 연결이 있는 것은 당연합니다. 그러므로 프로이트의 기법과 무도의 이론 사이에는 뭔가 구조적인 연결이 있을 거라고 생각합니다.

앞서 이야기했듯이, 고통을 회피하기 위해 과거로 달아나는 인간, 과거의 어떤 시점에 시간적으로 붙들려 있는 인간은 구조적으로 질 수밖에 없습니다. 바로 그렇기 때문에 프로이트는 '트라우마는 치유되지 않으면 안 된다'고 생각했던 것입니다. '트라우마를 그대로 둬서는 안 된다, 멈춰버린 시계를 움직여 시간을 다시 앞으로 나아가게 해야 한다'는 것이 프로이트 정신분석 치료의 원리라고 말할 수도 있다고 생각합니다.

분석치료의 정점에서는 반드시 '전이轉移'라는 현상이 일어납니다. '전이'는 피분석자가 분석자에게 에로틱한 고착을 강하게 나타내는 것을 말합니다. 이를테면 젊은 여성이 백발의 분석자에게 연정을 품기도 하고, 거꾸로 할머니가 젊은 분석자에게 사랑을 표하

기도 합니다. 그런 이상한 일이 종종 일어납니다. 또는 '음성전이陰
性轉移'가 일어나서 환자가 까닭 없이 분석자를 증오하기도 합니다.
그런 식으로 격심한 애증의 갈등이 일어납니다.

이 전이현상이야말로 분석치료의 최대 원동력이라고 프로이트는
생각합니다. 『정신분석 입문』에서 프로이트는 '전이'에 대해 이렇게
설명하고 있습니다.

● 새로 만들어진 신경증
우리는 환자가 그 반복되는 것을 어떻게든 떠올리도록 합니다. 그러면 어
쨌든 치료에 큰 장애처럼 보이던 감정전이가 (호의적이든 적대적이든 상관없
이) 최선의 치료도구가 되고, 이 도구의 도움으로 마음과 정신생활에서
강고하게 닫혀 있던 문이 열리게 됩니다. (…) 그렇게 되면 우리의 상대
는 더 이상 이전의 병세를 보이는 환자가 아니라 이전의 증상을 대신해
새롭게 만들어진, 대체된 신경증이라고 말해도 틀림이 없습니다.[2]

눈앞에 있는 분석자에게 억누르기 힘든 에로틱한 감정을 품게 된
다는 것 역시 '병'입니다. 하지만 이 '증상'은 본래 그 환자가 겪고 있
던 신경증과는 별개의 증상입니다. 이독제독以毒制毒이라는 말처럼,
분석치료라는 것은 실은 그런 식으로 '본래 겪고 있던 병증'을 '새로
이 겪는 병증'과 바꿔치기 해버리는 기법입니다.

비슷한 경험을 한 사람도 있을 거라고 생각합니다. 인간의 신체
는 두 군데가 동시에 아프지 않습니다. '더 아픈 쪽'만 아픕니다. 저

는 얼마 전 밤중에 위경련이 일어나 복도에 쓰러지면서 문짝에 얼굴을 세게 부딪쳤습니다. 다음 날 아침 위의 통증이 가라앉고 나서 거울을 보니 얼굴 반쪽이 보라색으로 멍들어 있었습니다. 그런데 얼굴에 무슨 일이 있었는지 저는 그때까지 전혀 알지 못했습니다. 위가 너무 아파서 얼굴의 통증을 '소거해버린 것'입니다.

마찬가지입니다. 인간은 두 가지 신경증에 동시에 걸릴 수 없습니다. 그러므로 분석치료라는 것은 환자가 가벼운 신경증에 일부러 걸리도록 하는 것입니다. 그래서 환자가 본래 사로잡혀 있던 트라우마를 전이시켜 다루기 쉬운 병증으로 슬쩍 바꿔치기합니다. 그렇게 하면 환자의 내면에서 정지하고 있던 시간이 움직이기 시작합니다. 과거의 병증에서 현재의 병증으로 환자가 발걸음을 떼기 시작하는 것입니다. 그때까지 붙들려 있던 '과거의 병증'에서 벗어나서 분석가와의 에로틱한 관계라는 '미래의 병증'을 향해 움직이기 시작하는 것이죠. 환자는 곧바로 분석자를 향해 걸어갑니다. 이제 그 욕망의 중심에 있는 분석자가 환자의 걸음을 통제할 수 있게 됩니다.

그런 식으로 해서 정지해 있던 환자의 시간이 차츰 흐르기 시작하고 어떤 단계에 이르면 현실의 시간과 환자의 '주관적 시간'이 일치하는 시점이 옵니다. 환자의 내면에서 정지된 채 '딸꾹질'처럼 끊임없이 되풀이되던 것에서 풀려나 미래를 향해 흘러가면서 주위 사람들과 공유할 수 있는 '객관적인 시간'과 동조될 때 비로소 치료가 이루어집니다.

그렇게 시간적인 고착에서 벗어나는 법을 알게 된 사람은 그다음에 강한 트라우마 충격을 받아도 대체로 잘 극복할 수 있습니다. 그 자리에 얼어붙어 움직이지 못하고 단단한 껍데기 속에 숨어 충격이 가실 때까지 기다리는 대신, 자신을 살짝 미래로 밀어 위기를 무사히 넘기고 끝낸 '나중 상태'를 상상으로 설정하고 거기에 신체를 밀어 넣는 식으로 위기에서 벗어나는 겁니다. 그런 방법이 몸에 배게 되면서 치료가 되는 게 아닐까 생각합니다.

라캉과 프로이트는 이러한 시간 조작을 할 수 있는 능력을 인간성의 중요한 요건 중 하나로 본 것 같습니다. 위기에 직면했을 때 과거의 통증이나 고통에 그 위기를 끼워 맞춰 '잘 알고 있는 아픔이니까 괜찮아' 하는 식으로 속이는 것은 동물들이 하는 방식입니다. 무생물처럼 되어 위기를 회피하는 것은 간단히 말해 '죽임을 당하기 전에 죽은 척하는' 것입니다. 이미 죽은 것은 두 번 죽지 않으므로…. '나는 이미 죽었으니 어떤 두려운 일이 일어나도 두 번 죽는 일은 없지' 하는 것이 위기를 관리하는 트라우마의 원리입니다. 너구리가 놀라면 가사상태가 되는 게 이런 것이지요.

이런 의미에서 본다면, 트라우마에 사로잡힌 사람은 아직 '인간'이 아니라고 말할 수도 있습니다. 진짜 인간은 무생물인 것처럼 죽은 척하는 대신, 미래를 향해 비상합니다. 과거로 회귀하는 것이 아니라 미래를 향해 몸을 던집니다. 프로이트와 라캉은 그런 이야기를 하려고 했던 것이 아닌가 생각합니다.

그렇다면 프로이트의 치료기법은 무도에서 말하는 '선을 잡는' 기법과 근본적으로 같은 기법인 셈입니다. '미래에 있는 인간'과 '과거에 있는 인간'이 마주쳤을 때에는 반드시 미래에 있는 인간이 '선을 잡기' 마련입니다. 이것은 당연한 일입니다. 시간을 앞서 행동하기 때문에 언제나 그 사람이 상황을 지배할 수 있습니다. 과거에 있는 사람은 미래에 있는 사람에 의해 통제되기 마련입니다.

분석가는 '미래에 있는 사람'이고 트라우마에 고착된 환자는 '과거에 있는 사람'이어서 양자가 만났을 때는 분석가가 선先입니다. 그때 선을 잡은 분석가는 눈앞에 있는 환자를 살릴 수도 있고 죽일 수도 있게 됩니다. 그러한 종류의 전능성을 프로이트는 분석가에게 부여하여 환자의 시간을 움직이려고 한 것이 아닐까 생각합니다.

전미래형으로 말하기 _ 라캉

같은 이야기를 라캉도 하고 있습니다. 다음은 『에크리Ecrits』에 있는 유명한 문장입니다.

● 말하기의 시제
언어활동의 기능은 정보를 전하는 것이 아니라 생각하도록 하는 것이다. 내가 말을 하면서 추구하는 것은 타자로부터의 응답이다. 나를 주체로 구성하는 것은 나의 물음이다.[3]

여기서 '나'는 환자입니다. 환자인 '나'는 분석가를 향해서 자신의 과거를 생각해내면서 자기의 역사를 말하고 있습니다. 그때 '나'라는 이가 구하고 있는 것은 분석자로부터의 응답입니다(응답이라고 할 수도 있고 인정이라고 할 수도 있습니다). 환자의 고백에 대해 "당신이 말한 자신에 대한 이야기에 나는 동의서명합니다" 하는 식으로 승인을 하는 것이 분석가의 일입니다. 그리고 환자는 분석가의 승인을 받아내기 위해 필사적으로 과거를 이야기하려고 합니다. 말하는 내용은 '과거의 일'이지만 말하는 행위 자체는 트라우마의 고착에서 떨어져 나오려는 행위입니다. 트라우마와 관련해서 말하는 행위는 분석가의 승인을 얻는다는 '미래의 성취'를 목표로 하고 있기 때문입니다. 이제 시간이 움직이기 시작했습니다.

> 나를 타자에게 인지시키기 위해서, 나는 '한때 있었던 일'을 '앞으로 생겨날 일'처럼 말할 수밖에 없다. (…) 나는 언어활동을 통해 자기인정을 성취하는 동시에 대상으로서의 모습을 지운다. 내가 말하는 역사, 곧 이야기 속에서 형태를 띠고 있는 것은 실제로 있었던 일을 말하는 단순과거가 아니다. 그러한 것이 이미 있지는 않다. 지금 현재 내 안에서 일어난 것을 말하는 복합과거도 아니다. 역사(이야기) 속에서 실현되는 것은 '그렇게 되어가는 것'을 미래의 어느 시점에 '이미 이룬 것'으로 꾸며 말하는 전미래前未來라 하겠다.[4]

라캉파의 치료원리의 핵심이 바로 여기에 있다고 할 수 있습니다. 내가 합기도에서 타다 선생으로부터 배운 것과 거의 같습니다. 정확히 나는 그렇게 가르침을 받았습니다. '그렇게 되어가는 것을 이미 되어 있는 것으로 생각하도록'이라는 것이 무도에서의 신체기법의 핵심입니다.

피분석자는 여러 가지 일들에 대해 말합니다. "나는 이런 것을 경험했고, 이런 것을 생각하고 있습니다." 하지만 그 사람의 몸에 일어난 '진짜 일'을 말하는 것은 아닙니다. 우리는 누구도 자신에게 일어난 '진짜 일'을 말하지 못합니다. 언어는 언제나 넘치거나 모자라기 때문에 생각을 과부족 없이 말로 표현하는 일은 불가능합니다.

왜냐하면, 우리가 말할 때는 언제나 '듣는 사람'이 있기 때문입니다. 그 사람에게 가닿도록, 그 사람이 따라올 수 있도록, 그 사람이 알아들을 수 있도록, 그 사람이 미소를 짓고, 승인하고 나를 사랑해줄 수 있도록 우리는 말합니다. 그것은 특별히 상대의 마음에 들기 위해 좋은 말을 꾸며내는 것이 아닙니다. 그런 것이 아니라 '전미래형'으로 말하고 있는 것입니다.

피분석자는 '이야기가 다 끝났을 때 분석가라는 타자에 의해 승인된 자신'을 목표로 두고 이야기합니다. 아직 말이 끝나지 않은 지금의 이야기를 이미 말이 끝난 사람이 회상하는 방식으로 말합니다. 전미래형으로 말한다고 하는 것은 그런 것입니다.

'나'의 소실점

무도 수련을 하거나 신경증 환자가 되지 않더라도 우리는 부지불식간에 일상적으로 시간 의식을 컨트롤하고 있습니다. 그것을 제대로 하기만 하면 인간으로서 살기가 수월해지기 때문이지요.

전미래형으로 말할 때 가장 먼 최후의 시점은 '죽은 뒤의 자신'입니다. 그보다 더 나아갈 수는 없습니다. '죽은 뒤의 자신'을 현재로 상정하고 거기에서 자신의 과거와 '이제부터 죽기까지' 경험한(경험한 것으로 되어 있는) 여러 가지 일들을 조용히 회상하듯 말하는 사람, 자신에 대한 이야기를 끝낸 시점, 즉 '죽은 후의 자신'이라는 전미래형의 소실점에서 '지금'을 바라볼 수 있는 사람을 예로부터 현자, 명인, 성인이라고 불러왔습니다.

무도 수련이나 프로이트 기법이 목표로 하는 것은 결국 같은 것이어서 '전미래형으로 말하는' 기법을 훈련하여 몸에 배게 함으로써 그 '전미래형 원뿔'의 꼭짓점을 조금씩 조금씩 앞으로 보내는 것을 목표로 하는 것입니다. '나'의 소실점을 가능한 한 앞으로 멀리 보내기, 바로 그것입니다.

무도가의 경우, 지금 하고 있는 수련이 끝나고 집에 돌아가 밥을 먹고 목욕을 하고 이불 속에 들어가 잠들기 전에 문득 지금 이 기법을 '떠올리고 있는' 것과 같은 바로 그 감각으로 지금 기술을 걸 수 있다면 이미 달인의 경지에 이르렀다고 할 수 있을 것입니다.

미래 체감이 더 앞으로 가면 갈수록 일어나는 일들을 컨트롤하는 능력이 높아지는 것은 당연합니다. 어떤 충격적인 일이 몸에 일어나도 "이미 지나간 일이지" 하고 회상하듯이 처리할 수 있으니까요. "아, 그때 이렇게 했으면 좋았을걸. 지금은 다 지나간 일이지.

하하하" 하는 식으로 현재를 회상할 수 있다면, 잘못된 선택을 해서 큰 실패를 하는 일은 피할 수 있겠지요. 그렇게 해서 앞으로 뻗어나갈 수 있는 가장 먼 지점은 바로 '죽은 자신'입니다.

야마오카 텟슈山岡鐵舟는 훌륭한 죽음을 맞이한 것으로 알려진 사람입니다. 암으로 죽게 된 야마오카는 죽기 전에 자신의 제자들과 지인, 가족들을 한자리에 모이게 해서 "오랫동안 신세를 많이 졌다. 이렇게 나는 죽으니 앞으로의 일은 잘 부탁한다" 하고 인사를 한 뒤 모두 옆방으로 가게 한 다음 장지문을 닫고 좌선 상태로 세상을 떠났습니다.

"야마오카는 젊었을 때부터 검술 훈련에 매진해서 여러 번 생사의 경계를 오가면서 담력을 쌓았기 때문에 죽음에 임할 때도 훌륭할 수 있었다"고 쓴 사람이 있는데, 이렇게 말하는 것은 이야기 순서가 틀렸다고 나는 생각합니다. 야마오카는 아마도 일찍부터 자신의 임종 장면과 임종 때 자신이 느끼게 될 느낌까지도 선명하게 이미지화하는 것이 가능했을 것입니다. 그만큼 멀리까지 닿을 수 있는 전미래형 범위 안에서 살고 있었기 때문에 사는 동안 어떤 일이 일어나도 놀라지 않고 어떤 예상치 못한 일에 맞닥뜨려도 판단을 그르치지 않을 수 있는 담력을 얻은 것이라고 생각합니다.

삶과 죽음의 경계에서 무서운 일을 몇 번 겪고 나서 그 결과로 담력이 생긴 것이 아니라 '죽은 후의 자신'이라는 상상의 소실점으로부터 현재를 회상하는 식의 삶의 방식을 취하고 있었기에 검술에서도 뛰어나고 정치적인 판단에서도 지나침이 없었다고 봅니다. 그는 인생의 경험을 쌓아 차츰 성숙해가는 것과는 본질적으로 다른 시간 흐름 속에서 살았던 사람이 아닐까 생각합니다.

죽은 뒤의 지점에서 말하기

'죽은 뒤의 나'를 소실점으로 삼고 거기서부터 전미래형으로 현재를 회상하는 식의 시간 의식을 가진 사람은 잘 살 수 있습니다. 위기에 맞닥뜨려도 '죽은 뒤의 자신'의 체감을 선명하게 이미지화할 수 있는 인간은 결국 살아남습니다. '죽은 뒤의 자신'의 관점에서 지금을 회상할 수 없는 인간, 담력이 없는 인간, 위기적 상황을 실시간으로 살아버리는 사람은 아마도 갑자기 죽고 말 겁니다.

『하가쿠레葉隱』*에는 "무사도란 어떻게 죽을지를 찾는 것이다"라는 말이 나옵니다. 일상생활 속에서 죽음을 항상 잊지 않는다는 것은 결코 종교적이거나 사변적인 것이 아닙니다. 죽음에 임했을 때의 자기 자신의 모습을 선명하게 그릴 수 있는 인간만이 잘 살 수 있다는, 어떤 의미에서는 매우 공리적인 경험칙을 말한 것이라고 볼 수 있습니다.

전미래형으로 자신을 말하는 것은 생존전략상 대단히 탁월한 방

---

* 무사도에 관한 일본 고전 중 하나. '나뭇잎 그늘'이라는 말처럼 초야에 은둔한 무사 야마모토 쓰네토모의 구술을 제자 타시로 쓰라모토가 1716년경 열한 권으로 편찬했다.

법입니다. 다른 맹수들에 비해 연약한 신체 조건을 가진 인류가 최종적으로 지구를 지배할 수 있었던 것은 이처럼 '시간을 주무르는 능력'을 갖고 있었기 때문이 아닌가 하고 저는 생각합니다. 동물과 인간을 결정적으로 나누는 것은 '죽은 뒤'의 세계를 생생하게 상상할 수 있는 능력이 있느냐 없느냐, 정말 그것뿐이기 때문입니다. 그리하여 약 5만 년 전 인류의 조상은 장례를 치르는 관습을 가지게 됨으로써 다른 영장류로부터 떨어져 나왔습니다. '죽은 자는 존재한다' '사후 세계는 있다'라는 믿음에 의해 인간은 원숭이에서 인간으로 진화했습니다. '영적 경위境位라는 것은 '미래를 향해 비상하는' 능력, '죽은 뒤의 나를 만나는' 경험을 한, 〈소코츠 나가야粗忽長屋〉*의 주인공 같은 놀라운 상상력 없이는 결코 그려낼 수 없기 때문입니다.

---

* 에도 시대부터 전승되고 있는 일본의 전통 예술인 라쿠고의 하나. 자신이 죽었다고 생각하고 자신의 시신을 찾으러 간 사람을 둘러싸고 벌어지는 일을 이야기 소재로 삼고 있다.

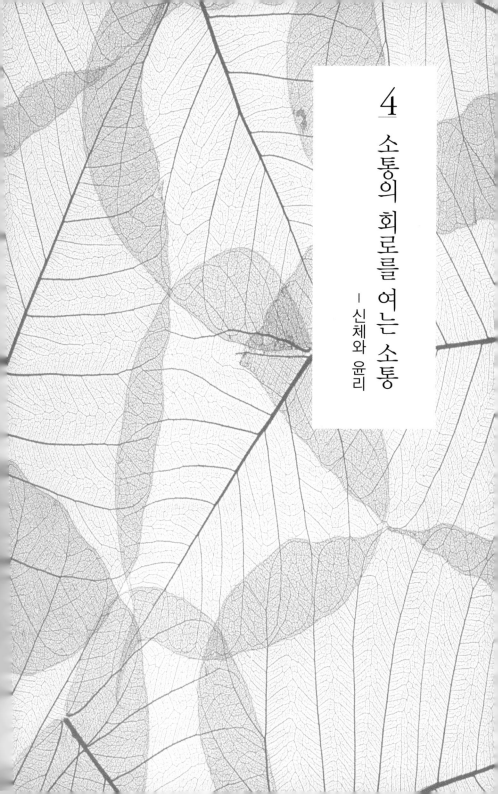

4 소통의 회로를 여는 소통

― 신체와 윤리

'인간은 모두 똑같아서 비슷하게 생각하고, 비슷하게
욕망하고, 비슷하게 행동하고, 비슷하게 계산하며,
비슷한 것을 가치로 삼고, 비슷한 것에 아름다움을
느낀다'고 하면서 '공감과 이해의 공동체'를 이상형으로
상정해버리는 것이 코먼웰스 이론의 한계입니다.
여기서 '다른 사람의 입장에 서서 생각한다'는
논리의 위험이 나오는 겁니다.

'신체와 윤리'는 제 머릿속에서 떠나지 않는 주제입니다. 이번에는 윤리와 신체를 어떻게 연결시킬지에 대해 이야기를 펼쳐보고자 합니다.

지금 제가 개인적으로 중요한 주제로 삼고 있는 두 가지는 합기도와 레비나스입니다. 저는 30년간 합기도를 배워왔고, 그 비슷한 기간 동안 레비나스 철학을 공부해왔습니다. 레비나스의 가르침은 윤리에 관한 것입니다. 즉, 저는 신체에 관한 가르침과 윤리에 관한 사상을 죽 연구해온 셈입니다.

앞에서도 말씀드렸지만, 한 인간이 두 가지 일에 대해 깊은 관심을 가지고 있다는 것은 비록 표면적으로는 관련성이 보이지 않더라도 내부적으로는 그 두 가지가 연결되어 있음을 말해줍니다. 그렇지 않으면 이상합니다. 어딘가에서 이야기의 앞뒤가 잘 맞았을 겁니다. 어디서 어떻게 '앞뒤가 맞았던' 건지 저 스스로도 잘 모르겠습니다. 하지만 레비나스 철학과 무도 사이에 무언가 연관성이 존재하지 않는다면 저라는 인간이 말이 안 되는 겁니다. 그렇다 하더라도 피해 입을 사람은 아무도 없겠지만, 저로서는 가능한 한 '아, 그런 것이었구나' 하고 납득을 하고 싶습니다.

이런 관점에서 보면 아주 개인적인 주제이긴 하지만, 저에게는 왠지 레비나스와 합기도 사이의 연결은 인간이라는 존재에 관한 매우 범용성 높은 깨달음으로 이어지지 않을까 하는 예감도 있습니다. 그 예감이 과연 근거가 있는 것인지, 오늘은 그것을 좀 들여다보려고 합니다.

윤리는 합리적인 것이다

뒤에 나오는 글들은 최근에 읽은 책 중에서 지금 이 이야기와 관련이 있을 법한 부분을 추린 것입니다. 첫 번째는 무라카미 류村上龍의 『연애의 격차戀愛の格差』라는 책에 있는 인상적인 대목입니다.

● 다수파에 대한 공포

나는 항상 다수파majority에 대한 불안과 공포를 안고 있다. 나 자신이 소수파minority에 속한다는 자각이 있는 것은 아니지만 다수파가 히스테리 상태에 빠졌을 때 나는 반드시 공격을 받을 것이라는 확신에 가까운 예감이 있기 때문이다. 이 확신은 내가 대전제적으로 다수파를 싫어하는 것과 관련이 있다. (…) 내가 다수파를 혐오하는 이유 중 하나는 정당한 다수파란 존재하지 않는다는 점이다. 어떤 한정된 지역에서, 또는 한정된 가치관 안에서 다수파라는 이유만으로 위기에 빠진 다수파가 소수파를 공격하는 경우가 있다. 그리고 마이너리티라 불리는 사람들도 그 소수파의 틀 안에서 미세한 순위를 매기면서 소수파 내부의 소수파를 공격하는 경우도 있다.

잊을 수 없는 사진이 있다. 2차 세계대전 전 독일에서 유대인들이 거리에 무릎을 꿇고 앉아 바닥을 솔로 문지르고 있는 사진이다. 그가 어떤 종교에 속한다는 이유만으로 그의 인격이나 법적 입장과는 무관하게 차별한다는 것은 무엇보다 부끄러운 행위이지만, 우리는 자기 입장이 위태로워지면 그것을 수치라고 생각하지 못하게 된다.

나는 무슨 일이 있어도 종교나 신념을 이유로 타인으로 하여금 무릎 꿇고 바닥을 닦게 하고 싶지는 않다. 그것은 내가 휴머니스트이기 때문 이라기보다는 그런 일이 합리적이지 않다는 사회적 합의를 만들어놓지 않으면 언제 내가 무릎을 꿇고 바닥을 닦게 될지 모르기 때문이다.

우리는 상황이 바뀌면 언제든지 소수파로 분류될 가능성 속에 살고 있다. 그러니까 늘 상상력을 발휘해 소수파에 속하는 사람들을 고려해 야 한다. 다시 말하지만 그것은 휴머니즘이 아니다. 우리 자신을 스스로 구하기 위한 합리성이다.[1]

무라카미 류는 그렇게 논리적으로 글을 쓰는 편이 아닙니다. 인 상에 딱 와 닿은 말을 던지듯이 글로 써내는 타입이어서 이것만 가 지고 결론을 끄집어낼 수는 없습니다. 하지만 이 문장에는 윤리에 관한 중요한 문제가 담겨 있다고 생각합니다. 요즘 들어 저는 "대체 우리의 사회윤리는 어떤 형태로 기초가 만들어져 있는 걸까, 사회 윤리와 신체성은 어떤 수준에서 관련을 갖는 걸까" 하는 생각을 많 이 하고 있습니다. 지금은 우선 '윤리란 어떤 것인가'라는 의문을 무 라카미 류의 이 글을 재료로 삼아 생각해보고자 합니다.

이 글에서 무라카미 류는 휴머니즘과 합리성을 나누고 있습니다. '휴머니즘이 아니다, 휴머니즘으로는 정의나 윤리성의 기초를 다질 수 없다, 이론적으로는 기초로 삼을 수 있어도 실효성이 없다' 하고 말이죠. 그리고 인간을 어느 정도 제어할 수 있는 것, 사회적인 가 이드 라인이 될 만한 것은 바로 합리성이라고 말하고 있습니다. '그것을 선택하면 내게 득이 있다'고 하는 합리성의 바탕이 없으면 사람은 도덕적인 행동을 하지 않는다는 식으로 설명하고 있습니다.

이것은 무라카미 류의 일관된 주장입니다. '올바른 행동을 경제적 합리성과 연결시켜주지 않으면 사람은 움직이지 않는다. 좋은 말만으로는 안 된다'는 사고방식입니다. 저는 그것도 위기감의 표현으로서 긍정적으로 평가합니다만, 그래도 어쨌든 그것만으로는 설명이 좀 부족한 것 같습니다. 합리성만으로 인간의 '자연스러운 본성'과 윤리적 행동이라는 '부자연스러움'을 연결시키기는 힘들다고 봅니다.

자연성과 부자연성을 연결하기 위해서는 징검다리가 하나 더 필요하다고 생각합니다. '윤리적 행동은 우리 스스로를 구원하는 합리적인 행동이다'라는 무라카미 류의 결론도 틀리진 않습니다. 어떤 경우든 반드시 여기에 귀착해야 합니다. 이것이 전제입니다. 윤리적 행동이라는 것은 기본적으로는 우리 자신을 구원하기 위한 합리적 행동이지요. 다만, 여기서 말하는 '합리성'이란 그렇게 단순한 것이 아닙니다.

하지만 윤리에 기준은 없다

'윤리'라는 말이 실제로 어떤 의미인지를 묻지 않은 채 '정치인의 윤리'라든가 '의료의 윤리'라는 말이 널리 쓰이고 있습니다. 윤리의 '윤倫'은 시라카와 시즈카의 『자통字通』에 따르면 "서로 순서를 정하고 상대하는 관계를 말한다. '류類'도 그 계통의 말이다. 전체가 하나의 질서를 이루는 상태다"라고 되어 있습니다. 쉽게 말하면 '윤리'란 공동체나 사회, 집단 등이 성립되기 위한 '조리條理'를 말합니다. '공동체가 공동체로 성립하기 위해 구성원들이 지켜야 하는 행동 규칙'이 '윤리'라는 말의 정의로 일단 무난하지 않을까 싶습니다.

'절륜絕倫'이라는 말이 있습니다. '정력 절륜' 같은 말로 쓰입니다. 절륜이란 '무리와 단절하다', 즉 집단 내부의 평균을 크게 벗어났다는 말입니다. 일탈한다는 것이 '윤을 절하다'이니까 거기서 자연스럽게 '윤'이라는 말의 의미도 추론할 수 있습니다. '윤倫'이라는 것은 일종의 합의입니다. 어떤 공동체 안에서 '이 정도가 보통'이라고 하는 '보통의 기준'입니다. 실체로서 존재하는 것은 아니지만 '모두'가 정한 합의, 계약, 규범인 거죠.

무엇이 '일탈'이며 무엇이 '괜찮은 것'인지에 대해 어디에도 일반적인 가이드라인은 없습니다. 윤리에 관련해서 어디부터가 규범에 맞고 어디부터가 규범에서 일탈하는지에 대해서는 모두가 납득할 만한 기준이 없습니다. 이것이 바로 윤리의 문제를 가장 위태롭게 만드는 지점이라고 생각합니다.

무라카미 류는 휴머니즘이 아니라고 말했지만, 이 경우에 휴머니즘이란 따옴표가 붙은 '휴머니즘'이겠지요. 참된 뜻인 휴머니즘이 '인간이 행복하게 살기 위한 다양한 배려'를 말한다면 윤리는 본질적으로는 휴머니즘이라고 저는 생각합니다. 다만 "지금 우리 사회

에 통용되고 있는 휴머니즘이라는 말은 이미 많은 때가 묻어 실효
성이 없어진 상태다'라는 것이 아마도 무라카미 류의 생각인 것 같
습니다. 이에 대해 제 생각을 몇 가지 말씀드려 보겠습니다.

타자는 공감 가능한 동시에
공감 불가능한 존재

우선 '비윤리적이란 무엇을
말하는 걸까'에 대해 생각해보겠습니다. 어려운 문제를 풀 때의 요
령을 써보죠. 반대 지점에서 한번 생각해보는 겁니다. '죽음이란 무
엇일까'를 생각할 때는 '만약에 인간이 죽지 않는다면 어떻게 될까'
를 생각해보는 겁니다. '성이란 무엇인가?'에 대해 생각할 때는 '만
약에 섹스가 없는 인간이 있다면 어떤 편리와 불편이 생길까'를 생
각해보는 거죠. 이것은 데즈카 오사무手塚治虫가 애용했던 방법입니
다 '죽음이란 무엇일까'라는 문제를 다룬 것이 '죽지 않는 인간의 비
극'을 그린 『불새火の鳥』이며, '인간성이란 무엇인가'라는 문제를 다
룬 것이 '인간보다 더 인간적인 존재'를 그린 『철완 아톰』입니다.

데즈카 오사무처럼 어려운 문제를 반대편에서 생각해보겠습니
다. 이 경우에는 무라카미 류가 아주 회화적인 예를 들었습니다. 유
대인들이 무릎을 꿇고 솔로 길바닥을 문지르고 있을 때, 그것을 시
키고 있는 독일인들의 행동은 '비윤리적'입니다. 이것은 우리도 납
득이 가는 일입니다. "그런 일은 절대로 해서는 안 되지" 하고요.

그렇다면 유대인들에게 그런 행위를 시키고 있는 독일인들의 어느 지점이 비윤리적이냐 하면 '자신이 반대 입장이 될 수 있다는 것을 상상하지 못하고 있다'는 점이죠. 즉, '독일인이기 때문에 솔로거리를 닦아야 하는 상황'을 상상할 수 없다는 상상력의 결여가 바로 여기서 독일인의 비윤리성을 규정하고 있는 것입니다.

　그렇다고 해서 "아, 그렇구나. 윤리라는 것은 남의 입장에 서서 생각하는 것이구나. 남의 입장에서 볼 수 있는 상상력을 가지는 것이 윤리적이며 남의 입장에서 볼 수 없는 것이 비윤리적이구나"라고 결론을 내리는 것은 곤란합니다. 어디가 어떻게 다른지에 대해서는 나중에 또 자세히 논의해야 할 것입니다. 여하튼 자신과 다른 입장에 서서 생각해보는 상상력을 발휘할 수 있는지가 하나의 지표가 될 거라는 생각은 듭니다.

　'남의 입장에서 생각한다'는 말은 흔히 하는 말입니다. 저도 '남의 아픔을 모른다'거나 '왜 남의 입장에서 생각하지 않느냐'는 말을 어렸을 때부터 자주 들었습니다. 그런데 왠지 그런 잔소리가 마음에 와 닿지 않았습니다. 왜냐하면 남의 입장에 서서 생각한다든가 남의 아픔을 이해한다고 말하는 사람들이 가진 남들과의 그 '쉬운 거리'가 마음에 들지 않았던 것 같습니다. "어떻게 그렇게 쉽게 남의 입장이 될 수 있지?"라는 의심이 드는 것입니다.

　여기에 윤리 문제를 생각할 때 생기는 최대의 난제가 있다고 생각합니다. 바로 '타인은 공감이 가능한가 불가능한가'라는 문제입니다. '타자란 공감 가능한 동시에 공감이 불가능하다'라는 모순된 명제를 세워서 이야기를 복잡하게 풀지 않으면 오히려 이 문제가 잘 풀리지 않을 것 같습니다. '이야기를 복잡하게 만들지 않으면 잘 풀리지 않는다'는 것은 이상한 말 같지만, 그럴 때가 종종 있습니다.

"왜 사람을 죽이면 안 되나요?"라고 물을 수 있는 위치

몇 년 전 어떤 중학생이 TV 프로그램에서 "왜 사람을 죽이면 안 되나요"라고 물었는데 아무도 그에 대해 납득이 갈 만한 답을 주지 못했던 일이 있었습니다. 이런 일이 실제로 있었는지는 모르겠지만 어쨌든 이 에피소드는 반복해서 여러 문맥에서 인용되어왔습니다.

물론 "왜 사람을 죽이면 안 되나요?"라고 물어본 중학생의 질문 던지는 법이 잘못되었지요. 그 학생은 '나는 이런 질문을 언제 어디서든 할 수 있을까'라는 질문을 스스로에게 하지 않고 있기 때문입니다. 만약 그 학생이 칼을 든 남자에게 붙들려 칼에 찔릴 상황에서, 그 남자가 주변 사람들에게 "왜 사람을 죽이면 안 되죠?"라고 물었다고 가정해봅시다. 그때 그 학생이 자기 목에 칼을 들이대고 있는 사람과 같이 "왜 사람을 죽이면 안 되나요?"라고 말할 수 있을까요? 그런 입장이 되면 아마도 그 아이는 그런 냉소적인 질문을 할 수 없을 거라 생각합니다.

우리는 어떤 말을 할 때, 그 말의 효력이 어떤 특수한 조건에 국한되어 있는 것은 아닐까 하고 자문할 필요가 있습니다. "왜 사람을 죽이면 안 되나요?"라는 물음은 비윤리적인 물음입니다. 사람을 죽이는 것 자체가 비윤리적임을 논하기 이전에, 자신이 '죽이는 쪽'에 있는 국면만을 상상하면서 자신이 '죽임을 당하는 쪽'이 될 가능성에 대해서는 전혀 상상하지 않고 있다는 점 때문에 비윤리적이라고 할 수 있습니다.

제한된 국면 또는 단기적으로는 합리성이 있지만 장기적으로는 합리성이 없는 경우도 있습니다. "왜 사람을 죽이면 안 되나요?"라는 물음이 어떤 종류의 통렬한 문명 비판이 될 수 있는 것은 일단 죽이는 사람도 죽임을 당하는 사람도 없는, 완전히 평화로운 상황일 때로 한정됩니다. 하지만 누군가 총을 들고 집 안으로 무단침입하거나 칼을 휘두르며 군중을 향해 뛰어들었을 때 그처럼 한가로운 문명 비평에 귀를 기울이는 사람은 없을 겁니다. 그런 방관자적 태도는 인간의 폭력성, 야수성을 긍정하는 것이 되기 때문입니다.

"사람을 죽이지 말라"는 말조차 항상 올바르진 않다

'어떤 국면에서 그 말이 나올지'에 따라 우리가 말하는 명제의 진위는 달라집니다. 단기적으로는 괜찮지만 장기적으로는 괜찮지 않은 경우도 있고, 어떤 집단 안에 있는 일부 사람들이 동조하면 플러스가 되지만 일정 수 이상의 사람들이 동조하면 마이너스가 되는 경우도 있습니다. 윤리에서도 양적인 변화에 따라 상황의 질적 변화가 생기는 경우가 있습니다. 윤리에 대해 생각할 때의 어려움이 여기에 있습니다.

우리는 언제 어떤 경우에서든 누구에게나 타당한 범용적 '올바름'을 요구합니다. "죽이지 말라"는 윤리적 명령도 그 명령에 모든 사람이 따르는 것은 아닙니다. 전쟁을 치르고 있는 나라의 정치지도자나 저항운동을 지지하는 종교지도자들은 "죽여라"라는 말을 공공연하게 미디어를 통해 하고 있습니다. 그들도 주관적으로는 윤리적인 사람들일 테고 스스로는 정의를 행하고 있다고 생각하고 있을 것이 분명합니다.

'사람을 죽이면 안 된다'는 궁극적인 윤리 규범조차 천연스럽게 깨어지고 있는데 그것을 우리가 특별히 이상하게 생각하고 있지 않는 것만 봐도 '윤리란 일반적으로 타당한 것'은 아니란 사실을 알 수 있습니다. 테러를 근절해야 한다고 외치는 미국 대통령은 아마도 테러의 희생자가 된 미국 시민들에 깊이 공감하고 있을 테고, 성전을 수행하라고 지시하는 성직자들은 미국의 폭격으로 희생된 동포들의 아픔에 깊이 공감하고 있을 겁니다. 그들의 정의와 정의로 뒷받침된 폭력은 바로 '남의 입장이 되어 그 아픔을 추체험하는' 능력에 뒷받침되고 있습니다. 그렇게 생각하면, '상상력을 발휘하는 능력'이 그대로 '윤리성'이라고는 쉽게 말할 수 없습니다.

타자의 입장이 되어본다든가 상상력을 발휘하는 데도 그때 그 입장에 있는 타자 안에 누가 포함되며 누가 포함되지 않는지를 묻지 않는다면 윤리의 기반이 될 수 없습니다. 그렇다면 만약 모든 타자에게 공감하여 상상력을 발휘할 수 있는 사람이 있다면 그 사람은 완전히 윤리적으로 행동할 수 있을까요? 아마도 그 사람은 '죽임을 당하는 쪽 사람'의 아픔에 공감하는 동시에 '죽이는 쪽 사람'을 거기까지 몰아붙인 애달픈 사정에도 공감하겠지요.

세상의 모든 타자들에게 공감하는 인간이 만약에 존재한다면, 아마도 그 사람은 그저 가만히 서서 모든 고통과 비참함에 눈물 흘리는 일밖에 하지 못할 겁니다. 물론 그렇게 울기만 하는 것이 결코 나쁜 일은 아닙니다. 그 사람이 한없이 아름다운 영혼을 가졌다는 데 저는 기꺼이 동의합니다. 하지만 그가 '지금 여기에서 벌어지고 있는' 폭력을 멈추거나 세상에 평화나 행복을 가져올 수 있으리라고 기대하지는 못 할 겁니다.

윤리란 원리의 문제가 아닙니다. 이것이 윤리에 대해 생각할 때 첫 번째로 극복해야 할 역설입니다. 윤리라는 것은 오히려 계량적인 문제라고 저는 생각합니다.

윤리에도 유통기한이 있다

방금 전의 이야기로 다시 돌아갑니다. 사리사욕을 위해 경제적 합리성에 따른 활동을 하고 있는 사람의 숫자가 어떤 범위 안에 머물고 있으면 딱히 문제가 되지는 않지만, 그 범위를 넘어서면 그 합리적 활동 자체가 자신들의 이익을 해치고 생명과 안전을 위협하는 경우가 있습니다.

윤리도 마찬가집니다. 윤리학은 일종의 사회이론입니다. 한 사회에서 인간이 어떻게 행동하는지에 대한 가이드라인을 정한 합의입니다. 그 규정이 합리적이고 실효적인 장면이 있는 반면, 같은 규정이지만 별로 실효성이 없는 경우도 있습니다. 이것이 어렵습니다.

윤리는 국면에 따라 바뀌어야 한다고 말하면 "그게 무슨 윤리냐"라는 말을 듣게 됩니다. 예전에 어떤 철학 분야 학회에서 레비나스 이야기를 하면서 "레비나스의 정의正義 개념은 명확한 것이 아니어서 국면에 따라 변합니다"라고 말했더니 "그렇게 자꾸 바뀌는 정의가 무슨 정의냐. 정의라는 것은 바뀌지 않는 것이지"라고 어떤 철학자 분이 야단을 쳐서 난감했습니다.

이런 말을 하는 사람들에게는 어떻게 설명하면 될까요? 이들에게 정의는 백 퍼센트 순수하며 어떤 시대 어떤 국면에서도 마땅히 그러해야 하는 겁니다. 하지만 이것은 꽤나 유치한 생각입니다. '정의'라는 것은 계속 바뀌는 것입니다. 바뀌는 조건은 기간 그리고 그것을 정의라고 생각하는 사람의 숫자입니다. 하지만 오해하지는 마십시오. 장기간에 걸쳐 많은 사람들이 믿는 정의가 반드시 좋은 정의인 것은 아닙니다. 오히려 소수의 사람들이 단기적으로 적용할 때는 유효했다가도 장기간에 걸쳐 일정 수 이상의 사람들이 적용하게 되면 위험해지는 것이 정의입니다.

그 부분을 잘 판단하는 것이 어렵습니다. "그 판단을 어떻게 해야 하는지 기준을 말하라, 매뉴얼을 내놔라"라고 해도 곤란합니다.

정의에 '일관적 규정' 따위가 있을 리 없으니까요. 그런 것이 있다면 아무도 고생하지 않겠죠. 정의가 언제, 어디까지, 누구에게까지 정의인지에 대해서는 일반적인 기준이 없으며 경우에 따라 판단해야 한다는 것을 거듭 이야기하고 있는 겁니다. 그 부분을 제대로 이해하지 않으면 윤리에 대해 말할 수 없습니다. 아주 복잡한 일이죠.

자연권 제한에 따른
이익의 최대화 _ 로크와 홉스

"남의 입장에서 생각하면 타자의 아픔이나 고통을 알 수 있으니까, 남의 아픔에 공감할 수 있는 사람들만 있으면 세상에서 나쁜 일들이 없어질 것이다"라는 것이 근대 시민사회의 기초이론입니다. 존 로크, 토머스 홉스, 장 자크 루소가 근대 시민사회의 이론적 기초를 만든 것이 17~18세기 무렵이었습니다. '시민 모두가 합리적으로 행동하면 사회는 반드시 윤리적으로 변한다'는 것이 그들의 공통적인 이해였습니다. 그들의 설명에 따르면 고대부터 중세까지 사회는 약육강식의 규칙이 지배하고 있었습니다. 정글의 규칙이죠. '누구나 자신의 생명, 재산, 안전은 스스로 지켜야 하고, 힘이 있는 인간은 갖고 싶은 것을 얼마든지 가져도 된다'는 것입니다.

그런 규칙이 낫지 않냐고 하는 사람도 있겠죠. 실제로 그런 규칙에서라면 자기에게는 이익이 더 많다는 사람도 있습니다. 하지만 잘 생각해보면 알겠지만 모두가 그렇게 마음대로 행동하게 된다면 최종적으로 가장 강한 한 사람이 모든 것을 가져가고 다른 사람들은 그에게 수탈당하고 자신의 생명과 안전을 항상 위협받는 삶을 살아야 할 것입니다. 아무리 생각해도 그 한 사람을 제외한 나머지 사람들 모두에게는 불리한 선택이 되겠지요. 그래서 "그러면 곤란하지 않느냐" 하고 근대 시민사회론이 시작된 겁니다. 먼저 존 로크의 『통치론Two Treatises of Government』에는 이런 내용이 나와 있습니다.

● 자연권의 선언과 그 위양

이미 밝힌 바와 같이 인간은 태어났을 때부터 다른 모든 사람과 평등하게, 즉 세상의 수많은 인간들과 평등하게 완전한 자유를 가지며 자연법이 정하는 모든 권리와 특권을 억제 당하지 않고 누릴 자격을 부여받았다. 따라서 인간은 자신의 소유물, 즉 생명, 자유, 재산을 타자의 침해나 공격으로부터 지키기 위한 권력뿐만 아니라 타인이 자연법을 어겼을 때 재판을 통해 그 범죄에 상당하다고 판단되는 벌을 주고, 범행의 흉악함으로 보아 사형이 필요하다고 판단될 시에는 사형에 처할 권력을 생래적으로 가지고 있는 것이다.

하지만 정치사회라는 것은 그 자체가 소유물을 보전할 권력과 사회구성원들의 모든 범죄를 처벌할 권력을 갖지 않으면 존재하지도 존속하지도 못한다. 따라서 사회구성원 모두가 사회가 만든 법에 보호를 요청했을 때 거부당하지 않는다는 전제 아래 스스로의 자연적인 권력을 포기하고 그 권력을 사회의 손에 맡기는 경우에만 정치사회가 존립할 수 있다.[2]

'모든 인간 한 사람 한 사람이 자연권natural rights을 가지고 있다'
는 사상이 있습니다. 인간은 자신의 행복과 자유, 재산을 추구할
권리를 가지고 있으며, 이것은 타고난 권리로서 아무도 그것을 침해
하지 못한다는 것입니다. 하지만 구성원 모두가 이 자연권을 행사
하면 사회는 정글이 되어버립니다. 결과적으로는 생명, 자유, 재산
을 보호할 수 없게 됩니다. 그래서 모두에게 주어진 자연권, 한 사
람 한 사람이 다 가지고 있는 그 권리의 일부분을 떼어 공권력에 양
도하기로 한 것입니다. '태어날 때부터 자신에게 주어진 권한'을 포
기함으로써 스스로를 더 효과적으로 안전하게 보호할 수 있게 된
다는 것이 근대 시민사회론의 기본을 이루는 사상입니다.

'자연권은 원리로서는 인정하지만 운용상 그것을 어느 정도 제한
하지 않으면, 자연권을 행사해야 한다고 주장하는 사람조차도 제대
로 살 수 없다.' 이것이 17~18세기의 '상식'이었습니다. 지금 봐도
굉장히 깊이가 있습니다. '당신에게는 권리가 있습니다. 하지만 그
권리를 쓰면 안 됩니다'라는 아주 모순된 논리를 대놓고 주장하고
있기 때문입니다.

저는 논리가 딱딱 맞아떨어지는 사회이론보다 여기저기에 모순이
나 하자가 있는 사회이론을 신용합니다. 그런 모순은 '현장'에서만
나오는 말이니까요. 생활체험과 사회경험 속에서 인간의 어리석음
을 숙지한 사람의 입에서만 나올 수 있는 말이기 때문에 신용할 만
하다고 생각하는 겁니다.

존 로크와 나란히 언급되는 토머스 홉스의 『리바이어던Leviathan』

에도 역시 '만인의 만인에 대한 투쟁'이라는 유명한 말이 나옵니다.

모두를 두려워하게 만들 만한 공통 권력이 없는 동안에는 인간은 전쟁이라고 불리는 상태, 만인의 만인에 대한 투쟁 상태에 있다. (…) 이런 상태에서는 노동이 자리 잡을 수 있는 곳이 없다. 노동의 과실이 불확실하기 때문이다. 따라서 땅이 있어도 경작이 이루어지지 않고, (…) 기술, 문자, 사회, 이 모든 것이 없다. 그리고 무엇보다 안타깝게도 끊임없는 공포와 폭력으로 인한 죽음의 위험이 있다. 거기서는 인간의 삶이 고독하고 가난하고 더럽고 잔인하며 또 짧다.
(…) 사람들이 외적의 침입이나 상호 권리 침해와 같은 위험으로부터 자신을 지키고, 스스로의 노동과 땅에서 얻는 수확으로 자신을 부양하며 쾌적한 생활을 보낼 수 있게 하는 것은 공공의 권력이다. 이 권력을 확립하는 유일한 길은 모든 사람의 의지를 다수결을 통해 하나의 의지로 결집해 한 명의 개인 또는 하나의 합의체로 만들어서 구성원들이 가진 모든 힘을 거기에 양도하는 것이다. (…) 이것이 이루어져 다수의 사람들이 하나의 인격으로 결합 통일되었을 때, 그것을 '코먼웰스'(라틴어로는 '키비타스')라고 부른다. 이렇게 하여 위대한 리바이어던이 탄생한다.[3]

고등학교 세계사 참고서 같은 데서 이런 발췌문을 읽은 기억이 있을 수도 있겠습니다. 리바이어던은 구약성서에 나오는 바다의 괴물입니다. 그것은 곧 코먼웰스(달리 말해 공동체, 공화국, 단순히 국가라고 해도 되겠지만 한마디로 '공익체')를 말하는 겁니다.

근대 국민국가, 근대 시민사회가 성립되는 과정에서 영국과 프랑스를 중심으로 사상가들이 보급시킨 것은 이런 사고방식이었습니다. "인간은 자신의 생명, 자유, 행복을 추구할 수 있고 백 퍼센트 그 권리를 누릴 수 있지만 적어도 그 일부분을 분할해서 공권력에 양도해야 한다. 그러지 않으면 권리에서 최대 이익을 끌어낼 수가 없다"는 겁니다. 그렇게 개인의 사적 권리를 조금씩 제한해 공탁함으로써 만들어진 '공적인 것'이 바로 코먼웰스입니다.

이 '공적인 것'을 부를 때, 홉스는 일부러 '리바이어던'이라는 말을 사용했습니다. '코먼웰스'라고 하면 어감이 조금 친근하지만 '리바이어던'이라고 하면 성경에 나오는 거대한 괴물이 떠오릅니다. 고질라 같은 괴물이. 인간에게 적대적인 괴물을 의미하는 말을 홉스는 굳이 여기서 사용한 겁니다.

"자연권을 제약함으로써 코먼웰스가 탄생한다는 데 일단 모두가 납득했다. 자신의 사적 이익을 최대화하기 위해서는 자신의 자연권을 무제한으로 행사하면 안 된다. 사적 권리를 어느 정도 제약하지 않으면 사적 이익을 최대화할 수 없다." 이것은 오늘날의 게임 이론과 아주 비슷합니다. 전부를 가지려고 하면 얻을 수 있는 몫이 적어지고, 욕심을 어느 정도 자제하면 많이 얻을 수 있게 되죠.

이것을 3백 년 전부터 알고 있었던 겁니다. 다만, 사적 권리를 어느 정도 제한할 때 사적 이익이 최대화되는지에 대해서는 일반적인 공식이 없었던 거죠. "이 정도 선이면 최대가 된다"라고 수식으로 보여줄 수 없으니까, 감으로 할 수밖에 없습니다. 그 후 유럽과 아시아에서도 다양한 근대 시민국가가 탄생하는데, 마찬가지였습니다. 어디쯤에서 코먼웰스의 선을 긋고, 어디까지 개인의 자연권 영역을 최대화할지를 결정할 방법은 경험에 의존할 수밖에 없습니다.

자연권과 돈의 최대화 _ 미국 독립선언문

영국, 프랑스 이후에 성립된 국민국가 중에서 코먼웰스에 대해 색다른 해석을 채용한 나라가 있습니다. 바로 미국입니다. 미국에서는 왠지 코먼웰스보다 자연권을 더 중요시했습니다. 한 사람 한 사람의 생명, 자유, 재산권의 추구가 국가 전체의 공익보다 우선한다는 내용이 독립선언문에 분명하게 명시되어 있는 겁니다.

코먼웰스에 대한 이러한 관점이 미국이라는 나라의 독자적인 성격을 규정하고 있는 듯합니다. 저는 이것이 어떤 의미에서는 근대국가로서 미국이 극적으로 성공한 원인이기도 하면서 동시에 몰락의 원인이기도 하다고 보고, 이 부분에 매우 큰 관심을 갖고 있습니다.

어떤 점이 흥미로운가 하면 바로 다음과 같은 점에서 그렇습니다. 1776년 제퍼슨이 기초한 「독립선언문」에는 이런 대목이 나옵니다.

우리는 다음과 같은 것을 자명한 진리로 믿는다. 모든 사람은 평등하게 창조된다는 것, 그들은 양도할 수 없는 일정한 권리를 창조주로부터 부여받는다는 것, 그리고 여기에는 생명, 자유, 행복을 추구할 권리가 포함

된다는 것, 이러한 권리를 굳건히 하기 위하여 사람들 사이에 정부들이 수립되며 그러한 정부의 정당한 권력은 통치를 받는 인민들의 동의에서 나온다는 것.

로크, 홉스, 루소나 몽테스키외의 주장과 「독립선언문」의 주장은 거의 다르지 않습니다. 하지만 뉘앙스가 미묘하게 다른 것을 눈치 채셨나요? 아주 미묘한 차이이긴 하지만요. 근대 시민주의 사상가들은 '사권의 제한에 의한 공익의 최대화야말로 사익의 최대화를 가져온다'는 논리를 펼쳤습니다. 하지만 「독립선언문」은 그것과 약간 다릅니다. '공익의 증대가 사익의 최대화를 막는 경우가 있는데, 그 경우에는 사익을 우선해도 된다'는 점에 더 중점이 있습니다.

「독립선언문」에는 '정부라는 것은 어쩔 수 없이 만드는 것이어서 정부가 만약에 시민들의 자연권 행사를 방해하는 경우에는 언제든지 혁명을 일으켜 정부를 쓰러뜨릴 권리가 시민에게 있다'고 하는 내용이 길게 쓰여 있습니다. 홉스나 로크는 사권의 제한을 역설했고, 제퍼슨은 공익의 제한을 역설했습니다. 어디에 중점을 두느냐에 따라 그 차이는 매우 크다고 저는 생각합니다.

'자산=행복'인 나라

「독립선언문」에는 또 한 가지 흥미로운 부분이 있습니다. 그것은 존 로크는 자연권이란 자신의 소유물, 즉 '생명, 자유, 자산'을 타인의 침해나 공격으로부터 방어하기 위한 권리라고 쓰고 있는데, 「독립선언문」에서는 그것이 '생명, 자유, 행복'으로 바뀌어 있다는 점입니다.

'자산'이 '행복'으로 바꿔 쓰여 있는 겁니다. '자산'은 자산, 그 이상도 이하도 아닙니다. 그런데 그것이 '행복'과 같은 추상어로 바뀌어버린 것은 대체 어떤 사연 때문일까요? 아메리카합중국은 '돈에 그다지 가치를 두지 않는 사회'라는 뜻일까요? 설마요. 「독립선언문」의 기초를 놓은 그룹에는 벤저민 프랭클린도 들어가 있습니다. "시간은 돈이다"라고 한 사람이죠.

그렇다면 미국에서 '자산'은 곧 '행복'의 동의어라고 볼 수 있습니다. 또 '생명, 자유, 행복'에서 파생되는 이차적인 가치이기보다는 오히려 그것들의 토대를 만드는 다른 차원의 개념이라고 해석할 수도 있을 것 같습니다. '돈이 없으면 생명도, 자유도, 행복도 안정적으로 확보하기 어렵다'는, 어떤 의미로는 인간의 본성과도 통하는 사고방식이 「독립선언문」에 제시되어 있다고 할 수도 있습니다.

어쨌든 미국은 그 성립 시점에 개인의 자연권을 최대화하여 정부는 가능한 한 개인에게 간섭하지 말아야 한다는 이데올로기를 선포한 것입니다. 오늘날의 미국식 글로벌리즘은 아무래도 이 출발점에 귀착하는 것이 아닌가 싶습니다. '사적 이익을 최대화하기 위해서는 사권을 제한해야 한다'는 발상이 미국이라는 나라와는 잘 맞지 않는 거겠지요. 예컨대 중동지역에 관해서 말하자면, 미국이 자국의 이익을 우선하는 것이 아니라 다소 사익을 희생하더라도 UN 결

의를 기다린다든가 국제 여론 합의에 시간을 들인다든가 하는 선택
을 하면 결과적으로 중동 정치 안정에 더 효과적으로 기여할 것이
분명함에도 불구하고 미국 정부는 그런 선택을 하지 않습니다. 그
것은 중동의 정치적 안정보다 미국의 이데올로기를 관철하는 것이
우선순위가 높은 목표임을 의미합니다. 사권 행사를 자제하면 국익
이 증대한다는 것을 알고 있음에도 미국은 그런 전략을 채택할 수
가 없습니다. 당면한 국익보다 건국 이념을 우선하고 있는 겁니다.
이 이야기를 하면 길어지니까 다시 앞의 이야기로 돌아가겠습니다.

'남의 입장에서 생각하기'라는
논리의 위험성

로크나 홉스의 근대
시민사회론은 '시민은 현명하다'는 전제하에서만 성립할 수 있습니
다. "자연권을 마음대로 누리는 것보다 사권을 제한하여 코먼웰스
에 권한을 위임하는 것이 사적 이익의 최대화에 도움이 된다. 그러
니 인간은 이기적일수록 윤리적으로 행동할 것이다"라는 것이 홉스
와 로크의 논리였습니다. 이것은 이론으로는 아주 정합적이지만 현
실과는 맞지 않습니다.

그것은 그들 사상의 근본에 '다른 사람의 입장에 서보면 결국 모
두 서로를 이해할 수 있다'는 매우 이상주의적인 인간관이 있기 때
문입니다. "나는 '사적 이익을 최대화하고 싶다'고 생각한다. 당연

히 모두 다 그렇게 생각할 것이다. 이렇게 생각하는 사람들이 모여서 공동체를 만들면 사리사욕의 추구와 공공의 복지는 아주 잘 맞아떨어질 것이다." 이렇게 생각한 거죠. 하지만 '자신과 타자는 동질적이다'라는 상정 그 자체에 추리의 오류가 있습니다. 모든 사람이 동질적이라는 것을 인간은 견딜 수가 없습니다. 차이가 있어야 운동이 일어날 수 있습니다. 따라서 차이를 원하는 것은 인간의 본성입니다.

'모든 시민은 본질적으로 같다. 모두가 서로를 공감하고 이해할 수 있다'고 전제하면 모두가 같은 사회집단에 속하여 동일한 가치 판단, 가치 기준으로 움직이게 됩니다. 그렇게 되면 인간 한 사람 한 사람의 가치를 정하는 기준도 똑같아집니다. 그것은 아주 위험한 사상이라고 저는 생각합니다.

'인간은 모두 똑같아서 비슷하게 생각하고, 비슷하게 욕망하고, 비슷하게 행동하고, 비슷하게 계산하며, 비슷한 것을 가치로 삼고, 비슷한 것에 아름다움을 느낀다'고 하면서 '공감과 이해의 공동체'를 이상형으로 상정해버리는 것이 코먼웰스 이론의 한계입니다. 여기에 '다른 사람의 입장에 서서 생각한다'는 논리의 위험이 있는 겁니다. 어떤 사람에 대해서도 '이해할 수 있다'는 말이 됩니다. 모두가 서로 "네 마음 잘 알아" "알았어, 알았어" 하며 이해할 수 있다고 생각하는 거죠. 그러면 자신과 다른 가치관을 가진 사람, 자신과 다른 척도로 세상 일을 재고 있는 사람, 자신과 다른 단위로 세계를 보고 있는 사람을 이해하지 못하게 되고 맙니다.

'다른 인간'이 아니라
'뒤떨어진 인간'으로 만드는

18세기의 근대 유럽 인들은 아직 '미개인'에 대해서는 이념적인 것밖에 몰랐습니다. 하지만 19세기 들어서 인류학이라는 학문이 등장하고 아프리카나 아시아에서 자기들과는 다른 이질적인 문화를 만나게 됩니다. 거기서 근대 시민사회론은 중단되고 맙니다. 모두가 똑같이 이해하고 서로 공감하는 사회라는 것이 시민사회론의 전제였는데, 눈앞에 등장한 아시아와 아프리카의 '미개인'들은 그들의 이해와 공감과는 동떨어져 있었기 때문입니다.

그럴 때에는 두 가지 선택지가 있습니다. 하나는 '이들은 인간이 아니다'라며 인간의 범주에서 배제하는 것이고, 또 하나는 '우리와 다른 인간'으로 인정하는 것입니다. 하지만 유럽인들은 아시아인과 아프리카인을 인간 범주에서 배제하지도 않고, 그렇다고 '우리와 다른 인간'으로 인정하지도 않고, '낮은 발달단계에 있는 인간'으로 규정했습니다.

사회진화론의 창시자로 일컬어지는 허버트 스펜서Herbert Spencer 는 아시아와 아프리카의 인간은 "아직 개화되지 않은 사람이며 곧 문명의 은혜를 받게 되면 유럽인처럼 될 것"이라고 말했습니다. 미개하지만 외계인은 아니라는 거죠. 자신들과 같은 범주에 속하는 같은 인간이지만 수준이 아주 낮다고 설명을 한 겁니다.

이러한 관점은 인간 개념을 넓게 잡은 포용력 있는 사상처럼 보이지만, 꼭 그렇다고 할 수도 없습니다. 이런 발상을 하는 사람들은 자기들과 '다른 인간'을 인정하지 않기 때문입니다. 만약에 자신들과 다르게 생각하고 느끼는 인간이 있다고 해도, '다른 인간'이 아니라 같은 범주에 속하는 '뒤떨어진 인간'으로 분류해버리기 때문입니다.

그렇기 때문에 당시의 인류학자들은 아주 진지하게 '미개인=유아' 이론을 입증하려고 했습니다. "아프리카 미개인의 신체적 특징은 유럽의 아이들이 가진 신체 특징과 유사하다"거나 또는 "파푸아뉴기니 사람들의 손과 발 길이는 같은데, 이것은 네 발로 달렸던 사족수四足獸의 흔적이다" 같은 주장을 했습니다. 모든 인간을 연속적인 진화 과정 속에 배치시키려고 한 점에서는 휴머니스트라고 할 수 있지만, 자기들보다 열등한 존재로 처리했다는 점에서는 꼭 그렇다고 볼 수 없는 겁니다.

이것이 유럽의 자문화중심주의입니다. "자문화중심주의는 자신들과 다른 것을 배제하고 잘라버리는 문화다"라고 흔히 말하는데, 엄밀히 말해 잘라버리는 것은 아닙니다. "그런 건 필요 없어"라고 한다면 그나마 괜찮습니다. 그게 아니라 '이미 아는 것'의 영역으로 끌어와 자신들의 문화적 서열 안에 열등성, 유아성, 미개성이라는 낙인을 찍고 배치해버리는 겁니다.

"열등인, 유아, 미개인인 만큼 그들을 교화하고 훈육해서 '자기들처럼' 만드는 것이 문명인의 책무다"라는 생각이 여기서 나옵니다. "모든 인간은 날 때부터 평등하다"라고 소리 높여 선언하는 근대 휴머니즘은 그렇게 해서 자신들과 다른 문화를 가진 인간들을 '평등'한 존재로 만들기 위해 교화 훈육의 대상으로 삼아버린 겁니다.

'선의의 사람'에게는
'차이'가 보이지 않는다

근대 시민사회론이 최종적으로 다다른 지점은 틀림없이 미합중국입니다. 자신들의 가치관(그것이 문명의 도달점으로 규정되어 있습니다)을 전 세계에 두루 나눠주고, 모든 인간적 활동을 '아메리칸 글로벌 스탠다드'라는 척도에 따라 순위를 매긴다는 발상이 바로 그것입니다. 납득하지 못하는 사람들에게는 '우리의 방식을 알려주마' 하며 선의로 교화시키고 훈육하려고 세계 각국을 찾아갑니다.

전후 60년 동안 미국이 폭격한 나라가 30개국이라고 합니다. 미군의 군사작전에 의한 사망자는 민간인을 포함해 한국전쟁에서 550만 명, 베트남전쟁에서 200만 명입니다. 1차 세계대전 사망자가 1,300만 명이니 거의 세계대전 수준에 이릅니다. 과거 60년 동안, 미국은 거의 해마다 지구상 어딘가에서 전쟁을 벌여왔습니다. 최근에도 소말리아, 유고슬라비아, 아프가니스탄, 이라크에 군대를 파견했죠.

미국의 이러한 세계 전략의 근본 바탕에 있는 것은 '선의'일 것입니다. 전 세계에 민주주의와 자유주의 경제를 건설하는 것을 바라

소통의 회로를 여는 소통

고 있겠지요. 그런데 이 '선의'는 '자신들과 다른 인간'이 존재한다는 것을 인정하지 않는 데서 비롯되고 있는 것입니다.

미국이라는 나라는 다문화 사회라고 하지만 결코 다문화가 아닙니다. 단일문화입니다. 히스패닉, 아프리칸, 차이니즈, 재패니즈, 코리안, 이렇게 다양한 이민자들이 들어와 있고, 문화적 배경도, 인종도, 종교도, 미의식도 전혀 다른 그룹들이 혼재하고 있지만 이 다양한 그룹들이 그래도 '생명과 자유와 행복을 추구할 권리에 있어서는 평등하다'라고 규정하고 있기 때문입니다.

실리콘밸리에서 사업을 하고 있는 친구가 이렇게 말했습니다. "미국이라는 사회에는 인간을 재는 단위가 하나밖에 없어. 그건 달러야. 이만큼 서로 다른 인간들이 북적거리고 있는 이상, 모두가 공유할 수 있는 심플한 가치는 그것밖에 없는 거야."

인간의 가치를 연소득으로 매긴다는, 이 지극히 심플한 원리로 어떤 종류의 평등성이 보장되고 있는 것만은 틀림없을 겁니다. 실제로 그것을 통해 다문화의 공생이 가능해진 거니까요. "특정 민족 집단에 속해 있는 사람들이 아무리 고유한 민족성을 주장하더라도 상관없어요. 다른 언어를 쓰고, 다른 종교를 가지고, 다른 옷을 입어도 상관없어요. 하지만 '연소득으로 사람이 계층화된다'는 것과 '성공하는 것이 좋은 일이다'라는 것에 대해서는 모두 동의해주세요. 이 원칙에 동의한 사람만 미국 시민으로 인정합니다"라는 생각을 미국은 전 세계에 보급하려고 하고 있습니다.

미국 상하원 의원 중에 여권을 가지고 있는 사람이 전체의 14퍼센트라는 보도가 있었습니다. 80퍼센트 이상의 의원은 외국에 나가본 적이 없는 겁니다. 이건 아마도 미국에는 '외국'이라는 발상이 없기 때문이겠죠. United States의 'States' 뜻은 어떤 사전을 찾아봐도 '나라'입니다. '나라'가 50개가 있는 겁니다. 법도 다릅니다. 사형제도가 있는 '나라'도 있고, 마약 소지를 처벌하지 않는 '나라'도 있습니다. 그러한 '나라'들 50개가 합중국이라는 틀 안에서 정연하게 통치되고 있는 것입니다. 미국이라는 존재 그 자체가 '성공한 국제사회'의 모델인 거죠. 그렇다면 이 모델을 전 세계에 적용하려는 것도 당연하겠죠.

'다양한 생각을 가진 사람들이 있지만, 하나의 척도를 적용해서 모두를 계층화시키면 잘 통치될 것이다'라는 것은 미국인 입장에서는 이념이 아니라 현실 경험에서 나온 '상식'인 겁니다. 이것이 19세기 제국주의, 식민지주의의 직접적인 연장선에 있는 미국적 휴머니즘입니다. 이것도 '휴머니즘'인 것은 맞습니다.

공감 불가능성의 선언 _ 니체

이 근대적 휴머니즘에 격렬한 반론을 제기한 것이 니체였습니다. 일전에 요로 다케시 선생의 『바보의 벽バカの壁』이 큰 호평을 받았는데, 제목에서 임팩트가 있었던 표현은 실은 '바보'가 아니라 '벽'이었습니다. '사회에는 넘어갈 수 없는 벽이 있다'는 말이 일본인 독자들의 심금을 울린 거죠. 그것은 글로벌

리즘에 대한 당연한 반동이었습니다. 결코 이해도 공감도 못 하는 타자가 있다는 것을 모두가 느끼기 시작한 시점에서 이것은 어떤 의미에서 건전한 반응이라고 할 수 있습니다.

니체의 사상이 바로 그랬습니다. 니체는 인간과 인간 사이에 있는 '벽'과 '단절'에 대해 목소리 내기를 멈추지 않았던 사상가였습니다. '모든 사람들이 서로 이해하고 공감할 수 있다'는 근대적 휴머니즘에 반대하여 "아니야, 나는 공감 못 하겠어. 대중이 공감할 리가 없어"라고 단언한 겁니다.

다음 문장은 『도덕의 계보』에서 인용한 글인데, 니체는 여기서 '대중은 노예'라고 말합니다. '노예 도덕'이란 타인의 모습을 따라 하며, 타인과 똑같이 행동하고 느끼며, 타인과 공감하는 것을 기뻐하는 심적 경향이라고 말했습니다.

● 노예와 귀족

노예 도덕은 '그 외', '기타', '자기가 아닌 것'을 전적으로 부정한다. 그리고 이 부정이야말로 노예 도덕의 창조적 행위인 것이다. (…) 노예 도덕이 성립하기 위해서는 항상 경계 저편의 바깥 세계가 하나 필요하다. 생리학적으로 말한다면, 일반적으로 행동을 일으키기 위한 외적 자극이 필요하다.[4]

밖에서 가해진 자극에 반응하는 자는 '노예', 자신의 내부에서 솟아나는 충동에 귀를 기울이는 자는 '귀족'이라고 니체는 말합니다.

이들(귀족 또는 기사)은 외부로 향했을 때, 즉 이타異他가 시작되어 이향異鄕이 시작되는 곳에서는 풀어놓은 짐승과 거의 다를 바 없다. 그들은 거기에서 모든 사회적 구속에서 풀려나 자유를 누린다. 그들은 공동체의 평화 속에 오래 갇혀 있음으로써 생긴 긴장에 대한 보상을 황야에서 찾는다. 아마도 살육, 방화, 강간, 고문 같은 끔찍한 짓을 하고 태연하게 돌아와 의기양양해하는 괴물처럼 그들은 (…) 맹수와 같은 순진한 양심으로 돌아간다. (…) 우리는 이러한 모든 귀족 종족의 근본에 있는, 사냥감과 승리를 탐욕스레 쫓는 금발의 야수를 인정할 수밖에 없다. (…) 야수는 다시 풀어놓아야 한다. 다시 황야로 돌아가야 한다.[5]

'모든 인간은 평등하다'는 사상에 대해 니체는 명확하게 "그것은 아니다. 지배하는 자와 지배를 당하는 자는 분명하게 구별되어 있고, 그 사이에는 전혀 공감할 수 없는 크레바스가 있다"고 한 것입니다.

이 말은 어떤 의미로는 맞는 말입니다. '크레바스가 있다'는 것은 '계층 차는 절대적'이라는 것을 의미합니다. '아래 계층 사람들은 절대로 위로 올라갈 수 없다.' 여기서 니체는 '거리距離의 파토스pathos'라는 관념을 이끌어냅니다. 그것은 자기보다 열등한 것을 혐오하고 경멸하는 것을 통해 자기 자신의 고상함을 확보하고자 하는 열정에 사로잡힌 정신입니다. 이상한 비유 같지만, 구토를 하면서 구토를 로켓의 추진력으로 삼아 하늘로 날아오르는 모습이 니체가 그리는 '초인'의 이미지인 것 같습니다.

● 초인과 오물

세상은 많은 오물을 생산한다. 거기까지는 진실이다. 그러나 그렇다고 해서 세상 자체가 거대한 오물은 아니다. 많은 사상들이 악취를 풍기고 있다. 이 사실 안에 지혜가 숨어 있다. 구역질이 날개를 만들며 샘을 구하는 힘을 낳는다.[6]

이것은 니체의 교묘한 논리입니다. 자신과 다른 인간들에 대한 혐오감으로 자기들의 문명을 순화하고 높이는 겁니다. 이 논리는 어느 정도까지는 앞뒤가 맞는 말입니다. 니체가 말한 것처럼, 위선적이고 비굴하며 이기적이고 '모두와 함께' 우왕좌왕하는 대중의 모습이 추악해 보이고 참을 수가 없다는 마음은 저도 이해할 수 있습니다. 하지만 니체의 마음이 '내게도 잘 이해가 된다'는 것이 문제입니다.

니체가 『선악의 저편』이나 『차라투스트라는 이렇게 말했다』를 썼을 당시에는 그런 말을 하는 사람이 니체밖에 없었습니다. 그러므로 이것은 통렬한 문명비평일 수 있었습니다. 책이 전혀 팔리지 않아 니체 자신은 실의에 빠져 죽어갔지만 이론적으로는 비평성을 유지할 수 있었지요. 하지만 곧 저처럼 '니체의 마음을 잘 이해할 수 있다'는 독자들이 속속 등장합니다. 니체를 읽고 "오, 좋은 말이네" 하며 심취하는 사람들이 점점 늘어나기 시작했습니다. 자신의 주변을 돌아보며 "이 인간들이 최악의 대중이군" 하며 구역질을 느끼는 '초인'들이 우르르 탄생했습니다. 초인들이 사회구성원의 지배적인 층을 형성하는 아이러니한 일이 벌어졌습니다.

그렇게 해서 나치 시대에 니체의 대중혐오 사상은 초인 이데올로기로까지 나아갔습니다. '저열한 인종(예를 들어 유대인이나 슬라브인, 집시)'에 대한 혐오감이나 구역질을 발판으로 삼아 인격적인 향상을 도모하는 사람들이 늘어나면 어떤 일이 생기는지, 그 참담한 결과는 여러분이 잘 알고 계실 겁니다.

니체투성이 사회

우리 사회는 실제로 니체가 예언한 대로 대중사회가 되었습니다. 다만 한 가지만 니체의 예언이 안 맞았습니다. 그것은 대중 자체가 '니체주의자'가 되어버린 '니체주의적 대중사회'가 되었다는 것입니다. 설마 니체도 자신이 말한 '대중 멸시'의 사상이 이렇게나 대중들에게 '먹힐' 거라고는 예상하지 못했을 겁니다.

'대중은 대중을 혐오한다.' 이것이 '니체주의적 대중사회'의 뚜렷한 특징입니다. 이는 텔레비전 오락 프로그램을 보면 알 수 있습니다. 그런 프로그램을 마음 깊숙이 즐기면서 보는 사람은 없을 겁니다. 다들 텔레비전을 보면서 화를 내고 있죠. "멍청한 인간들, 참 시시한 짓을 하고 있네"라고 화를 내면서 봅니다.

하지만 오락 프로그램이란 그것을 보고 '시시하다'며 그 프로그램을 멸시하는 시청자를 대상으로 만들어진 것이라는 사실은 모르고 있는 듯합니다. "일본 방송들은 참 어처구니가 없군. 이런 걸 보는 놈은 바보 멍청이들이지"라고 하는 바로 '당신'을 위해 만들어진 프로그램이라는 것을 본인은 모르고 있다는 말입니다. 타임머신을 타고 니체가 지금 일본에 왔다면 정말 놀랄 것입니다. "그런 이야기를 하는 게 아니었어"라고 할지도 모릅니다.

19세기에는 그런 생각을 하는 사람이 니체밖에 없었습니다. 그래서 하나의 사상으로, 비평성도 있고 사상사적인 필요성도 있었습니다. 하지만 일정 정도 이상의 사람들이 니체의 사상을 받아들이고 그것을 실천하게 되면 니체 사상의 의미는 그가 거기에 담았던 것과는 전혀 다른 것으로 변하고 맙니다.

모든 사회이론에 대해서도 적용할 수 있는 말입니다. 누군가가 비평성 높은 새로운 사회이론을 내놓았다고 합시다. 그 이론이 날카롭고 내용이 좋다면 곧바로 모두가 모방을 시작합니다. 곧 그 사회이론이 '정설'이 되어 교과서에 채택되고 인용될 무렵에는 그 이론이 가지고 있었던 비평성은 이미 사라지고 없습니다. 그런 것입니다.

마르크스주의도 페미니즘도 탈식민주의도 문화연구도 예외는 아닙니다. 그 이론 안에 무언가 결정적인 결함이 내재되어 있어서가 아닙니다. 어떤 이론의 비평성은 그 이론의 신봉자가 적다는 사실로 보장되는 것입니다. 그러니까 그 이론이 수용되고 그것을 '정치적으로 옳은' 생각이라고 학교에서 가르치게 될 때쯤 되면, 그것은 거기까지라고 봐야 합니다.

아무리 합리성이 있고 비평성이 있더라도 사회이론에는 반드시 '유통기한'이 있습니다. 언젠가 '유통기한'이 지나면 끝입니다. 초역사적으로 보편타당한 사회이론 따위는 존재하지 않는다는 겁니다.

동료이지만 이해할 수 없는, 적이지만 공생하는

윤리도 같은 문제를 안고 있습니다. '초역사적으로 보편타당한 윤리'라는 것을 상정하면 그 윤리는 반드시 비윤리적으로 기능하기 시작할 것입니다. 똑같은 윤리 규정이라도 합리적이고 실효성이 있는 장면과 그렇지 않은 장면이 있습니다. 조건이 바뀌는 어딘가에서 '다시 쓰기'를 해야 합니다. 이 '끊임없는 다시 쓰기'라는 수고가 마지막 선에서 윤리의 윤리성을 보장한다고 저는 생각합니다.

하지만 이는 단순한 도덕적 아나키즘이 아닙니다. "보편타당한 윤리란 없으므로 인간은 하고 싶은 것을 뭐든 해도 된다"고 주장하는 것이 아닙니다. "보편타당한 윤리 규정은 존재하지 않지만 그렇다고 무엇이든 해도 되는 것은 아니다." 이것이 윤리적인 생각이라는 겁니다.

성격이 급한 사람은 뭐든 빨리 단정 지으려 합니다. "공동체를 이루는 상대가 이해하고 공감할 수 있는 동료인지, 아니면 이해도 공감도할 수 없는 적인지 분명히 해 달라"고 합니다. '동료이면서 적이다'라는 타자에 대한 양의적인 정의, 즉 '동료이지만 이해할 수 없고, 적이지만 공생한다'는 20세기에 들어 생겨난 새로운 개념이라고 생각합니다.

19세기까지의 사회이론은 심플했습니다. 이웃사랑의 사상은 "당신의 이웃은 그 사람 입장에 서서 잘 생각해보면 이해도 공감도 할 수 있는 당신의 동료다"라고 가르쳤습니다. 하지만 20세기의 이웃사랑은 그와 다릅니다. "아무리 상상력을 발휘해도 당신은 옆에 있는 사람을 이해할 수 없다. 하지만 바로 그 사람이 당신의 이웃이다. 그 이웃을 받아들여라." 이렇게 가르치는 것이 20세기 이후의 이웃사랑입니다.

이해도 공감도 할 수 없는 이웃과 어떻게 소통하면 되는지, 그것에 대해서는 아무도 가르쳐주지 않습니다. 소통이 불가능한 상대와의 소통 방법에 대해 일반적인 답이 있을 리가 없습니다.

"이렇게 하면 다른 사람들과 반드시 잘 지낼 것입니다"라고 말할 수 있는 타자와의 소통 또는 만남의 윤리 규정은 존재하지 않습니다. 존재하지 않는다기보다는 있어서는 안 되는 겁니다. 그런 것을 상정하는 순간, 윤리는 바로 비윤리적인 것으로 떨어지고 맙니다. 누구에게나 타당하고 어떤 상황에도 적용 가능한 '보편적으로 올바른, 타자를 대하는 법' 따위는 존재하지 않습니다. 오히려 그런 것은 존재하지 않는다는 것을 아는 사람에게만 비로소 타자와 만나는 기회가 찾아옵니다.

적과 함께 살다 _ 오르테가

"어떤 장면에서 일관성이 있고 타당하며 옳은 이론이라 하더라도 일정 수 이상 사람들이 채용하거나 상황이 바뀌면 옳지 않게 될 수 있습니다. 따라서 이론의 유통기한, 소비기한, 지역 한정, 기간 한정에 대한 절도 있는 감각을 가집시다." 지금까지 말씀드린 것은 이런 이야기였습니다.

20세기 들어 제국주의와 식민지주의 경험에서 어쨌든 자기 판단의 보편성을 과대평가하지 않도록 '절도'를 지켜야 한다는 사고방식이 생겨났습니다. 이러한 절도를 대표하는 사상가가 『대중의 반역La rebelión de las masas』이라는 책을 쓴, (제가 경애하는) 호세 오르테가Jose Ortega y Gasset입니다.

오르테가가 저 책을 쓴 1930년대는 유럽에서 노동자의 사회적 지위가 급속도로 향상된 시대입니다. 1936년에 프랑스에서는 레옹 블룸 인민전선 내각이 수립되어 이때부터 '바캉스'라는 관습이 시작되었습니다. 그리하여 노동자들은 그들의 부모 세대는 본 적도 없었던 바다나 산을 찾게 되었습니다. 귀족인 오르테가는 지중해에 있는 멋진 호텔에서 느긋하게 해수욕도 하고 책도 읽으면서 지적 대화를 즐겼는데, 거기에 유럽 곳곳에서 궁상맞은 노동자들이 줄줄이 찾아왔고, 부르주아들이 독점했던 호텔과 레스토랑, 아름다운 바다를 더럽히기 시작했습니다.

"가난뱅이들이 그 더러운 신발을 신은 채 남의 영역에 침입하고서는…" 하는 식으로 그들을 혐오하는 감정은 니체와 통하는 것이지만, '귀족의 특권적인 쾌락을 노동자들까지 모방하게 된 것이 귀족인 자신으로서는 몹시 불쾌하다'고 솔직하게 말한 다음, '하지만 이는 인정할 수밖에 없는 것'이라고 결론을 내렸다는 점에서 저는 오르테가를 높이 평가합니다. "불쾌한 이웃이 등장하여 저로서는 몹시 불쾌하지만 이 불쾌한 이웃을 배제한다면 나는 이미 인간이 아니다"라고 생각한 거죠. 이것이 오르테가의 대단한 면이라고 생각합니다.

다음 인용문은 오르테가가 『대중의 반역』에서 마치 자기 자신을 설득하듯 이해하기 쉽게 차근차근 설명하고 있는 글입니다.

● 약한 적과의 공존

문명이란 무엇보다도 먼저 공동생활에 대한 의지다. 타인을 고려하지 않을수록 비문명적이고 야만적이다. 야만이란 분해를 향한 방향성이다. 그렇기 때문에 모든 야만의 시대는 인간이 분열하는 시대이며, 서로 분리되어 적의를 가진 소집단들이 만연하는 시대라 할 수 있다. (…) 자유주의는 최고로 관대한 제도다. 왜냐하면 그것은 다수파가 소수파에 대해 인정하는 권리이기 때문이며, 그렇기 때문에 지구상에 울려 퍼진 가장 고귀한 외침이다. 그것은 적, 그중에서도 가장 약한 적과도 공존하는 결의를 선언한다. (…) 적과 함께 살기! 반대자와 함께 통치하기![7]

이 말은 "적은 당신 옆에 있다. 그것은 약한 적이다. 약한 적은 당신의 이웃이며, 당신은 그 사람을 박해하거나 배제하거나 그 사람의 권리를 빼앗을 수 있다. 하지만 결코 그렇게 해서는 안 된다"라고 한 20세기 첫 번째 언명이었습니다. 그전까지는 "적은 없다. 모든 이웃은 당신의 동포다"라는 관념적인 휴머니즘이거나 "적은 죽여라"라는 냉혹한 리얼리즘, 이 두 가지밖에 없었습니다.

"당신의 이웃에 그가 있음으로 해서 당신의 쾌락이 방해받고 있다. 당신의 자기실현이 방해받고 있다. 그럼에도 불구하고 당신의 권리, 생명, 재산을 위협하는 그 약한 적과 공생하라. 그 사람이 당신의 쾌락을 좀먹고 당신의 자기실현을 방해할 권리를 당신이 지켜주라."

이것은 기독교적인 이웃사랑과 비슷한 것 같지만 사실은 전혀 다릅니다. 기독교의 이웃사랑은 그 근본에 최종적으로 모든 인간은 신의 품 안에서 똑같다는, 균질적인 공생집단이라는 보장이 있습니다. 오르테가는 균질성의 보장이 없는 곳에서 그래도 공생하라고 가르쳤다는 점에서 기독교의 이웃사랑과 다릅니다.

타자란 나와 '기준'을 공유하지 않는 자 _ 레비나스

레비나스의 윤리학은 오르테가의 타자론과 깊은 지점에서 서로 공명한다고 생각합니다. "당신 앞에 있는 타자는 당신과 같은 인간이 아닙니다. 그러니까 감정이입으로 '그 사람의 마음이 될' 수는 없습니다. 그 사람은 당신을 힘들게 만들거나 당신의 권리를 빼앗거나 당신의 자유를 제한하거나, 때로는 당신의 생명과 재산을 위협할 수도 있습니다. 하지만 그 사람과 어떻게든 잘 지내세요. 잘 타협하세요. 만약에 그 타인이 사악한 사람이라 하더라도 그 사람을 '근절'시키고 이 세상에서 '최종적인 해결'을 보려고 해선 안 됩니다. 인간은 사악한 것들과도 어떻게든 잘 타협할 수 있습니다. 지력을 총동원해서 그 사람과 공생할 수 있는 방법을 찾으세요."

이것이 20세기 타자론의 기본적인 메시지라고 저는 생각합니다. 레비나스의 '타자'에 대한 정의는 간단히 '나와 기준을 공유하지 않는 자'라고 정의할 수 있다고 봅니다. 어떤 것을 잴 때 나와 다른 잣대를 가진 인간, 경계선을 나와 공유하지 않는 자가 타자입니다. "나는 어른이고 너는 아이다", "나는 문명인이고 너는 미개인이다"라고 할 때는 계층이 있습니다. 즉, 나와 타자 사이에 경계선이 있는 겁니다. 그리고 '경계선이 있다'는 것은 '이어지고 있음'을 뜻합니다. 경계선이라는 것은 경계를 접한 것들 사이에만 존재하니까요. '독일과 프랑스 사이의 경계선'은 있지만 '일본과 프랑스 사이의 국경'은 존재하지 않습니다.

타자와 나 사이에는 '경계선이 없다'라고 레비나스는 말합니다. 타자와 나는 연결되어 있지 않습니다. '하나의 틀로 규정할 수 없으면 그들은 서로 타자다.' 레비나스는 그렇게 말합니다. 그럼에도 불구하고 그런 타자와 소통을 해야 합니다. 여기서 이야기가 굉장히 어려워집니다.

일본의 레비나스 연구자들은 여기서 좀처럼 앞으로 나아가기가 힘듭니다. 왜냐하면 그 앞은 '언어가 통하지 않는' 영역이기 때문입니다. 신체성 수준의 이야기이기 때문입니다.

소통의 회로를 여는 소통

레비나스는 신체 수준에서 일어나는 일을 말로 표현하려고 합니다. 그래서 그처럼 두서가 없는 문장이 되는 겁니다. 그것을 머리로 읽는 것은 무리입니다. 아무리 철학사 지식이 있어도, 논리적 사고에 숙달되어 있어도, 신체성 수준에서 일어나는 일을 언어적 중추로 이해한다는 것은 무리입니다.

애초부터 여기서 문제가 되는 것은 '말이 안 통하는 인간들 사이의 소통'입니다. 메시지를 주고받고 공감하거나 어떤 종류의 합의에 도달할 수 있는 관계를 상정하는 것이 아닙니다. 대화자 사이에 공통된 것이 없다는 전제하의 소통입니다. 인간이 만들어낸 다양한 소통 도구 중 아무것도 사용할 수 없다는 조건에서, 그래도 소통이 가능한지 그 것을 레비나스는 묻고 있는 것입니다.

이러한 소통을 레비나스는 '소통의 소통'이라고 불렀습니다. 소통의 자물쇠를 열기 위한 소통, 소통을 시작하여 소통의 회로를 열기 위한 소통입니다. 그것을 위해서는 '나는 여기에 있고, 당신의 목소리에 귀를 기울이고 있다'는 메시지가 어떻게든 전달되면 됩니다. 일단 그것만 전달되면 어떻게든 됩니다. 그것은 언어 수준의 이야기가 아닙니다. 레비나스는 이 어려운 문제를 '말함le Dire'과 '말해진 것le Dit'이라는 형태로 언어활동을 이중화함으로써 해결하고자 합니다.

제가 어떤 이야기를 할 때, 그 말은 일본어의 어휘와 문법에 잘 맞아야 합니다. 상대에게 통할지 어떨지 이전에 스스로 무슨 말을 하고 있는지를 모르면 말이 안 되니까요. 그래서 일단 저는 일본어로 말이 되는 문장을 말합니다. 하지만 제가 정말로 하고 싶은 이야기는 말로 표현할 수 없습니다. 왜냐면 자기 스스로도 자신이 무슨 말을 하고 싶은지 잘 모르기 때문입니다. 그렇지 않나요? 우리는 열심히 말하면서 자신이 무슨 말을 하고 싶은지를 찾아내고자 합니다. 우리는 자신의 입에서 나오는 말을 들으면서 스스로 무엇을 생각하고 있었는지를 사후적으로 알게 되는 방식으로 말을 하고 있으니까요.

하지만 그렇게 입 밖으로 꺼낸 말들은 항상 '지나치게 말하거나 또는 말이 부족하거나' 둘 중 하나이며, '정말로 말하고 싶은 것'을 과부족 없이 딱 맞게 표현하는 경우는 없습니다. 그것은 절대로 일어나지 않는 일입니다. 그래서 '내가 정말로 하고 싶은 말'이라는 것은 사실 '말'로 표현할 수 없는 겁니다. '말로 표현할 수 없는' 것이지만 '말을 끌어당기는 것'이죠. 자석이 철을 끌어당기듯이 말을 불러오는 '자기장'과 같은 것이 있고, 그것이 우리의 언어활동을 가동시키고 있는 겁니다.

이 언어활동을 가동시키는 '자기장'은 언어 수준에는 없습니다. 언어보다 '한 단계 전' 수준에 있습니다. 제가 지금 이 말을 하고 있을 때, 제 몸속에서 무언가가 지금 활발하게 운동하고 있는데, 그 운동 자체는 언어로 바꿀 수 없는 것이죠.

이전에 재미있는 경험을 한 적이 있습니다. 오사카에 있는 준쿠도라는 서점에서 강연을 했는데, 그때도 평소처럼 생각나는 대로 이것저것 이야기하고 있었습니다. 그런데 제가 '핵심적인 한마디'를 하려고 할 때, 열심히 듣고 있던 청중들이 일제히 펜을 들고 메모를 하기 시작한 겁니다. 제가 멋있게 '핵심적인 한마디'를 한 다음에 "아아, 좋은 말을 들었다. 이건 메모해 둬야겠다"고 한다면 이해가 갑니다. 그런데 그게 아니에요. 제가 아직 그 문장을 끝까지 말하지도 않았는데 여기저기서 거의 동시에 손이 움직이기 시작하는 겁니다. 제가 무슨 말을 할지 아직 모르는 단계에서 메모가 시작되는 거예요.

이것은 들은 이야기의 내용을 이해하고 나서 '이건 흥미로운 내용이니까 적어두자'는 식의 이지적인 행위가 아니죠. 제가 핵심적인 이야기를 하기도 전에 이미 제 안에서 무언가가 활발하게 운동하기 시작한 낌새를 청중이 느낀 것입니다. 말하고 있는 제 스스로가 '아, 뭔가 이 문장은 멋있게 끝맺을 것 같다'고 느껴서 기분이 고양되자 청중이 저의 그 기분에 반응하고 있는 것이죠.

아마 그렇게 메모한 분들이 그 메모를 집에 가서 다시 꺼내 읽지는 않을 겁니다. 쓰레기통에 버리고 말겠죠. 그래도 괜찮습니다. 메모 내용에 의미가 있는 것은 아니니까요. 그분들은 제가 보낸 비언어적인 신호에 반응해서 "방금 당신이 보낸 신호를 수신했습니다"라는 신호를 펜을 드는 동작으로 다시 보내주고 있었던 거니까요. 그러니까 메모지에는 낙서를 해도 상관없습니다. 그 사람이 펜을 움직이고 있다는 것만으로도 '수신했음'이라는 메시지가 제게 전달되니까요.

여기서 일어나고 있는 일은 언어 수준의 소통이 아닙니다. 언어의 '한 단계 전'인 전前언어 수준의 소통입니다. "송수신이 성립되고 있습니다"라는 콜사인 같은 겁니다. 흔히 "당신이 무엇을 전하고 싶은지 말로 딱 부러지게 표현해보세요"라고 하지만, 소통은 애초부터 말로 제대로 할 수 있는 것이 아니라는 말입니다.

죽은 자와도 이야기를 나눈다

윤리를 말할 때 누구나 같은 것을 말하는데, 주로 '생명, 자유, 행복'입니다. 이 중에서도 첫 번째로 오는 것은 생명입니다. 자유가 침해된 상황은 상상이 갑니다. 돈이 떨어진 상태도 상상할 수 있습니다. 행복이 없어진 상태도 상상이 가능하죠. 주변 사람의 사례를 본 적도 있고, 스스로 경험할 때도 있습니다. 하지만 생명이 없어진 상태는 감정이입이 안 됩니다. 그것은 무리겠죠. 죽은 상태니까요.

모든 윤리의 제1조는 '생명을 빼앗으면 안 된다'입니다. 생명을 빼앗기면 '어떤 기분이 들지'를 알 수 없는데도 말이죠. 인간 사회가 만든 모든 사회규범은 죽음의 고통, 죽은 후의 심정을 실감하는 일 없이는 어떤 것도 규정할 수 없게 되어 있는 겁니다.

이것은 신기한 일입니다. 아무리 생각해봐도 죽은 자와 공감 또는 소통을 하거나 죽은 자의 체감을 추체험할 수 있을 리가 없습니다. 하지만 인간사회의 도덕, 윤리는 그 '결코 할 수 없는 죽은 자의 체감에 공감하는 일'을 기반으로 하고 있습니다.

그런데 어떻게 말인가요? 죽은 자로부터 "죽으면 이런 기분이 들어"라는 언어 메시지가 오는 것도 아닙니다. 죽은 자로부터 비언어적 체감이 전달되는 것도 아닙니다. 이미 죽었으니까 목소리도 없고 심장 고동 소리도 들리지 않고, 열을 발산하지도 않습니다. 그럼에도 우리는 죽은 인간으로부터 메시지를 받고 있는 겁니다. 그 메시지를 듣는다는 전제가 없으면 인간 사회는 성립되지 않습니다. '윤리의 기반이 되는 것은 최종적으로 죽은 자와도 소통할 수 있는 인간의 본질적인 능력과 관련이 있다' 그렇게 말할 수 있을 것 같습니다.

타자란 죽은 자를 말합니다. 인간은 죽은 자와도 이야기를 나눌 수 있습니다. 그것은 언어 수준이 아니며 신체감각 수준도 아닙니다. 그보다 한층 더 깊은 곳에 있는 회로에서 일어나고 있는 일입니다.

'인간은 죽은 자와 소통할 수 있는 존재다', 또는 '죽은 자와 소통할 수 있다고 스스로 생각하는 생물을 인간이라 부른다'라고 정의할 수 있습니다.

아시다시피 유인원과 인류가 나뉘게 된 지표 중 하나는 '장례를 치른다'는 것입니다. 4만 년쯤 전에 '죽음의 의례'를 시작하면서 인간은 유인원에서 인간으로 진화했습니다. 그렇다면 인간을 '장례를 치르는 자'라고 정의할 수 있는 것이죠. 장례를 치른다는 것은 '죽은 자는 사물이 아니'라는 뜻입니다. 죽은 자는 죽어 '있는' 형태로 거기에 '있는' 겁니다.

우리가 맞닥뜨릴 수 있는 가장 극적인 비윤리적 상황은 자신이 눈앞에 있는 누군가의 목을 조르면서 막 죽이려고 하는 상황이겠죠. 그때 우리는 "살인하지 말라"는 말을 듣습니다. 하지만 그것은 언어가 아닙니다. 그것은 죽어가는 사람의 '너머'에서 오는 메시지라고 생각합니다. 죽은 자에게서 오는 메시지, 죽어가는 자에게서 오는 메시지, 즉 '다잉 메시지'를 알아듣는 능력이야말로 인간이 가진 인간성의 토대가 되는 근본적인 능력이라고 생각합니다.

이 내용을 다음에는 '죽음의 의례' 이야기로 이어서 생각해보고자 합니다.

5
죽은 자의 메시지를 듣는다

인간에게는 교환이라는 행위 그 자체에 강한 희열을
느끼는 능력이 갖추어져 있습니다. 그 능력이야말로
인간의 인간다움을 가능케 하는 거라고 저는 생각합니다.

요즘 줄곧 유령에 대해 생각하고 있습니다. 저는 대학교수이고 좀 별나긴 하지만 학자이기도 해서 이야기를 과학적으로 해야만 하는 입장입니다. 하지만 개인적으로는 '현대의 과학기술로는 설명할 수 없는 것들도 있을 수 있지'라고 생각하는 편입니다. 그래서 사람들이 여러 가지 이상한 경험담을 들려줘도 '아, 그런 일이 있을 수도 있겠네' 하며 귀를 기울이는 것이 저의 기본적인 자세입니다.

하지만 이를 두고 '우치다 씨는 오컬트를 좋아하니까'라는 식으로 뭉뚱그려서 말해버리면 곤란합니다. 과학과 신비주의의 이원론적 대립, 또는 학자와 신비주의자의 대립이라 치부해버리면 누구에게도 전혀 도움이 되지 않을 거라 생각합니다. 그러므로 오늘은 서로 부정하지 말고 '조금은 생산적인 논의의 장으로 들어오시라'고 제안을 드리고 싶습니다.

모두가 유령 이야기를 하고 있다

저는 개인적으로, 진지한 얼굴을 하고 있는 학자라도 알게 모르게 초자연 현상에 대해 연구를 하고 있지 않을까 생각합니다. 철학적으로 심원한 이야기를 하는 것처럼 보이지만, 때로는 학술적인 말과 개념으로 실은 유령 이야기를 하는 사람들이 꽤 많다고 이전부터 의심하고 있는 편입니다.

이를 테면 후설Husserl이라는 사람은 '현상학'이라는 대단히 엄밀한 철학의 기초를 놓은 사람이지만, 그가 말한 '타아他我'라는 것도 결국 유령을 포함하고 있는 게 아닐까 하는 느낌이 듭니다. 저한테는 말이죠. 후설의 '타아'가 무엇인지를 논하자면 이야기가 길어지겠지만, 상당히 중요한 문제여서 간단히 한마디만 하겠습니다.

내 눈앞에 집이 한 채 있다고 합시다. 나는 지금 이 집의 앞면을 보고 있습니다. 그런데 옆으로 돌아가면 집의 측면이 있겠죠. 그리고 좀 더 돌아가면 집의 뒷면도 있을 거라고 나는 확신하고 있습니다. 실제로는 보고 있지 않지만 확신하고 있는 거죠. 어떻게 그럴 수 있냐면, 그렇게 집을 돌아가서 옆모습과 뒷모습을 보고 있는 '가상의 나'를 상정하는 것이 가능하기 때문입니다.

그 '가상의 나'는 '지금 집 앞에 서서 현관을 바라보고 있는 나'가 아니라 상상적인 변양태의 존재입니다. 그런 가상의 존재가 집의 옆과 뒤, 집 안과 하늘에도 이론적으로는 무수히 있고, 그들이 제출한 집에 대한 관찰 보고서를 종합한 뒤 '내가 지금 보고 있는 것은 이 집의 앞면이다'라는 판단을 내리고 있는 셈입니다. 측면과 후면, 지붕 안쪽과 실내가 '있다'는 것을 확신하지 못한다면 자신이 지금 보고 있는 것이 '집의 앞면'임을 확신할 수 없습니다. 말하자면, 내가 어떤 대상을 인식할 때는 그때마다 이미 이 '무수한 나의 변양태들'(이것을 후설은 '타아'라고 부릅니다)이 참여하고 있는 셈입니다. 여기까지는 이해가 되시죠.

그런데 여기서 유령 이야기가 나옵니다. 이것은 후설이 던진 가상 질문입니다만, '만약 페스트가 창궐하여 당신만 남겨두고 세상의 모든 사람들이 죽는다면 세계는 어떻게 될까' 하는 겁니다. 이때 당신은 '세상이 존재한다'는 사실에 대한 확신이 흔들릴까요? 이를테면 눈앞에 있는 집을 보고 '이것은 정말 집일까' 하는 식으로 의심을 품나요?

그러지 않죠. 그런 의심을 품지 않습니다. 세상에 당신 혼자만 남아도 '세상이 존재한다'는 당신의 확신은 흔들리지 않을 겁니다. 그러면 그 세계의 최후의 생존자인 당신이 죽은 뒤에는 세상이 어떻게 될까요? 물론 계속 존재하면서 이어지겠지요(그때는 나도 당신도 이 세상에 없으므로 어디까지나 상상이겠지만).

그런데 이상한 생각이 들지 않습니까? 세계가 존재한다는 것을 당신에게 보증해준 것이 당신의 변양태라는 '타아'들이었습니다. 하지만 앞에서 말한 것처럼 이것은 사실적으로 존재할 필요는 없습니다. 이 타아들은 당신을 기본 모델로 한 변양태들이지만 원래 오리지널인 당신이 죽어도 그 타아의 기능에는 별다른 변화가 없습니다. 그 타아들은 이제 그것을 필요로 하는 사람이 사라진 뒤에도 '세계의 존재에 대한 확신'을 언제까지나 보증하고 있는 셈이 됩니다. 당신이 죽은 뒤에도 당신의 변양태는 계속 살아 있다고 할 수 있습니다.

후설의 현상학이라는 것은 (이렇게 말해도 좋다면) 현실적으로 존재하지 않는 인간의 기능에 대한 고찰입니다. 그러므로 나는 후설의 현상학을 '유령학'이라 부를 수도 있지 않을까 생각합니다. 이런 제 생각에 동의하는 철학자는 일본에 아마도 세 사람 정도뿐이겠지만.

하이데거의 존재론도 뭔가 독일의 대지에 뿌리를 내린 조상의 영 또는 정신 같은 것에 얽혀 있지 않나 싶습니다. 하이데거 이야기는 나중에 다시 하겠습니다. 융은 훨씬 정직한 사람이어서 자신은 몇백 년 전의 누군가가 모습을 바꿔 태어난 사람이라는 이야기를 자서전에 써놓기도 했지요. 융이 학자로서 오늘날 신뢰를 덜 얻는 이유 중 하나는 이러한 이야기를 솔직하게 써버렸기 때문일 것입니다.

융과 같은 전례가 있기 때문에 철학자들도 유령에 대해서는 매우 신중해집니다. 그래서 겉으로는 학술적으로 인정된 논법으로 이야기를 하지만, 실제로는 그러한 논법으로 학술 세계에서는 금기시되고 있는 문제, 통상적으로는 논할 수 없는 문제를 다루려고 하는 경우도 있지 않나 싶습니다.

죽은 자의 이야기를 직접 논해서는 안 된다고 하는 내부 규칙을 모두들 표면적으로는 지키고 있습니다. 표면적으로는 결코 유령 이야기 따위는 하지 않지요. 하지만 아는 사람은 알아들을 수 있게 쓰고 있습니다. 모르는 사람에게는 읽히지 않는 거지요. 보통의 철학적인 논의나 추상적인 논의라고 생각하고 읽는 사람에게는 읽히지 않지만, '이것은 귀신 이야기가 아닌가' 하고 생각하며 읽는 사람에게는 확실히 그렇게도 읽힙니다. 이렇게 이중적인 의미로 쓰고 있는 것이 아닌가 하는 기분이 듭니다.

'그들'이란 죽은 자를 말한다

제가 '이 사람은 유령 이야기를 하고 있군' 하고 확신을 갖고 말할 수 있는 사람은 자크 라캉입니다. 라캉의 문장은 읽어내기가 어려울 정도로 난해해서, 읽기 시작해서 몇 페이지 넘기지 못하고 던져버린 사람이 상당히 많을 거라고 생각합니다. 그런데 왜 그렇게 난해할까요?

난해한 데는 그만한 이유가 있습니다. '어떤 것'에 대해 말하지 않는 방식으로 썼기 때문입니다. 그 문제에 가까워지면 슬쩍 우회해서 다른 것을 말합니다. 절대로 그것에 다가가지 않으면서 그 주변을 빙빙 돕니다. '알아들을 사람은 알아들어라'라는 식으로 글을 씁니다. 그래서 이렇게 난해한 것이라고 저는 생각합니다.

그런데 슈나이더맨Schneiderman이라는 사람이 쓴 『자크 라캉, 지적 영웅의 죽음』이라는 책에 언젠가 라캉이 세미나에서 한 이런 말이 기록되어 있습니다. "내가 이렇게 이해하기 힘들게 쓰는 것은 내가 알기 쉽게 말하는 것을 '그들'이 허락하지 않기 때문이다."

이 말을 처음 들었을 때 슈나이더맨은 '그들'이란 프랑스의 권력이나 학회, 논단, 사회통념에 의한 검열 같은 것을 가리키는 거라고 생각했다고 합니다. 하지만 한참 지나서는 그것이 아니라는 데 생각이 미쳤답니다. 라캉이 '그들'이라고 표현한 것은 '죽은 자'를 말하는 것이 아닐까 하는 생각이 들었다는 겁니다.

이 이야기는 여기서 뚝 끝나버립니다만, 이 대목을 읽을 때 오래 전부터 품고 있던 의문들이 문득 떠올랐습니다. '그런가, 모두 그 이야기를 하고 있는 건가' 하고. 물론 유령에 대해 대놓고 이야기하는 사람도 있습니다. 무라카미 하루키村上春樹나 아사다 지로浅田次郎도 줄곧 유령 이야기만 하고 있지요. 그런데 그것은 문학 작품이니까 허용되는 것이고, 적어도 학술 연구에서는 '죽은 자가 다가온다'는 식의 표현을 태연히 입에 올리는 일은 허락되지 않습니다. 그러므로 '알아들을 사람은 알아들으시오' 하는 식으로 쓰는 것입니다.

아마도 20세기 이후, 서구 사회에서 '죽은 자의 절박함'이라는 주제에 대해 말하는 사람들은 대체로 이중적인 의미로 쓰고 있습니다. 표층적으로는 학술 논문이나 비평의 형식을 취하고 있지만, 키워드를 다른 의미로 읽으면 그대로 '귀신' 이야기가 됩니다.

왜 그렇게 되는가 하면, 어떤 의미에서는 '유령 이야기를 하는 존재'가 인간이라는 존재에 대한 궁극적인 정의이기 때문입니다. 유령이야기를 하는 존재는 인간밖에 없습니다. 원숭이에게는 유령이 존재하지 않습니다. 죽은 자가 떠난 뒤에 죽은 자가 존재하는 기분을 느끼거나 죽은 자의 목소리가 들린다거나 하는 건 인간뿐입니다. 인간이 다른 영장류와 나뉘는 지점이 바로 이 지점입니다.

매장을 시작하면서
인간은 인간이 되었다

요로 다케시 선생과 사이토 이와네齊藤磐根 선생이 쓴 『뇌와 묘脳と墓』라는 책에 '사람을 애도한다'는 것에 대한 기술을 제 이야기의 도입부로 공유하고자 합니다.

● 매장의 기원

매장을 최초로 행한 것은 네안데르탈인이다. 물론 그보다 앞선 직립원인 시대에 간단한 매장 풍습이 있었다는 설도 있지만, 명백한 매장으로 간주할 수 있는 유적이 발견되지는 않았다. 네안데르탈인은 중기 구석기 시대(10만 년 전)부터 후기 구석기 시대의 초기(3만 년 전)에 걸쳐 존재한 인류의 조상이다. 네안데르탈인도 처음부터 매장을 하지는 않았을 것이고, 7만 년 전쯤부터 매장을 하기 시작한 것으로 보인다. 그 이전에는 사체를 유기하거나 먹었던 것으로 추정된다. (…) 세계의 모든 인류는 무릇 사회를 형성하기 시작하면서부터 반드시 매장을 행하고 있다.[1]

'사체를 먹는다'는 것은 상당히 개연성이 높은 이야기인 것 같습니다. 구석기 시대 유적을 발굴해보면 두개골에 사각 구멍이 있는 경우가 많습니다. 여러 학설이 있긴 하지만, 아무래도 뇌를 먹었던 것으로 추측됩니다. 인간의 신체는 손에 넣기 쉬운 고단백 식품이었을 것입니다. 식인 풍습은 상당히 오래전부터 있었다는 것이 정설인 듯합니다.

지금부터 10만 년쯤 전까지 사체는 유기되거나 다른 동물의 사체처럼 먹을거리로 처리되었습니다. 그리고 5만 년 전부터, 즉 인간이 언어를 사용하고, 친족을 구성하고, 종교가 일어나고, 분업이 시작되고, 계급이 생겨나는 등 오늘날 인간 사회의 기원이 되는 제도들이 만들어졌던 시기에 인류는 매장이라는 행위를 하기 시작했습니다.

인간이 '인간'이 되었다는 결정적인 지표는 언어의 사용도, 친족제도의 성립도, 분업의 발생도 아니고, 사실은 매장을 시작했다는 것입니다. 저는 그렇게 생각합니다. 주검을 매장한다는 것은 대체 무엇일까요? 인간 이외의 영장류는 매장을 하지 않습니다. 유전자로 볼 때 인간과 가장 가까운 동물인 침팬지와 인간이 나뉜 시점이 150만 년 전으로 추정되는데, 침팬지는 매장을 하지 않습니다. 동료의 사체를 그대로 유기해버립니다.

어미 원숭이가 새끼에게 젖을 먹이던 중에 새끼 원숭이가 죽어도 어미는 그 사실을 알지 못한 채 계속 새끼를 기르려고 하는 모습을 보이곤 합니다. 다만 어느 단계에 이르면 물리적으로 새끼의 신체가 부패하기 시작하므로 그때 어미 원숭이는 새끼를 쓰레기처럼 버리고 맙니다. 내다 버린 새끼에 대해 두 번 다시 관심을 보이지 않습니다.

인간 이외의 동물에게 '죽은 자'는 기본적으로 사물입니다. 자신의 동류가 죽어 사체가 되어 놓여 있으면 그것은 그들에게 낙엽이나 매미의 벗은 허물과 같습니다. 생명이 사라진 유기물이 거기에 있을 뿐입니다. 개미는 다른 생물이 아직 살아 있는데도 사체로 여기고 거기에 알을 낳기도 하지요. 독수리나 하이에나는 죽어가고 있는 동물에게 다가가 아직 살아 있는 동안에 살을 뜯어 먹기도 합니다.

죽은 자가 '있다'라고
말할 수 있는 까닭

그렇다면 매장을 하기 시작했다는 것은 무엇을 의미할까요? 여기서부터 저의 생각이 폭주합니다. 그것은 세계를 '생'과 '사'라는 두 카테고리로 나눌 때 그 중간에 '어디에도 속하지 않는 카테고리'를 만들었다는 데 그 의미가 있는 것이 아닌가 생각합니다. '생체'와 '사체' 사이에 '사자死者'라는, 어디에도 속하지 않는 제3의 카테고리를 만든 것입니다. 조금 억지일 수 있지만, 그러한 가설을 세우고 이야기를 풀어보겠습니다.

'사자가 있다'라는 말을 우리는 아무렇지 않게 씁니다. 이를테면 2차 세계대전에서 5천 5백만 명의 사망자가 '있다'고 말합니다. 그런데 '사자가 있다'고 하는 표현은 아무래도 이상합니다. 이 세상에 '존재하지 않기' 때문에 '사자'인데 말이죠. 하지만 인간은 존재하지 않는 죽은 자를 '있다'는 동사로 이야기합니다. 존재하지 않는 것에 대해 '있다'고 표현하는 유일한 생물이 인간이라고 생각합니다.

'있지만 있지 않다', '있지 않지만 있다'라는 이 양의성, A이면서 또한 A가 아닌 것, 어디에도 속하지 않는 것, 이름을 붙일 수 없는 것, 카테고리로 분류할 수 없는 것, 뭔지 알 수 없는 것에 이름을 붙이고 '이런 것이 일단 있는 것으로 한다'는 식의 특별한 가정이 가능한 것이 인간 지성의 뛰어난 특징입니다.

동물이나 기계는 눈앞에 있는 물체를 반드시 자신이 이미 알고 있는 뭔가와 같은 것으로 놓고 바라봅니다. '이것은 무엇이군' 하고 말이죠. 기존의 카테고리에 잘 들어맞지 않는 것이라도 억지로 어딘가에 끼워 맞춰서 라벨을 붙입니다.

라캉이 이런 예를 들고 있습니다. 달밤에 배를 타고 있을 때 어두운 바다 한가운데 뭔가가 떠 있는 것을 봤는데 무엇인지 잘 알 수 없었습니다. 그러자 항해사는 항해일지에 "몇 월 며칠, 몇 시 몇 분, 북위 몇 도, 동경 몇 도 위치에 '뭔지 잘 알 수 없는 것' 발견"이라고 썼습니다. '의미를 알 수 없는 것'은 의미가 없는 그대로 그냥 매달아놓습니다.

'그냥 매달아놓는다'는 것은 인간의 지성만이 할 수 있는 것입니다. 동물은 이런 게 안 됩니다. 동물은 바다에 떠 있는 것을 자신이 알고 있는 '뭔가'에 견주어 판단합니다. 같은 것으로 판단되면 그렇게 취급하고, 그렇지 않은 것이면 무시하여 시야에서도 기억에서도 지워버립니다. 이미 알고 있는 뭔가와 같은 것으로 간주할 수 없는 것을 시야에 그대로 둔 채로 기억해두고 상상 속에서 재생하는 일은 다른 동물에게는 가능하지 않습니다.

이를테면 오늘 제가 말하고 있는 것을 IC 레코드에 녹음을 해두고 나중에 컴퓨터에 연결해서 녹취 프로그램으로 문자로 출력한다고 해보죠. 저는 말이 빠르고 이야기하는 내용이 어디로 튈지 모르므로 기계는 제 이야기를 따라갈 수 없을 것입니다. 그런데 기계는 '여기서는 무슨 말을 하는지 알 수 없습니다' 하는 식으로는 결코 대응하지 않습니다. 녹음된 소리는 전부 어떻게든 문자로 바꿔놓습니다. 뜻이 통하지 않아도 일단 어떤 문자로 치환해버립니다.

그런데 인간은 그럴 경우 '뭔가 말하고는 있지만 잘 알아들을 수 없는' 대목은 '괄호 처리를 하는' 식으로 해두고는, 마지막까지 강연을 다 들은 뒤에 이야기의 전체 흐름을 이해하게 되었을 때 '아하, 그 말이 이런 뜻이었구나' 하고 납득하고는 빈칸으로 처리해두었던 곳으로 되돌아가서 거기에 문자를 써넣는 일이 가능합니다.

이러한 일은 '뭔지 잘 알지 못하는 것이 거기에 있다'고 하는 지적 조작을 할 수 있을 때만 가능한 일입니다. 그리고 그렇게 할 수 있는 것은 인간뿐입니다.

장례는
끝이 아니라 중간이다

이 '매달아놓기'라는 것이
아마 장례의 본래 의미가 아닐까 싶습니다. 그 적당한 예를 소개하
겠습니다. 피터 메트칼프Peter Metcalf와 헌팅턴Richard Huntington이 쓴
『죽음의 의례Celebrations of Death: The Anthropology of Mortuary Ritual』
라는 고전적인 연구서에 소개된 사례입니다. 로베르 에르츠Robert
Hertz라는 인류학자가 연구한 보르네오의 2차 매장에 대해 언급한
곳에 이런 구절이 있습니다.

● 2차 매장

에르츠가 논한 것은 죽음을 순간적인 일로 보려고 하지 않는 사회이다.
(…) 이 지역의 많은 종족들이 '죽어야만 하는 운명에 있는 자가 이미 살
아 있지 않지만 최종적으로 죽지도 않은' 시기에 대한 생각을 가지고 있
다. 에르츠는 이것을 '사이의 기간'이라 부른다. 이 기간의 끝에 '대규모
제의'가 열리고, 사자의 유해를 다시 파서는 의례를 거쳐 새로운 장지로
옮긴다. (…) '사이의 기간'에는 사체가 부패해 냄새가 나고 사자의 영혼
도 깃들 곳을 찾지 못해 사람에겐 위협의 대상이 된다. 아직 사자의 사회
로 들어가지 못하고 인간의 삶터 주위에서 비참하게 살고 있기 때문이
다. 영혼은 화를 참지 못한 채 악의를 품고, 살아 있는 인간을 병들게 만
들기도 한다. 그 적의를 달래기 위해서는 정성들여 규칙을 지키는 것이
필요하다.[2]

여기서 주목해야 할 것은 '사이의 기간'이라는 말입니다. 일반적으로 장례식이란 그 사람을 망자의 세계로 떠나보내는 의례, 봉인을 하거나 뭔가에 결착시키는 의례라고 생각하기 쉬운데 저는 다르게 생각합니다. 장례라는 것은 실은 '시작은 했지만 아직 끝나지 않은' 어떤 종류의 '미완료성'에 오히려 의미가 있는 것이 아닌가 생각합니다.

보르네오에서는 죽은 뒤에 어떤 장소에 시신을 두고 몇 개월이 지난 뒤 2차 장례를 치릅니다. 그때 그 기간에 죽은 사람의 사체를 전부 모아서 태우고 대연회를 엽니다. 생물적으로 죽고 나서부터 의례적으로 죽기까지 몇 주 혹은 몇 달이 지나는데, 그 기간 동안 사자는 '죽었지만 죽지 않은' 상태에 있게 됩니다.

생각해보면 우리가 하고 있는 장례도 그렇습니다. '죽은 자를 결정적으로 피안으로 떠나보내는' 의식이라기보다는 오히려 '쉽사리 떠나지 않게 하기 위한 의례'가 아닌가 하는 느낌이 드는 것입니다. 7일장 또는 49재라는 법요가 있습니다. '49일'이라는 것은 불교의 개념으로, 사자가 '죽었지만 죽지 않은 상태'의 기간입니다. 불교 용어로는 '중유'라는 것입니다. 이 기간이 49일간 계속되다가 49일째에 법요가 베풀어져 무사히 불제자가 되어 성불을 하는 것입니다. 왜 죽은 후에 곧바로 성불하지 않는가, 왜 곧장 죽음의 의례를 완료하지 않고 이렇게 연장할 필요가 있는 것인가… 이상하다고 생각하지 않습니까?

집에서 가족 중 누군가가 죽으면 의사가 와서 "몇 시 몇 분에 임종하셨습니다" 하고 알립니다. 그러면 유족들은 부랴부랴 달력을 보면서 "내일은 흉일이라 안 되겠군. 그럼 고별식은 하루 미뤄야겠네" 하는 식의 의논을 합니다. 장례에 관해서는 '앞당기기'가 없습니다. "내일은 흉일이니 오늘 당장 고별식을 하자" 같은 식은 결코 안 됩니다. 장례에 관해서는 모두 '유예하기'를 합니다.

최근에는 한참 경과하고 나서야 "밀장은 친지들끼리 치뤘습니다" 하고 '고별식'을 하는 장례 스타일이 유행처럼 번지고 있습니다. 이런 경우, 밀장 단계에서 연락을 받지 않은 친구나 지인 입장에서 보면 '고별식' 안내를 받은 날까지 사자는 여전히 '죽지 않고' 있는 셈입니다. '고별식'이라는 것은 그야말로 2차 장례라서 일본의 장례는 점점 '보르네오화'하고 있는 건지도 모릅니다.

어쨌든 장례에 관한 한, 살아 있는 자는 있는 힘을 다해 '죽은 자가 완전히 죽을 때'까지의 기간을 더 늘리려 애를 씁니다. 그렇게 제도라는 것이 만들어집니다. 장례의 본질은 로베르 에르츠가 말한 것처럼 '사이'에 있는 것이 아닐까 합니다.

장례는 죽은 자를 봉인하고 경계선 밖으로 배제하는 의례가 아니라 오히려 그 전 단계로서 '죽은 자는 완전히 죽을 때까지는 죽은 게 아니고', '죽은 자가 완전히 배제되기 전에는 배제하지 않는다'는 것을 강제하는 데 장례의 본질이 있는 게 아닐까 합니다. 인간이 살아 있는 세계와 절대 다가가거나 만질 수 없는 세계 사이에는 인간의 세계에는 속해 있지 않지만 인간의 세계에 가까운, '인간이 다가갈 수 있을 것 같기도 하고 없을 것 같기도 한 모호한 영역'에 죽은 자가 있습니다. 그런 '중간 상태 그 자체'를 주제로 삼아 의식화하기 위한 장치로서 장례라는 것이 존재하는 것이 아닐까… 그런 생각이 듭니다.

장례는 '미디엄medium', 즉 '중간', '매개', '미디어'가 아닐까요? 무엇과 무엇의 중간이 있어 그 두 가지를 매개하는 것, 이것이 장례의 인류학적 기능이 아닐까요. 중간이 없으면 커뮤니케이션은 성립할 수 없으니까요.

중간 영역은 양의적이다

'배제하다'라는 말을 우리는 곧잘 쓰고 있지만 잘 음미해보면 상당히 난해한 말입니다. '배제할' 때 우리는 사실상 배제하고 있지 않기 때문입니다. 뭔가를 배제한다고 하는 것은 배제함으로써 오히려 거기에 '있도록 한다'는 이중적인 조작을 하는 것을 의미하기 때문입니다.

우리가 배제하는 것은 실은 '있기를 바라는' 것입니다. '밖으로 쫓겨난 것'이라는 자격으로 '거기에 있는' 것이 필요합니다. 존재하지 않는다는 형태로 존재하는 것이지요. '부정당하는' 형식으로 거기에 머무는 겁니다. 박해나 배제는 본래 그러한 것입니다.

이는 앞에서 말한 니체의 '초인' 개념의 모순에 전형적으로 나타납니다. 니체의 초인 개념은 실체가 있는 것이 아닙니다. 초인이라는 존재는 '인간이 원숭이로 보이는 정도의 경지'를 일컫습니다. 인간이 너무 어리석어서 보고 있자면 구토가 나올 지경이어서 어떻게 든 인간에게서 떨어져서 더 높은 곳으로 올라가려고 하는, '자기를 넘어서려는' 운동성을 니체는 초인이라 부릅니다.

그런데 초인이 존재하기 위해서는 초인이 구토를 느끼고 거기서 멀리 달아나고자 간절히 바라는, 어리석고도 추한 존재가 계속 필요합니다. 초인의 향상심에 에너지를 주입하기 위해서는 '원숭이와 다름없는 인간'이 시야에서 완전히 사라져버리면 곤란합니다. 그러므로 초인은 그 인격적 부력을 얻기 위해 '인간'더러 "저쪽으로 가버려!" 하면서 발로 차서 날려버리지만 그렇게 날려버려야 할 인간이 발아래 있어주지 않으면 한 걸음도 앞으로 나아갈 수 없는 '공의존' 관계에 묶여버리고 마는 것입니다.

'박해'나 '배제'는 본질적으로 그처럼 이치에 맞지 않는 것입니다. '우리들의 세계에 존재하지 않았으면 하는 것'이라는 카테고리에 의미를 부여하기 위해서는 '우리들의 세계에서 사라졌으면 하는 것'을 자신들의 세계에서 '배제하면서 잡아두는' 식으로 확보하지 않으면 안 됩니다. 인간은 '정말로 존재하든 말든 상관 없는 것'을 박해하지 않습니다. 그런 것은 아예 안중에도 없지요. 애초에 의식하지도 않습니다.

인간이 장례에 관한 여러 가지 복잡한 규칙을 만든 것은 이 중간 영역, 무엇인가를 '배제하면서 잡아두는 회색 지역, 이도저도 아닌 중간 영역'을 유지하기 위해서가 아닐까… 저는 그렇게 생각합니다.

그렇다면 이 중간 영역은 어떤 기능을 할까요? 핵심은 '중간 영역은 양의적'이라는 겁니다. '죽었지만 죽지 않았다'는 것처럼 두 개의 상반되는 것이 동시에 거기에 존재하는 것 같은 애매한 상태로, 두 개의 대립적인 요소가 같은 것 안에 혼재해 있습니다.

이것에 대해 프로이트는 『토템과 터부Totem und Tabu』라는 독특한 '사자론'에서 예리한 분석을 하고 있습니다. 프로이트가 착안한 것은 '어떤 경우든 우리에게 너무 당연하게 보이는 것을 의심하는 데서 시작한다'는 것입니다. 망자에 대한 프로이트의 의구심은 '가깝고 서로 사랑해온 사람이 죽은 뒤에 인간은 그 망자가 가져올 재앙을 두려워한다'는 사실에 주목합니다. 죽은 뒤, 망자가 가족에게 돌아와 재앙을 안겨준다는 신앙은 전 세계 대부분의 사회집단에 있습니다. 그러므로 망자가 가져올 재앙을 막기 위해 사람들은 장례를 치르는 것이라고 인류학은 설명하고 있습니다. 하지만 이 설명에는 모순이 있습니다. 좀 이상하지 않나요? 조금 전까지 가까웠던 사람이 죽으면 왜 갑자기 악한 존재가 될까요?

할리우드의 공포영화가 그렇습니다. '좀비'는 바로 조금 전까지만 해도 자식이나 동료, 연인이던 사람입니다. 그런 사람들이 좀비가 되는 순간 우리를 습격해옵니다. 우리는 그 장면을 보면서 키득키득 웃지만, 생각해보면 매우 이상한 행동이라고 생각되지 않나요? 이 지점에서 프로이트는 이렇게 통찰력 있는 이야기를 들려줍니다.

● 자책과 악령

아내가 남편을 사별한 경우, 딸이 어머니를 여읜 경우, 뒤에 남겨진 자는

자신의 부주의나 태만으로 인해 사랑하는 사람이 죽은 게 아닌가 하는
통렬한 의혹을 품게 되는데, 이를 '강박 자책'이라 부른다. 이런 의혹에
사로잡히는 일이 종종 일어난다. (…) 강박 자책을 느껴야만 할 정도로
상을 당한 사람이 죽은 사람에 대해 책임이 있다거나 실제로 태만했던
것은 아니지만, 역시 상을 당한 사람의 마음속에 뭔가가 있는 것이다. 그
것은 그 자신도 의식하지 못했던 '바람'이다. 그 무의식적인 바람은 죽음
을 불만으로 여기지 않으며, 할 수만 있다면 죽음을 재촉하려 했을지도
모른다는 것이다. 이러한 무의식적인 원망에 대한 반작용으로 사랑하는
사람이 죽은 뒤에 자책감이 나타난다.[3]

프로이트는 이처럼 우리의 상식을 뒤집어놓습니다. 사랑하는 사
람이 죽었을 때 우리가 비탄에 잠기는 것은 실은 그의 죽음을 무의
식 속에서 바라고 있었기 때문이라는 것입니다. 필사적으로 간병하
고 애정을 쏟아 부어 돌봤음에도 불구하고 그 사람의 마음속 깊은
곳에는 그의 죽음을 바라는 마음이 있었다는 것이 강박 자책이 되
어 돌아온다는 말입니다.

충분히 확증된 우리의 가설을 기초로 본다면 사자에 대한 감정은 두 가
지 감정, 곧 애정과 적의로 분열되어 있는데, 사별 시에는 이 두 감정이 함
께 나타난다. 한편으로는 애도의 심정으로, 다른 한편으로는 만족감으
로. 이 두 감정 간에 갈등이 일어나지 않는 것은 아니다. (…) 유속은 사
자와 인연이 끊어지는 것을 기뻐하지 않는다. 아니, 그보다 사자를 애도

한다. 그런데 이상하게도 사자는 사악한 귀신이 되어 우리가 불행에 휘둘리면 만족해하고 또 우리를 죽음에 이르게 한다. (…) 내적 압박으로 시달리는 대신 바깥에서 호되게 야단을 맞기로 한 것이다.[4]

자기가 자신을 나무란다는 자책에는 한계가 있어, 어느 단계에 이르면 몸도 마음도 그 무게를 견디지 못하게 됩니다. 그래서 자책을 바깥 세계에 투사하여 '자신을 나무라고 있는 자기'가 나뉘어져 별개의 인격이 됩니다. 부모의 죽음을 바라고 있었던 무의식적인 욕망을 자책하는 자신이 별개의 인격으로 분리된 것, 그것이 '악령'이라는 겁니다. 다음 이야기도 프로이트가 들려주는 말입니다.

● 악마와 조상의 영혼

분트Wundt는 말한다. "세계 각지의 신화에서 악마의 작용으로 간주되는 것 중, 가장 압도적인 것은 해를 입히는 작용이다. 따라서 여러 민족의 신앙에서 나쁜 쪽의 악마가 선의의 악마보다 더 오래되었다." 여기서 일반적으로 악마라는 개념이 죽은 자와 매우 가까운 관계로부터 도출되었으리라고 보는 것은 꽤 그럴듯한 이야기다. 이 관계에 내재하는 양가 감정은 이후 인류의 발전 과정에서 같은 근원에서 두 가지 완전히 상반된 심리 형태가 만들어졌다는 데서도 드러난다. 그 하나는 악마나 유령에 대한 공포이고, 또 하나는 조상 숭배다. (…) 처음엔 악마라고 두려워했던 영혼이 이제는 착한 사명을 띠게 되면서 조상으로 섬김을 받거나 도움을 구하는 목소리에 불러내어지기도 한다.[5]

아시다시피 일본의 '신사神社'는 덕이 있었던 사람만을 모시는 건 아닙니다. 제신祭神의 대부분은 악귀와 같은 종류들입니다. 이를테면 스가와라노 미치자네菅原道眞는 다자이후太宰府에서 헤이안쿄平安京를 멸망시키겠다고 원을 남기고 횡사했기 때문에 그 '재앙'을 두려워한 사람들이 텐진사마天神樣를 모신 겁니다. 다이라노 마사카도平将門도 그렇죠. 마사카도는 역사상 거의 최고의 역신逆臣이지만, 그를 모시는 신사가 간다신사神田神社를 비롯해 일본 각지에 많이 있습니다.

　일본의 신사들에서 모시는 신앙 대상은 대부분 사람들에게 '재앙'을 초래하는 존재들입니다. 신사나 불각은 원래 사악한 것, 재앙을 초래할 만한 것을 진압하기 위한 장치니까요. 자신들에게 재앙을 가져오는 것을 숭배 대상으로 모셔놓고는 개인적인 이익과 행복을 위해서 도리어 그런 악령을 불러내어 공리적으로 이용하려고 하는 것입니다. 생각해보면 연초에 텐진사마에게 가서 대학 합격기원을 하는 행위 같은 것은 사실 말도 안 되는 짓이라고 할 수 있죠. 기원의 대상이 나쁜 귀신인데 말이죠.

망자라는 모순, 망자라는 유보

　　　　　　　　　　보시다시피 우리가 영령과 사자에게 부여하고 있는 기본적인 성격 규정은 모순되어 있습니다. 사랑하는 친지가 좀비가 되어 습격해오는가 하면, 위험하기 짝이 없는 악령을 신앙의 대상으로 받들어 모시기도 합니다. 이러한 모순이 있을 때 '모순되어 있어 기분이 나쁘므로 어느 쪽으로든 정리해서 이야기를 간단하게 하자'라는 식으로 생각해서는 안 됩니다. 이항 대립이 있을 때는 '무엇과 무엇이 대립하고 있는가'가 아니라 '어떤 식으로 대립하고 있는지' 그 역동적인 구조를 보아야 한다는 것이 구조주의의 가르침입니다. 중요한 것은 대립하는 두 개를 하나의 개념 안으로 밀어넣음으로써 거기서 구조적으로 발생하는 불안정이 어떤 사회적 기능을 하고 있는지를 보는 것입니다.

인간의 지성은 범주화할 수 없는 것을 '범주화할 수 없는 것'으로 잠정적으로 범주화해서 '참고 견디는' 것이 가능합니다. 지성이란 바로 그러한 능력을 갖추는 것이라고 앞서 말씀드렸습니다. 왜 그렇게 하는가 하면 인간은 '범주화할 수 없는 것'에 대해 가장 진지하게 생각하기 때문입니다.

인간이라는 존재는 확실히 이해해서 끝난 문제에 대해서는 더 이상 생각하지 않습니다. 인간이 사고하는 것은 언제나 '정리되지 않은 문제'에 대한 것뿐입니다. 우리는 중요한 것을 '정리되지 않은 문제'라는 카테고리로 분류합니다. 그럼으로써 끊임없이 그것을 의식의 전면에 놓아두려고 합니다. 마치 하다 만 일을 컴퓨터 데스크탑의 가장 눈에 잘 띄는 곳에 두는 것과 같습니다.

이를테면 제가 여러분의 관심을 끌어서 지적인 긴장을 높이려고 한다면 너무 알기 쉬운 이야기를 해서는 안 됩니다. 무엇을 말하는지 전혀 의미를 알 수 없는 이야기를 해서도 곤란하지만 'A이면서 A

가 아니다' 하는 식으로 모순된 것을 말하면 여러분의 지적 긴장이 쑥 올라갑니다. 인간은 그렇게 프로그램되어 있는 것입니다. 모순된 명제를 보여주면 지성의 활동이 급격히 활성화됩니다.

"여러분은 제 이야기를 잘 이해하고 있군요"라고 말해서는 여러분의 주의를 끌어당기기가 어렵습니다. "여러분은 제 이야기를 전혀 이해하지 못하고 있군요" 하고 도발하면 조금 주의가 높아집니다. 그래도 가장 효과적인 것은 "여러분은 제 이야기를 이해하고 있는 것처럼 보이지만 실은 이해하고 있지 못합니다"라고 말하는 것입니다. 이러한 양의적인 명제는 무시할 수가 없습니다.

요로 다케시 선생은 "인간이 '망자'라는 존재를 개념화할 수 있는 것은 뇌가 크기 때문이다"라고 말하고 있습니다만 진화의 결과 인간이 '사자'라는 개념을 만들어낸 것인지 아니면 '사자'라는 개념을 만들어냈기 때문에 인간이 진화한 것인지 그 순서는 알 수 없습니다. 하지만 '사자'라는 개념을 얻음으로써 인간은 '해결할 수 없는 것'을 생각하는 습관을 갖게 되었고, 그 이후 폭발적인 뇌의 진화가 이루어졌다는 것은 틀림없습니다.

'지성'이란 결론이 나지 않는 것을 인내하는 능력

흔히 유대인은 세계에서 가장 우수한 민족이라고 말해집니다. 그것은 신화가 아니라 통계적으로도 증명되고 있습니다. 전 세계에 62억 명의 사람들이 있는데, 1,500만 명밖에 되지 않는 유대인들이 노벨 의학생리학상의 40퍼센트, 물리학상의 25퍼센트를 받았으니까요. 전체 인류의 1퍼센트도 되지 않는 민족집단이 집중적으로 노벨상을 받았다는 것은 확률적으로는 있을 수 없는 일입니다. 유대인이라는 것은 생물학적 카테고리가 아니므로, 뇌의 구성이 우리와 근본적으로 다를 리는 없습니다. 그렇다면 유대인들이 계승하고 있는 민족문화 안에 '뇌를 활발히 움직이게 하는' 시스템이 장착되어 있는 거라고 생각할 수밖에 없습니다.

유대인과 이야기를 나눠보면 곧 알 수 있습니다. 그들은 '이야기가 끊어지는 것'을 매우 싫어합니다. '유대인은 질문에 질문으로 대답한다'고 곧잘 말해집니다. 상대가 예상할 수 있는 답을 선택하는 일을 결코 하지 않는 지적 습관이 유대인들에게 분명히 계승되고 있습니다. 물음에 대해 "어째서 당신은 그런 질문을 하는가" 하는 형태로, 질문한 사람의 '허를 찌르는' 반문이 돌아옵니다. 그러므로 하나의 안건에 관해 논의가 계속 이어집니다.

유대교 경전 『탈무드』는 율법학자(랍비)들의 대표적인 논의를 채록한 것입니다. 소용돌이 모양으로 구성되어 있는 매우 특이한 책입니다. 한가운데에 '미슈나Mishnah'라는, 기원 후 2세기경에 성립된 오래된 텍스트가 있고, 그 둘레에 '게마라Gemara'라고 하는 5세기 무렵에 편찬된 텍스트가 있습니다. 그리고 또 그 둘레에 역대 해석자들의 텍스트가 배열되어 있는 식으로, 어떤 하나의 주제에 대해 거기에 관한 해석과 논의가 소용돌이 모양으로, 말하자면 '오픈 엔드' 식으로 편집되어 있는 것입니다. 페이지를 넘겨보면 어떤 종교적 주제에 관한 역대 랍비들의 대표적인 해석과 논의를 모두 읽어볼 수 있습니다.

그러므로 『탈무드』는 결코 완결되지 않고 지금도 증보되고 있는 중입니다. 새로운 개정증보판이 나올 때에 그때까지 채록되지 않았던 랍비들의 해석이 채택됩니다. 이를테면 18세기경에 활동한 한 랍비의 해석이 최근에야 추가되었습니다. 논의가 이루어지고 2세기가 지나서야 '이 랍비의 설은 이제 정설로 정착된 것으로 봐도 좋다'고 하는 합의가 유대인 사회 전체에서 성립하면 『탈무드』에 추가되는 것입니다.

『탈무드』는 그런 식으로 증보되고 있는 경전입니다. 보통의 종교 경전은 닫혀 있는데 『탈무드』는 열려 있습니다. 끝없이 나선형으로 확대되고 있습니다. 이것이 유대교라는 종교의 독특한 점입니다. 아마도 유대인은 어렸을 때부터 이러한 사고방식을 훈련하고 있지 않나 싶습니다. 결국 '결론이 나지 않는 것'에 대해 지적 인내력을 기르는 것입니다. '이야기를 단순하게 해서 결론을 내리고 싶은' 욕망을 자제하고, 결론이 나지 않는 것을 감내합니다.

이처럼 '결론이 나지 않는 것을 견디는 능력이야말로 지성'이라고 유대인들은 교육을 받고 있을 것입니다. 그러므로 안이한 결론이 내려지려고 하면 일부러 이야기를 복잡하게 해서 결론을 연기해버립니다. 지적 활동이라는 것은 그러한 것이라고 생각하는 거지요.

나치에 의해 6백만 명에 이르는 유대인들이 학살되었는데 그 작전의 이름이 '최종적 해결'입니다. 결코 '최종적 해결'을 봐서는 안 된다고 가르치는 유대문화를 섬멸하려고 한 작전이 '최종적 해결'이라고 불린 것은 실로 '적절한' 명명이 아닌가 싶습니다.

프로이트도 문제가 결론에 이르러 그것이 상식으로 등재될 즈음이면 "그럴까요? 이런 해석도 있을 수 있지 않을까요?" 하고 말하며 일단 정착하려는 이야기를 휘저어놓곤 했습니다. 그런 식으로 도발하면서 끊임없이 인간의 지성을 활성화시켜 가고자 하는 것입니다. 그러한 호흡을 프로이트는 실로 잘 알고 있습니다. 결코 모든 것을 딱딱 분류하고 정리해서 전체성 속에 가둬버리지 않습니다. 반드시 어딘가에 '문'을 열어두는 것이 필요하다는 것을 프로이트는 알고 있었습니다.

침팬지와 인간의 진화에서 다른 점을 한마디로 말하자면 '사고하는 방식의 차이'라고 생각합니다. '인간은 뇌가 커져서 여러 가지 것들을 생각할 수 있게 되었다'는 식의 설명은 앞뒤가 맞지 않습니다. 그런 것이 아니라 인간은 뇌가 점점 커질 수밖에 없는 방식으로 사고를 해온 것입니다. 혹은 뇌가 점점 커지는 쪽으로 사고하는 법을 언젠가 발견했다고 해야겠지요. 그래서 뇌가 커지는 사고법이란 유대인의 예에서 보듯이, 가능한 한 결론을 내지 않고 언제까지나 논의 안건을 매달아두는 방식인 것 같습니다.

뇌라는 것은 앞에서도 말씀드렸습니다만, 비유적으로 말하면 퍼스널 컴퓨터의 데스크탑 같은 것입니다. 일처리가 끝나면 정보는 파

일로 처리되어 하드 디스크의 어딘가에 저장됩니다. 그리고 특별한 일이 없는 한 이제는 그 파일을 만들었다는 사실조차 우리는 잊어버립니다. 그런데 '처리할 수 없는 일'은 언제까지나 데스크탑 위에 남아 있어서 아침에 일어나 컴퓨터를 켜면 바로 우리 눈에 들어옵니다. '아, 이 일은 아직 끝나지 않았군' 하며 매일 알아차리게 됩니다. 그러한 '미처리 문제'가 점점 늘어나면 데스크탑 용량이 가득 차버려 용량을 늘리지 않으면 안 되게 됩니다. 하는 수 없이 바깥 어딘가에서 쓰고 있던 메모리를 이쪽으로 돌려서 데스크탑의 처리 능력을 높이게 됩니다.

아마도 인간은 '문제에 결론을 내리지 않은 채 매달아두면 데스크탑이 확장된다'는 것을 진화의 어느 단계에서 발견한 것이겠지요. 그리고 그 결정적 계기는 인간이 '죽은 자'라는 개념을 발견했을 때 도래한 것이 아닌가… 저는 그렇게 생각합니다.

침묵교역이라는 궁극의 커뮤니케이션

매장이 시작된 것은 네안데르탈인 말기에 해당하는 약 5만 년 전의 일입니다. 구인류인 네안데르탈인과는 다른 신인류인 크로마뇽인이 출현한 것과 거의 비슷한 시기입니다. 그 교체기에 또 하나의 '어떤 일'이 시작됩니다. 네안데르탈인은 하지 않았고 크로마뇽인만 했던 그 일은 바로 '교환'입니다.

네안데르탈인은 기본적으로 교환을 하지 않고 자신들 주변에 있는 물건만 사용하면서 지냈습니다. 그런데 내륙 지역 크로마뇽인들의 유적에서 해안의 조개껍데기가 발견되곤 합니다. 해안에서 1천 킬로미터나 떨어진 내륙에 조개껍데기가 있을 리 없는데 말입니다. 해안에 살던 크로마뇽인과 내륙에 살던 크로마뇽인이 조개껍데기와 뭔가를 교환하고, 그 조개껍데기를 또 인접한 다른 크로마뇽인과 교환하는 식으로 연쇄적으로 교환이 이루어진 것으로 추정할 수 있습니다.

레비 스트로스는 '인간은 세 가지 수준에서 교환을 한다'고 말합니다. 세 가지 수준의 교환이란 언어의 교환(언어활동), 재화의 교환(경제활동), 여성의 교환(친족조직)을 말합니다. 모든 인간 활동의 본질은 '교환'이라고 레비 스트로스는 『구조인류학Anthropologie Structurale』에서 말하고 있습니다. '인간은 교환하는 존재'라는 것이지요. 그런데 교환이라는 것은 대체 무엇일까요?

교환 행위의 가장 오랜 형식으로 '침묵교역'이 있습니다. 어떤 공동체에도 속하지 않는 곳에 어떤 부족 사람이 뭔가를 가지고 가서 놓아두고 달아납니다. 그러면 다른 부족 사람이 와서는 상대가 사라진 것을 살피고는 그 물건을 가져 가면서 대신 다른 뭔가를 놓아두고 또 달아납니다.

통상의 사회과 교과서에서는 '침묵교역에서 시작해 그 후에 인간은 차츰 언어를 교환하고 실제로 접촉해서 교역을 하는 식으로 되었다'고 서술하고 있지만, 저는 그런 설명은 적절치 않다고 봅니다.

'침묵교역이야말로 교환의 순수한 본질을 보여주고 있다'고 생각하기 때문입니다. 오히려 그 후의 '합리화된' 교환양식 쪽이 침묵교역의 타락한 형태에 지나지 않는 것이 아닐까요?

"산에 사는 사람은 채소가 남아서, 바닷가에 사는 사람은 생선이 남아서 그것을 교환했다"고 사회과 교과서에는 쓰여 있지만, 그런 일이 정말 일어났을 리는 없다고 봅니다. '산에 사는 사람은 생선의 단백질이 필요하고, 바닷가 사람은 채소의 섬유질이 필요했다'고 하는 영양학적 설명은 믿기 어렵습니다. 왜냐면 산중에 사는 사람은 생선 따위를 먹어본 적이 없을 것이기 때문이지요. 먹어본 적이 없는 것을 욕망하는 일은 있을 수 없습니다. 구조주의적으로 이야기하자면, 어떤 도식 위에 '무엇'이 올라가는지를 보아서는 안 됩니다.* 교환한 물건의 경제적 가치나 유용성 따위로 설명하면 곤란합니다. 그런 것이 아니라 교환이라는 행위 그 자체를 봐야 합니다.

크로마뇽인들은 아마도 단지 교환 행위를 하는 것만이 목적이었을 것입니다. 그래서 교환하는 물건이 무엇이든 좋았을 겁니다. 여하튼 자신에게 있는 뭔가를 가지고 가서 거기에 놓아두고 대신 뭔가를 가지고 오는 거죠. 놓아둔 것이 귀중품일 리도 없고, 가지고 오는 것도 꼭 필요하거나 갖고 싶은 것이 아닙니다. 거기에 놓여 있는 거라면 무엇이든 좋은 것이죠. 여하튼 '주고받는' 것이 교환의 본질이기 때문입니다.

---

* 다른 어떤 목적을 '위하여' 교환 행위를 했다는 식으로 보아서는 안 된다는 뜻_옮긴이

그러므로 교역은 본래 '침묵' 속에서 이루어지는 것입니다. 말을 섞지도 않습니다. 모습을 볼 수 없고, 그것이 무엇을 의미하는지 어떤 가치가 있는 것인지 어떤 유용성이 있는지도 모르는 것을 교환하는 것, 그것이 아마도 교환의 기원적인 형태가 아닐까 하고 저는 생각합니다. 서로 말을 섞는 일도, 모습을 보여주는 일도 없이 뭔가를 주고받을 수 있는 능력을 검증하는 기회를 서로에게 주는 것이 침묵교역의 인류학적 의미이기 때문입니다. 이렇게 말하면, 여기서 우리는 '교역과 장례라는 것이 거의 동일한 인류학적 기능을 하고 있다'는 사실을 알게 됩니다.

말이 통하지 않는 사람과
무가치한 것을 교환하고 싶은 욕구

침묵교역이
처음 시작될 때 교환 당사자 사이에 교환되는 물건의 가치나 유용성에 대한 공통된 인식이 있었을 리가 없습니다. 왜냐면 본 적도 만져본 적도 없는 물건이 놓여 있었을 테니까요. "이게 도대체 뭐지? 뭔지는 모르지만 우선 가져가고 대신 뭐라도 놓아두자" 하는 식으로 침묵교역은 시작되었을 것입니다.

왜 교환을 하는가 하면 우선 뭔가를 주고받는다는 것이 유쾌한 일이기 때문입니다. 인간에게는 교환이라는 행위 그 자체에 강한 희열을 느끼는 능력이 갖추어져 있습니다. 그 능력이야말로 인간의 인간다움을 기초하는 거라고 저는 생각합니다. 그래서 여기서 중요한 것은 목소리도 들리지 않고 모습도 보이지 않는 사람과도 교환을 할 수 있다고 하는 사실입니다.

우리는 인습적으로 '상대의 말이 이해되고 모습을 볼 수 있을 때 상대를 이해할 수 있다'고 생각하기 쉽지만 이는 아마도 순서가 거꾸로 된 것이라고 봅니다. "말이 들리지 않고 무엇을 말하고 있는지도 알지 못하고 모습도 볼 수 없지만, 그런 상대와도 뭔가를 주고받을 수 있다. 그렇다면 이제 누구와도 교환할 수 있지 않을까" 하는 식으로 추론을 끌어가기 위한 '장치'인 것입니다.

그러므로 '경제적 가치'라는 개념 또한 교역이 이루어진 후에야 발생한 것이 틀림없습니다. 경제적 가치가 높은 물건이라는 것이 어떤 물건인지, 그 본질을 규정하는 것이 무엇인지를 생각해보았으면 합니다. 그것은 한마디로 '교환을 가속시키는 것'이 아닐까요? 보다 많이, 더 자주 교환을 하게 하는 것을 우리 사회는 '경제적 가치가 있는 것'이라고 부르고 있습니다. 경제적 가치가 있어서 교환되는 것이 아니라 교환을 촉진시키기 때문에 경제적 가치가 있다고 사람들이 생각하는 겁니다. 이 순서가 뒤바뀌면 곤란합니다.

마르크스에 의하면 화폐는 궁극적인 상품이지만, 화폐의 상품성은 '누군가가 뭔가와 교환해주지 않는 한 무가치하다'는 것입니다. 지폐를 아무리 많이 가지고 있어도 아무 쓸모가 없습니다. 코를 풀 수도 없고 메모지로 쓸 수도 없습니다. 그러므로 지폐를 가지고 있는 사람은 가능한 한 빨리 그것을 다른 물건과 교환하려고 합니다.

조금이라도 빨리 교환을 하게끔 인간을 밀어붙이는 심리적 압박의 강도가 경제적 가치를 구성합니다.

내가 10원짜리를 가지고 있다면 그것을 빨리 뭔가와 교환하려고 생각지는 않겠지요. 서랍 깊숙한 곳에서 굴러다니고 있어도 별로 심리적 압박감을 느끼지 않을 것입니다. 그런데 무심코 산 복권이 30억 원짜리에 당첨되었다면 이야기가 달라집니다. 거실 한 구석에 5만 원권 뭉치로 가득 찬 돈 가방이 있다면 이제 너무 불안해서 안절부절 못하겠죠. 강도가 들면 어떡하나, 화재가 나면 어떡하나, 일본 라쿠고의 〈물장사꾼의 부〉에 나오는, 거액의 돈을 찾은 형처럼 신경이 쓰여서 아무것도 손에 잡히지 않을 겁니다. 일하러 나가지도 못하고, 장보러 나갈 수도 없고, 하루 종일 그 30억 원을 안고 있다가 하는 수 없이 '일단 은행에 예금하기로' 마음먹게 됩니다.

이것이 이미 교환인 것입니다. 지폐와 통장에 찍힌 숫자를 교환한 것이지요. 은행에 맡긴 내 돈을 그대로 금고에 놔둬도 소용이 없으니 은행은 그 돈을 즉시 다른 사람에게 이자를 받고 대출해주게 됩니다. 그 돈을 빌린 사람은 그 돈으로 뭔가 사업을 시작하기 위해 가게를 빌리고 물건을 사고 하는 식으로, 내가 '이러지도 저러지도 못한' 탓으로 여러 가지 교환 운동이 시작되는 것입니다.

결국 10원짜리 동전과 30억 원은 그것을 소유하고 있을 때 '빨리 이것을 뭔가와 교환해야지…' 하는 심리적 조급함의 강도가 다릅니다. 10원짜리 동전보다 30억 원 쪽이 '교환의 욕구를 느끼게 하는 강도'가 3억 배 높은 셈입니다. 이 강도를 일컬어 우리는 '경제적 가

치'라고 부르는 것이지요. 근원에 자리 잡고 있는 것은 교환을 하고
자 하는 절박감이어서, 그 절박감의 강도가 거기서 교환되고 있는
재화나 서비스의 가치를 정하는 것이지, 상품 그 자체의 구체적인
유용성이 가치를 구성하는 것은 아닙니다.

5만 년 만의 침묵교역
_휴대전화와 인터넷에 빠져드는 이유

최근 자주 '모바일 문화론'
같은 말이 나도는데, 침묵교역을 생각해보면 모바일 문화가 번창하
는 것은 당연한 일입니다. "요즘 젊은이들은 서로 얼굴도 보지 않고
휴대전화로 문자를 주고받는데, 의미도 없는 말을 주고받으니 바보
아닌가" 하고 말하는 사람이 있습니다만, 바보는 오히려 그쪽이지
요.(웃음)

휴대전화로 문자를 주고받는 것은 침묵교역과 흡사합니다. 모습
은 보이지 않고 문자만 보이는데, 게다가 그마저도 여러 가지 그림
문자와 부호로 일부러 알기 어렵게 쓰여 있어서, 거기서 교환되는
메시지는 우선 정보로서는 거의 가치가 없는 것들입니다. 여학생들
이 쉬는 시간에 주고받는 문자는 '이제 교실로 가는 중, 복도 걷고
있음' 따위들인데, 30초 후면 알게 될 걸 뭐 하러 주고받나 싶지만,
그들은 메시지 내용이 무의미할수록 교환 행위로서는 순수하다는
것을 직감적으로 알고 있는 것입니다. 무가치한 것을 교환하는 쪽

이 커뮤니케이션 형태로서는 오히려 순수한 것입니다. 그러므로 모두들 휴대전화에 푹 빠지는 것은 당연한 일입니다. 무려 5만 년 만의 침묵교역이니까요.

르네상스 무렵부터 시작된 '대항해시대'에 유럽 사람들은 점점 교역권을 넓혔습니다. 그 이유에 대해 '산업이 발달해 상품이나 노동력이 남아돌아 상품 판로를 넓히기 위해 해외로 진출했다'는 식으로 시장경제적인 설명을 하지만, 저는 그런 설명을 신뢰하지 않습니다. 그럴 리가 없습니다.

유럽에서 상품 판매가 이루어지고 있는 동안 어디서나 말이 통하게 되고, 어디서나 동일한 상품에 동일한 경제적 가치가 인정되기에 이르니 모두가 진력이 난 것입니다. 그래서 또다시 옛날부터의 침묵교역을 하고 싶어진 것이지요. 말이 통하지 않는 상대와 무가치한 물건을 교환하고 싶은 욕구가 불쑥불쑥 솟아난 것입니다.

변변한 항해 기술도 없던 시대에, 해도도 없이 낯선 땅을 찾아 위험한 항해에 나선 인간들의 동기가 '황금이 탐나서'라는 식의 통속적인 것으로 끝날 리가 없습니다. 목숨이 걸린 일이니까요. 유럽은 이제 어디에 가나 말이 통하므로 '말이 통하지 않는 사람과 만나서 뭔가를 교환하고 싶다'고 생각한 것이지요. 이것이 진실이라고 생각합니다. 역사학자들은 아무도 지지하지 않겠지만 저는 그렇게 확신합니다.

대항해시대, 르네상스라는 것은 '인간의 재발견'의 시대입니다. 그 당시 유럽 사람들은 이미 '인간이란 무엇인가'라는 물음에 한번 맞닥뜨렸던 것입니다. 그래서 인간이 가진 인간성의 기원, 결국 '여기가 인간의 출발점이고 거기서부터 여기까지가 인간이고 저기서부터는 원숭이'라고 하는 경계선이 어디인가 하는 것을 확인하고자 했던 것입니다.

그 지적 탐구가 침묵교역 욕구의 항진과 결합했다고 하는 것은 생각해보면 극히 자연스러운 일입니다. 인간은 교환을 통해서 처음으로 자신이 인간임을 알게 되는 거니까요. '인간이란 무엇인가' 하는 근원적인 물음에 대한 해답을 구하고자 대항해시대 사람들이 바다로 나간 것은 진실로 이치에 맞는 일이라고 생각합니다.

인터넷으로 물건을 사는 것도 일종의 침묵교역이 아닌가 하는 생각이 들 때가 있습니다. 인터넷으로 사면 할인율도 높지만, 한번 맛을 들이면 계속 사게 됩니다. 상점에 가서 사면 좋을 것도 자꾸만 아마존 같은 온라인 쇼핑으로 사고 맙니다. 타닥타닥 키보드를 두드리면 다음 날 택배원이 와서 "안녕하세요?" 하며 뭔가를 놓아두고 갑니다. 이것이 아주 기분 좋은 일인 거지요. 왜 기분이 좋은가하면 이런 식으로 뭔가를 받는 것이 침묵교역에 매우 가깝기 때문입니다.

생각해보면, 'amazon.com'이라는 이름도 놀랍지 않나요? 왜 '아마존'인 걸까요? 아마존은 미지의 오지, 문명이 닿지 않은 곳이잖아요. newyork.com이라고 해도 좋을 텐데 말이죠. 아마도 아마존을 창립한 사람은 마투그로수의 오지에서 이루어지고 있는 교역의형태를 문득 상상한 것이 아닐까요. '아마존'은 재고를 갖고 있지 않으므로 고전적인 의미에서의 회사로서는 실체가 없을 것입니다. 아마도 어느 대도시에 있는 어떤 빌딩 안에, 인터넷으로 들어온 주문서를 실제 상점들로 전송하는 서버가 죽 늘어서 있을 뿐이겠지만, 그 상상의 풍경이 마치 수만 년 전에 크로마뇽인들이 최초로 침묵교역을 할 때 물품을 놓아두었던 그루터기 같다는 생각이 드는 겁니다. 뭐, 저의 망상입니다만.

1차 세계대전 후 애도의 실패

앞에서도 언급했습니다만, 다음 인용문은 자크 라캉의 세미나를 청강하고서 슈나이더맨이 생각한 것을 말하는 대목입니다.

전사자의 유령이 생존자의 정신생활에 중요한 요소라고 하면 지나친 말일까. 나는 일찍이 어떤 세미나에서 라캉이 한 말을 기억한다. 그가 글로 자신을 표현할 때 이해하기 어려운 화법을 쓰는 것에 대해, 자신이 알아듣기 쉬운 화법으로 말하는 것을 '그들'이 허락하지 않을 것이므로 그렇게 어려운 화법으로 말할 수밖에 없다고 말한 것이다. 그때 그가 대체 무슨 이야기를 하고 있는지 나는 도무지 알 수가 없었다. 섹슈얼리티는 서양 각국에서는 이미 일상적인 사실이 되어 있고, 이제 성적인 암시나 언급을 사람들이 꺼리는 분위기도 아닌데 말이다. 하지만 그때 라캉은 아마도 죽은 자에 대해서 생각했던 것이 아닐까 싶다. 살아남은 자들의 정

신에 깃들어 계속 살아 있는 유령에 대해 생각했던 것이다.[6]

라캉이 말하는 '타자'를 '죽은 자'라고 주장하기 시작한 것은 아마도 슈나이더맨이 처음이었을 것입니다. 이 점에서 정말 탁월한 견해라고 말하지 않을 수 없습니다. 그런데 라캉과 레비나스는 왜 유령에 대해 생각한 것일까요? 이는 역사적 사실을 생각해보면 그다지 의외의 일이 아닙니다. 라캉은 1905년생이고 레비나스는 1906년생인데, 그 시대의 사람들이 이십대를 보낸 시기는 1차 세계대전이 끝나고 나서 2차 세계대전이 시작되기까지의 전간기입니다. 그 시기에 다감한 인격 형성기를 보낸 것입니다. 러시아혁명, 대공황, 파시즘이 일어난 격동의 시대였지요.

그 시기 사람들에게 무엇보다 긴급한 사상적 과제는 '인류역사상 가장 많이 발생한 전사자를 어떻게 떠나보낼 것인가' 하는 문제였습니다. 1차 세계대전에서는 1,300만 명의 전사자가 발생했습니다. 유럽 북서부의 협소한 지역에서 전투로 1,300만 명이 죽은 것이지요. 역사상 처음으로 탱크와 비행기, 독가스가 사용되었고, 좁은 땅 위에 사체가 몇 겹으로 쌓였을 정도로 죽은 것입니다.

그때까지 인류가 경험한 전쟁 가운데 최대의 전사자를 낳은 것은 나폴레옹전쟁입니다. 1789년부터 1804년까지 십 몇 년에 걸쳐 유럽 전체에서 40만 명이 죽었습니다. 1차 세계대전 직전의 전쟁은 1870~1871년의 보불전쟁으로, 프랑스와 독일 사이에 일어난 이 전쟁의 전사자는 25만 명입니다. 그것이 갑자기 1,300만 명이 된 것입니다. 똑같이 독일과 프랑스를 축으로 한 전쟁임에도 전사자 수는 갑자기 52배로 늘어난 거지요.

'전쟁과 살육의 20세기'라고 우리는 상투적으로 말합니다만, 그것은 그 뒤에 수천만 명의 전사자를 낸 2차 세계대전과 그 후에 이어진 전쟁과 테러를 경험한 탓에 전사자 수의 규모에 마비되고 만 시대여서 그렇게 말할 수 있는 것이지, 1차 세계대전이 끝난 뒤 1,300만 명의 전사자를 눈앞에 마주했을 때 유럽인들이 겪었을 '전 대미문'의 곤혹스러움을 지금 우리의 감각으로 유추하기는 쉽지 않습니다. 억지로 유추해보자면, '직전의 전쟁에서 죽은 사람의 52배의 전사자를 낸 전쟁'을 상상해보시기 바랍니다.

그때 유럽인들은 전사자를 잘 떠나보내기 위해 뭔가를 하지 않으면 안 된다고 필사적으로 생각했습니다. 하지만 아무것도 생각해내지 못했습니다. 그래서 결국 나폴레옹전쟁 때 유럽 각국이 했던 진혼 의식을 되풀이했습니다. 다시 말해 전사자를 '호국의 영령'으로 기린 것이지요. 거대한 위령탑과 기념비를 세워 거기에 영령들을 제사 지낸 것입니다. '그대는 호국의 영령이다'라고 망자를 찬미하는 것으로 1,300만 명 전사자의 뒷수습을 하려고 한 것이지요.

결국 그것이 전부 반대 결과를 낳아서, '영령들의 뜻을 받들어야 하지 않겠는가'라는 정서적인 동기를 부여해 또다시 전쟁이 시작되고 말았습니다. 생각해보면 그것은 당연한 일입니다. 영령을 찬미하고 있는 한, '이대로는 영령이 편히 잠들 수 없다'고 하는 호전적인 동기를 가라앉힐 수 있을 리가 없으니까요.

'죽었지만 죽지 않은 사람'의 목소리는
'들리지만 들리지 않는다'

불과 20년 이라는 짧은 간격을 두고 2차 세계대전이 시작되어, 6~7천만 명으로 추산되는, 1차 세계대전 전사자의 다섯 배에 이르는 전사자를 냈습니다. 독일군이 죽인 사람이 5천5백만 명, 거기에 연합군이 죽인 사람, 그리고 일본이 아시아에서 죽인 2천만 명이 더해지면 대체 얼마나 많은 사람이 죽었는지 정확한 통계를 내기도 어렵습니다.

1차 세계대전에서 죽은 1,300만 명의 장례를 잘못 치름으로써 20년 후에 그 다섯 배의 전사자를 낸 것이죠. 그것이 20세기 최대의 비극입니다. 말하자면 1차 세계대전 전사자의 장례를 올바로 치르지 않은 탓에 무시무시한 '재앙'이 인류를 덮친 것입니다.

그러므로 2차 세계대전 후 유럽의 지식인들은 심각한 혼란에 빠지고 말았습니다. 또다시 수많은 전사자들의 영을 떠나보내야만 하게 되었으니까요. 하지만 1918년 때 방식으로 한다면 또다시 같은 재앙을 초래하게 될지도 모르니 그럴 수도 없습니다. 유럽문화가 계승해온 망자를 떠나보내는 전통적인 방법은 더 이상 쓸 수 없게 된 것이지요. 기독교적인 유럽이 2천 년에 걸쳐 배양해온 진혼장송의 노하우는 이제 소용이 없어진 겁니다. 적어도 2차 세계대전의 전사자들만큼은 제대로 애도해서 전후의 세계에 재앙을 가져오지 않도록 진혼하지 않으면 안 될 상황에 놓였습니다. 이것이 전후 유럽 지식인들이 맞닥뜨린 긴급한 정치적·사상적 과제였습니다.

하이데거의 『존재와 시간』은 1927년에 나온 책인데, 앞에서도 말씀드렸듯이 이 책은 '망자론'으로 읽을 수도 있습니다. 유령을 어떻게 진혼할 것인가 하는 이야기입니다. 그것이 당시의 사상가들에게는 죽고 사는 문제일 만큼 긴급한 주제였기 때문에 그렇게 읽어도 무방한 것이죠.

『존재와 시간』이 죽음의 문제를 다루고 있다는 데는 누구나 동의하면서 '죽은 자'의 문제를 다루고 있다고 말하면 모두들 뜻밖이라는 얼굴을 하는 것은 참으로 기이한 일이라고 생각합니다. 저 책이 쓰였던 시대에 가장 우선적인 사상적 과제를 감안한다면 하이데거가 '망자의 진혼'이라는 주제를 전혀 다루지 않은 철학서를 썼다고 생각하는 쪽이 오히려 이상하지요. 하이데거는 나폴레옹전쟁 후에 그랬듯이 망자들을 '대지의 영'으로 부르는 것으로 진혼함으로써 결과적으로는 나치즘과 가까워지고 말았습니다. 존재론은 장례를 위한 어법으로서는 파산하고 만 것입니다.

그리하여 라캉과 레비나스처럼 2차 세계대전 후 사상적 활동을 시작한 사람들은 하이데거로 대표되는 '유럽적인 주체'에 의한 장례를 부인하기에 이른 것입니다. "당신들에게는 이제 상주를 맡길 수 없다. 이후의 장례는 우리가 맡겠다"고 한 것이지요.

결론부터 말하면 전사자들을 올바로 진혼해서 다시는 재앙이 닥치지 않도록 하기 위해 그들이 선택한 것은 인간이 인간으로 된 기원의 순간으로 다시 한 번 되돌아가는 것, 즉 사람이 사람을 애도할 때의 기본적인 자세를 되살리는 것입니다. 그리고 그것은 '망자는 죽었지만 죽지 않았다', '망자가 우리들에게 말을 걸고 있지만 그말은 들리지 않는다'고 하는 구석기시대 처음 매장이 시작된 당시에 갖게 된 애초의 기능을 생각해내는 것이었습니다.

망자를 대변해서는 안 된다

『에크리』 첫머리에 나오는 말이어서 알고 있는 분도 많으리라 생각합니다만, "발신자는 수신자로부터 자신이 발신한 메시지를 역으로 듣는다" 이렇게 라캉은 말하고 있습니다. 라캉은 기회가 있을 때마다 "당신은 '타자'의 이야기를 조금도 듣고 있지 않다"는 것을 반복해서 말했습니다. "당신이 듣고 있는 것은 당신이 듣고 싶어 하는 것이다. 당신은 자신이 생각하고 있는 것을 자기 자신에게, 이를테면 '라캉은 이렇게 말했다'라는 말을 들려주고 있을 뿐이다. 그 언명은 나 라캉이 지금 말하고 있는 이 말에도 해당된다. 그러므로 지금 나의 이 책을 읽고 있는 당신도 나로부터의 메시지라고 생각하고 자신이 발신한 메시지를 역방향으로 읽고 있을 뿐인 것이다."

이런 말을 들었다면, 그 말을 들은 사람은 어떻게 하면 좋을까요? "음, 그러니까… 라캉이 말하고 있는 것이라고 내가 생각하는 것은 '라캉이 말하고 있다'고 내가 생각하는 것일 뿐이지 라캉이 진짜로 말하고 있는 것이 아니라고 라캉은 말하고 있지만, 그것은 '라캉이 말하는 것'에 지나지 않으니까 내가 그렇게 믿고 있는 것뿐인가? 아아, 뭐가 뭔지 모르겠네"라는 식으로 되어버리는 것이 아닐까요? 이것은 구조적으로는 "모든 크레타섬 사람들은 거짓말쟁이다"라고 말하는 크레타섬 사람의 역설과 같은 것입니다.

이러한 역설에 대처할 때의 포인트는 '이러한 역설을 통해 이 사람은 우리에게 무슨 메시지를 던지려고 하는 걸까' 하는 식으로 문제의 수준을 살짝 비트는 것입니다. 그런 식으로 물음을 돌리면 대답은 비교적 쉽게 나옵니다.

이 역설은 인간의 지적 한계와 불능에 대해 말하고 있는 것이 아니라 거꾸로 인간의 가능성을 가르쳐줍니다. 라캉은 "'무엇을 말하는 건지 알 수 없는 말'이라도 당신은 지금 그걸 읽고 이렇게 저렇게 생각을 하기 시작한 것이 아닌가"라고 말하는 것입니다. '의미를 알 수 없는 말'에 촉발되어 자신의 사고방식 구조를 스스로에게 되묻는 작업이 라캉을 읽기 시작하면서 이미 시작된 것입니다. 들리긴 하지만 의미를 알 수 없는 말이 있습니다. 그런 말을 들으면 '아, 알았다' 하고 가볍게 답을 내놓기보다 "뭐지, 이건?" 하고 계속 생각하고 또 생각하는 것이 올바른 태도인 경우도 있다는 것입니다.

'망자가 이렇게 말하고 있다'고 말하는 것을 라캉은 결코 허락하지 않습니다. "영령의 한을 풀어주자"든 "영원한 평화를!"이든, '망자의 대변자'를 자처할 권리를 누구에게도 인정하지 않습니다.

"내게는 망자의 목소리가 들린다"는 사람과 "들리지 않는다"는 사람이 있다면 들린다고 주장하는 쪽이 정치적으로 강한 힘을 갖기 마련입니다. 그래서 '망자의 유언집행인'이나 '망자의 증인'을 자처하는 사람들은 "영령의 한을 풀어주기 위해 싸우자"라거나 "영구평화를 위해 싸우자" 하면서 여하튼 구체적인 정책 제언으로 그것을 왜소화하는 것입니다. 이런 사람들을 눌러 앉히기 위해서는 "망자의 소리가 내게도 들리지만 무엇을 말하고 있는지는 알 수 없다"고 말하는 수밖에 없습니다.

'망자의 소리를 통역하는 인간'을 신뢰하지 말라고 전하기 위해서는 "망자의 소리 따위는 내게 들리지 않는다"라고 말해서는 안 됩니다. 그보다 "망자의 소리가 내게도 들리지만 뭘 말하는지 알 수 없으므로 통역도 할 수 없다. 하지만 망자는 '영령의 한을 풀어달라'거나 '영원한 평화를 위해 싸워라' 따위처럼 알아 듣기 쉬운 말을 하진 않는다. 그런 말은 '사자의 유언집행인'들이 자신이 듣고 싶어 하는 메시지를 자신을 향해 보내는 것에 지나지 않는다"라고 말하는 것이 아마도 유일하게 유효한 영적 반격이 아닐까 싶습니다.

'망자의 소리를 듣는다'는 것은

레비나스가 홀로코스트에 대해 말하는 것도 이와 유사하다고 생각합니다.

우리는 그것에 대해 지금 말할 기분이 아닙니다. 설령 세상 사람들이 아무것도 알지 못하고 모든 것을 잊어버리고 말았다고 해요. 우리는 '수난 중의 수난'을 구경거리로 삼거나 이 비인도적인 비명의 기록자나 연출

가로서 요란한 허명을 얻는 것을 스스로 금하고 있습니다.[7]

레비나스 자신은 아우슈비츠에서 가족과 친지들 대부분을 잃었지만 거기에 대한 원망의 말을 거의 하지 않았습니다. 나치의 만행에 대해서도 무구한 피해자라는 입장에서 규탄하는 식의 말을 하지 않았습니다. '망자의 대변자'라는 허명을 쓰는 것에 대한 강한 자제심이 있었기 때문입니다.

망자의 본원적인 타자성을 훼손하지 않기 위해서는 '망자를 대신하여 말한다'는 자격을 자신에게 부여해서는 안 됩니다. 설령 유대인 6백만 명이 죽었다 하더라도 "나는 죽은 동포의 대변자다. 그들의 유언집행자다"라고 주장해서는 안 됩니다.

그 외침은 영원의 시간을 뚫고 결코 사라지지 않은 채 울려 퍼지고 있습니다. 그 외침 속에서 들리는 사고에 귀를 기울여봅시다.[8]

아마도 이것이 가장 올바른 장례 의식일 것입니다. 망자의 소리가 들리지만 무엇을 말하고 있는지는 알 수 없습니다. 무엇을 말하는지 알 수 없는 그 목소리가 영원히 울려 퍼지도록 할 뿐, 그 소리를 통역하려고 해서는 안 됩니다. 오소레산恐山의 이타코イタコ*처럼 망자의 소리를 술술 통역하려고 해서는 안 됩니다. 분류하거나 목록으로 만들거나 통역하거나 해서는 안 됩니다. 죽은 자의 메시지를 산 자들이 자신의 정치적 정당성의 논거로 이용해서는 안 됩니

다. 그것은 망자에 대한 모독입니다.

진정한 '망자들의 증인'은 "망자들이 여기에 있지만 있지 않다. 망자들은 무언가를 고하려고 하지만 그 말의 의미를 나로서는 알 수 없다"는 식으로, '중간 영역'이 다치지 않도록 보호할 뿐입니다.

레비나스는 뭔가 실체 있는 '좋은 일'을 권장하고 있는 것이 아닙니다. 레비나스의 문장은 자신이 쓴 것을 부정하고, 그것을 또 부정합니다. 끝없이 앞에서 한 말을 철회하는 식으로 이어집니다. 다음으로 또 그다음으로 문제를 넘김으로써 어떤 결론에도 이르지 않도록 합니다. '이처럼 문제를 유예하는 능력'이 인간을 인간답게 하는 근원적인 능력이라는 사실을 앞에서 말씀드렸습니다.

'망자'는 '사물'도 아니고 '산 자'도 아닙니다. 그러므로 그 중간에 있는, 어느 쪽에도 속하지 않는 영역에 망자들은 매달려야 합니다. "'악령이자 수호신이기도 한, 존재하지만 존재하지 않는 것'으로서, 혹은 '존재하는 것과는 다른 방식으로 거기에 있지만 있지 않은 것'으로서 망자의 소리가 울려 퍼지게 하고 그 소리에 귀를 기울여야 한다"고 레비나스는 말하고 있는 것입니다.

우리가 신사나 사찰을 세우는 것은 결말을 짓기 위한 것이 아닙니다. 결말을 짓는 것이라면 신전을 세우고 봉인해서 끝내버리는 것이 좋겠지요. 하지만 우리는 그렇게 하지 않습니다. 신사나 사찰에 참배하고 합장하는 것은 무언가를 듣고자 함이겠지요. 거기에 모

---

*이타코: 귀신의 말을 전하는 무당의 일종. 아오모리현에 있는 오소레산 무녀들이 유명하다. _옮긴이

셔져 있는 망자들이 발하는 희미한 소리에, 무엇을 말하는지 알 수 없는 잔향에 귀를 기울이고자 우리는 거기에 갑니다. 하지만 "나는 망자의 소리를 분명히 알아들었다"라고 말하는 것은 허락되지 않습니다. "그러므로 이제 더 이상 참배할 필요가 없어졌다"고 말하는 것도 허락되지 않습니다.

우리가 망자를 모신 장소에 거듭 찾아가는 것은 '무언가가 들려오지만 무엇을 말하고 있는지 알아들을 수 없기' 때문입니다. 가만히 서서 희미한 소리에 귀를 기울일 뿐, 망자들을 대신해서 말할 권리는 우리에게 없습니다. 하지만 그렇다고 해서 망자들의 소리에 귀를 기울이는 일을 그만두는 것도 허락되지 않습니다.

저는 일 년 전에 부친을 여의었습니다. 작은 유골함을 받아들고 거실 선반에 올려두었습니다. 저는 혼자 살고 있습니다만 집에 돌아오면 누군가가 "돌아왔구나" 하고 말하는 것 같은 기분이 듭니다. 그래서 저도 아버지의 영정 사진을 향해 "돌아왔습니다" 하며 두 손을 모읍니다. 때로는 향을 피우기도 합니다. 아버지는 향 냄새를 싫어하셨지만, 그럼에도 저는 그 일을 계속해오고 있습니다. 그러다 보면 "향냄새가 정말 싫구나, 타츠루, 이제 슬슬 그만하지 않겠니?" 하고 아버지가 더 이상 참을 수 없어서 한마디 하시지 않을까 하는 생각이 문득 들기도 합니다. 인간이 '망자의 소리를 듣는다'는 것은 그런 식의 상상적 경위의 일인 것입니다. 그리고 그것은 인간에게만 가능한 일입니다.

참고문헌

들어가는 이야기

1) S. 프로이트, 『정신분석 입문』, 가케타 가츠미 외 역, 인문서원, 1971년, p. 145.
2, 3) G. 베이트슨, 『정신의 생태학』(한국어판 제목 『마음의 생태학』), 사토 요시아키 외 역, 사색사, 1986, p. 311, 313
4) J. Claude Levi-Strauss, Anthropologie Structurale, Plon, 1973, pp. 70-71.
5) J. 라캉, 『프로이트의 기법론(하)』(한국어판 제목 『자크 라캉 세미나1_프로이트의 기술론』), 고이데 히로유키 외 역, 이와나미서점, 1991, pp. 124-125.
6) J. 라캉, J. 밀러 편, 『정신병(하)』, 고이데 히로유키 외 역, 1987, p. 9.
7) S. 프로이트, 『꿈의 해석』, 다카하시 요시타카 역, 인문서원, 1968, p. 29.
8) G. Charbonnier, Entretien avec Claude Levi-Strauss(한국어판 제목 『레비 스트로스의 말』), Julliard, 1961, p.38.
9) F. 니체, 『짜라투스트라』(한국어판 제목 『짜라투스트라는 이렇게 말했다』), 데즈카 도미오 역, 중앙공론사, 1966, p. 291.
10) F. 니체, 『도덕의 계보』, 기바 진조 역, 이와나미문고, 1964, pp. 22-23.

1장

1) 사토 마나부, 『신체의 다이얼로그』, 타로지로사, 2002, p. 89.
2) 우에노 치즈코, 오구라 지카코, 『더 페미니즘』, 지쿠마서방, 2002, p. 231.
3) 마이클 길모어, 『내 심장을 향해 쏴라(상)』, 무라카미 하루키 역, 문춘문고, 1999, pp. 330-331.
4) 사토 마나부, 『신체의 다이얼로그』, 타로지로사, 2002, pp. 91-92.
5) 다케우치 도시하루, 『치유하는 힘』, 정문사, 1999, p. 50.
6) 기다 겐, 다케우치 도시하루, 『기다릴 수밖에 없는 건가』, 춘풍사, 2003, pp. 43-44.
7) 무라카미 하루키 외, 『번역야화2_샐린저 전기』, 문춘신서, 2003, p. 33.
8) 하시모토 오사무, 『모른다는 방법 'わからないという方法'』, 집영사신서, 2001, pp. 250-251.
9) 다니카와 슌타로 (사토 마나부, 『신체의 다이얼로그』, p. 92.)
10) 와시다 키요카즈, 『듣기의 힘』(한국어판 제목 『듣기의 철학』), TBS브리태니커, 1999, p. 10.
11) 다니카와 슌타로 (사토 마나부, 『신체의 다이얼로그』, p. 94).
12) 시라카와 시즈카 외, 『주呪의 사상』, 평범사, 2002, p. 205.

소통하는 신체

2장

1) H. 베르그송, 『형이상학 입문』, 사카타 도쿠오 역, 중앙공론사, 1969, p. 66.
2) 무라카미 하루키 외, 『번역야화2_샐린저 전기』, 문춘신서, 2003, p. 20.

3장

1) 기다 겐, 다케우치 도시하루, 『기다릴 수밖에 없는 건가』, 춘풍사, 2003, pp. 43-44.
2) S. 프로이트, 『정신분석 입문』, 가케타 가츠미 외 역, 인문서원, 1971, p. 366.
3) J. Lacan, Ecrits I, Seuil, 1966, p.181. (번역은 우치다 타츠루가 원문에서 직접 함.)
4) 위의 책, p.181.

4장

1) 무라카미 류, 『연애의 격차』, 청춘출판사, 2002, pp. 247-249.
2) J. 로크, 『통치론』, 미야카와 토오루 역, 중앙공론사, 1968, p. 245.
3) T. 홉스, 『리바이어던』, 나가이 미치오 외 역, 중앙공론사, 1971, pp. 156-157.
4) F. 니체, 『도덕의 계보』, 키바 진조 역, 이와나미문고, 1964, p. 37.
5) 위의 책, pp. 41-42.
6) F. 니체, 『짜라투스트라』, 데즈카 도미오 역, 중앙공론사, 1966, p. 301.
7) J. 오르테가, 『대중의 반역』, 테라다 카즈오 역, 중앙공론사, 1971, pp. 442-443.

5장

1) 요로 다케시, 사이토 이와네, 『뇌와 묘』, 홍문당, 1992, pp. 67-84.
2) P. 메트칼프, R. 헌팅턴, 『죽음의 의례』, 미래사, 1996, p. 55.
3) S. 프로이트, 『토템과 터부』, 타카하시 요시타카 역, 인문서원, 1969, p. 199.
4) 위의 책, p. 201.
5) 위의 책, pp. 202-203.
6) Stewart Schneiderman, Jacques Lacan: The death of an intellectual hero(한국어판 제목 『자크 라캉 지적 영웅의 죽음』), Harvard Univ. Press, 1983, p. 175.
7, 8) E. Levinas, Difficile Liberte, p. 202. (번역은 우치다 타츠루 원문에서 직접 함.)

방대한 시야를 갖는다는 것

종종 강연 의뢰를 받습니다. 때로는 일 년 앞서 받기도 합니다. 그럴 때 '강연 주제를 정해주세요'라는 요청을 받으면 난감합니다. 일년 뒤에 자신이 무엇을 생각하고 있을지 알 수 없으니까요. 지금 흥미를 느끼는 주제라 해도 그때까지 흥미가 지속될지는 알 수 없지요. 몇 개월 뒤 강단에 섰는데 강연 주제에 대해 흥미를 다 잃어버린 자신을 발견하게 된다면 참으로 난감한 일입니다.

그래서 강연을 부탁받으면 의뢰하는 쪽에서 특별히 주제를 정하지 않은 경우에는 '지금 일본은 괜찮은가' 또는 '신체론' 둘 중 하나로 정하곤 합니다. '지금 일본은 괜찮은가'는 언제든 이야기할 수 있는 주제지요. 우리 사회의 앞날에 대한 불안 요소가 사라지는 일은 없을 테니까요. 마찬가지로 '신체론'도 언제나 가능한 주제입니다. 나 자신의 신체, 혹은 타인의 신체에 대해 '과연 이것이 그런 것이었는가' 하고 새롭게 발견하고 무릎을 치는 경험을 하는 일은 앞으로도 계속될 테니까요.

이 책의 앞에서도 이야기했지만 저는 강연을 할 때 원고를 준비하지 않습니다. 필요한 경우에는 그날의 이야기에 관련 있는 사람의 인용문을 몇 개 골라서 그것만 복사해서 나눠줍니다. '누군가가 이런 이야기를 했었는데… 그러니까… 무슨 이야기인고 하니…' 이런 식으로 '다른 사람의 이야기'를 소개하는 것은 그다지 이해에 도움이 되지 않습니다. 게다가 '야, 이 말은 정말 좋은 말이군' 하고 감동하여 기억해뒀던 '남의 말'도 기억 속에서 내 마음대로 재편집이되어 원문과 맞춰보면 그런 이야기가 아닌 경우도 있습니다. 그래서 자신의 이야기는 차치하고 적어도 인용문만큼은 정확을 기하는 것으로 하고 있습니다.

강연 원고를 준비하지 않는 것은 원고를 쓰는 단계에서 그 화제에 집착해 꿈속에서도 생각하느라 원고를 다 썼을 때는 이미 그 이야기에 저 자신이 질려버리기 때문입니다. 원래 저는 잘 질리는 성격이어서 어떤 일에도 금방 질려버립니다. 그렇게 잘 질리는 제가 가장 질리는 대상은 바로 우치다 타츠루라는 사람이지요. 벌써 50년 이상 질릴 만큼 얼굴을 봐왔고, 그가 하는 이야기를 말 그대로 '코앞에서' 듣고 있는 셈이므로 우치다가 하는 이야기에 나부터 질리게 되는 것은 당연한 일이겠지요. 그래서 뭔가 지금까지 했던 이야기와 다른 이야기를 하지 않으면 이야기하고 있는 저부터 자신의 이야기에 싫증이 나서 기운이 빠져버리고 말 것입니다.

이 책의 토대가 된 강연은 2003년 8월부터 이듬해 3월까지 도쿄와 오사카의 아사히문화센터에서 이루어진 7회에 걸친 강연입니다만, 같은 이야기가 많아서 곤란했습니다. 청중은 그나마 괜찮습니다. 매회 다 참석하지는 않고 전 회의 내용을 하나하나 다 기억하고 있을 리도 없기 때문이지요. 그러나 강연을 하는 저는 동일 인물이므로 '아, 또 같은 이야기를 하고 있군…' 하고 자기 이야기를 들으면서 얼마나 진절머리를 쳤을까요. 그래서 강연을 정기화하고 싶다고 센터 사무국이 부탁을 했을 때도 고사했습니다. '재료가 떨어져서 이야기할 게 없는' 것은 제게 조금도 부끄러운 일이 아니지만, '재료가 떨어져 이야기할 것이 없는 나의 똑같은 이야기'를 들어야 하는 것은 고통스러운 일이기 때문입니다.

　한 가지 다행스러운 일은 나이가 들면서 기억이 가물가물해져 앞서 자신이 했던 이야기를 잊어버리고 똑같은 이야기를 되풀이하면서도 본인은 '지금 생각해낸 새로운 이야기'로 여기고 혼자 흥분해서 떠드는 일이 최근에 많아졌다는 것입니다. 청중으로서는 괴로운 일이겠지만 강연자 자신은 '왠지 오늘은 말이 술술 나오는데… 한 번 했던 이야기를 되풀이하고 있는 것 같은 기분이 들 만큼…' 그러면서 기분이 아주 좋아집니다. 그럴 때는 조용히 웃으면서 흘려 들어주시면 좋겠습니다.

　그래도 변명을 군이 하자면, 제가 간혹 '같은 이야기'를 집요하게 되풀이하는 데는 이유가 없지 않습니다. 그 이야기가 어떤 종류의 '수수께끼'를 내포하고 있다고 생각되기 때문입니다. 이를테면 이 책에서도 인용한 '장량'의 이야기를 저는 어림잡아 서너 번 이 책 저 책에 반복해서 인용하고 있습니다(그 전에는 영화 〈에일리언〉 이야기를 논문과 저서에 다섯 차례나 써먹은 적도 있습니다). 그것은 그 에피소드가 어떤 명제를 이야기할 때 단순히 '사용하기에 적당하기' 때문만은 아닙니다. 오히려 몇 번을 끄집어내어 해석을 해봐도 언제나 '뭔가 잘 정리되지 않은 채' 뭔가 중요한 것을 빼먹은 듯한 기분이 드는 채로 끝나기 때문입니다. 그래서 다른 책에 실린 '같은 이야기'를 읽고 비교해보면 알 수 있겠지만, 이야기는 같아도 거기서 제가 끌어내는 생각은 조금씩 변해오고 있습니다.

그리고 저로서는 가장 심오한 수수께끼를 품고 있는 것은 저 자신의 신체입니다. 자신의 신체를 이렇게 저렇게 바라보기도 하고 사용하기도 하면서 '아, 이런 식으로 움직이는군' 또는 '아, 이런 게 가능하네' 하고 놀라기도 하고 감탄하기도 하면서 반세기를 지내왔습니다만, 아직도 그 가능성의 10퍼센트도 사용하지 못한다고 생각합니다.

어렸을 때는 신체의 잠재 능력을 얕잡아봤습니다. 근력 운동을 하면 가슴 근육이 생겨나고, 달리기를 하면 심폐 기능이 좋아지고, 다이어트를 하면 배가 들어가고… 이런 식으로 입력과 출력이 단순히 일차함수적 상관관계에 있다고 이해하고 있었습니다. 신체 시스템의 복잡함이나 미개발된 잠재 능력은 그런 것이 아니라고 알게 된 것은 무도 수련을 시작하고도 한참 지나서입니다.

무도 수련이란 단적으로 말하면 '살상 기술'을 반복 연습하는 것입니다. 두 사람이 서로에게 기술을 거는 겨루기 수련은 역할을 교대할 때 '살인자'와 '사체'의 역할을 서로 바꾸는 것입니다. 거기서 우리들이 추구하는 것은 '생사의 경계에 선다'는 것이 어떤 것인가에 대해 가능한 한 구체적인 상상력을 구사하는 것입니다. 그것은 살아 있는 인간이 할 수 있는 일 가운데 무엇보다 어려운 작업의 하나라고 생각합니다.

그 어려움에 대해 일본의 전통문화는 높은 가치를 부여해왔습니다. 그것은 '전장에서 무훈을 세운 사람은 일국의 주인이 된다'고 하는 프로모션 시스템이 일본에서 상당히 오랜 기간에 걸쳐 효과적으로 기능해온 것을 통해 증명됩니다. 창칼을 다루는 일이 단순히 신체 능력에 지나지 않는 것이어서 신체적으로 뛰어나기만 하면 전장에서 무훈을 세울 수 있다고 한다면 무훈에 대해 현세적인 보상이 주어질 수는 있어도 그것이 위정자로서의 정치적인 역량과 연결될 리는 없습니다. 그런데 실제로 창 한 자루로 이름을 떨친 무장들이 그 후 정치가로서 치국평천하를 이룬 사례가 무수히 많습니다. 이 이야기는 적어도 전국시대까지만 해도 무술적인 신체 운용이 추구하는 능력과 경세제민에 필요한 정치적 능력이 '같은 능력'이라는 것에 대해 사회적 합의가 있었음을 뜻합니다.

일국을 다스리고 천하를 평정하기 위해 필요한 능력이란 단순히 말해서 '방대한 시야를 갖는' 것입니다. 그것은 좁은 지정학적 의미에서 보자면 합종연횡의 외교기술에 숙달되는 것이기도 하고, 좀 더 넓게 역사학적 의미로 보면 자신이 지금 내리는 정치적 결정이 어떤 역사적 맥락 속에서 이루어지는 것인지, 자신의 결단이 어떤 영향을 초래할지에 대해 냉철하게 고려할 수 있음을 말하는 것이기도 합니다.

하지만 '방대한 시야'의 가장 먼 지점은 다름 아닌 '자신의 죽음'입니다. '죽은 뒤의 자신'을 상상적인 소실점으로 상정하여 거기에서서 지금 여기에서 어떻게 행동할지를 매번 결정할 수 있는 인간은 눈앞의 사리사욕에 혹하는 일도, 일시적인 감정에 휩쓸리는 일도 없고, 또 종교적 법열이나 이데올로기적 열광으로부터 안전한 거리를 유지하는 것이 가능합니다. 그런 사람은 그렇지 않은 사람보다 위정자로서 최선의 선택을 할 확률이 높겠지요.

무도 수련의 목적은 '생사의 경계'에서 신체를 어떻게 움직일 것인지를 훈련하는 것입니다. 달리 말하면, '죽은 뒤의 자신'을 일상 행동의 상상적 '바른 위치'로 삼는 것입니다. 그렇다면 전장에서의 신체 조작 기술과 평상시 경세제민의 정치 기술이 둘 다 같은 성질의 인간적 자질을 요구한다고 추론해볼 수 있습니다.

결국 우리가 신체적으로 추구하고 있는 종국의 수수께끼는 '자신의 죽음'이지요. 요로 다케시가 간파한 대로 '뇌'는 우리를 불사의 존재로 봅니다. 어떤 변화를 겪어도 변하지 않는 '동일자', 그것이 뇌입니다. 그러므로 뇌에게 아무리 물어봐도 우리는 자신의 죽음을 알 수 없습니다. 우리가 '자신의 죽음'이라는 알 수 없는 것에 접근할 수 있는 길은 오로지 자신의 신체를 경유하는 길뿐입니다.

이런, 또 그만 '수수께끼'에 대한 '논문'을 쓰기 시작했군요. 이 정도로 '수수께끼'라는 것은 우리를 끝없는 사변으로 끌어당기는 유혹적인 흡인력을 갖고 있습니다. 이 책은 강연이라는 특수한 상황에서 말한 것을 푼 것이어서 보통 책상 앞에 앉아서 쓴 책보다 수수께끼가 출몰하는 빈도가 높습니다. 그것은 저 자신이 그때 그 장소에서 '수수께끼'의 꼬리를 붙든 것 같은 기분이 들어, 청중이 있다는 사실도 잊고 전후도 잊은 채 그 뒤를 좇아가기 시작했기 때문입니다. 그래서 저 자신이 '자기가 무엇을 말하고 있는지 알지 못하게 되는' 일도 있습니다. 강연 녹취본을 손보는 단계에서 '무엇을 말하고 있는지 알 수 없는' 대목에는 설명을 보충했기 때문에 이야기의 맥락을 파악하기가 쉬워졌을 거라고 생각합니다.

의학서원의 시라이시 씨가 처음 기획안을 가지고 왔을 때 저는 이미 죽도록 써도 다 쓸 수 없을 만큼 원고청탁을 받아놓은 상태여서 새로 뭔가를 쓸 여력은 전혀 없었습니다. '돌봄에 관한 책'을 부탁받았는데, 물론 저는 의료나 간호, 복지 영역에 대해서는 전혀 문외한입니다. 그래서 "알지 못하는 것은 쓰지 않습니다" 하고 딱 잘라 말했는데, 시라이시 씨가 문화센터의 '신체론' 강연에 와서 강연을 녹음하고 있어서 대체 뭘 하고 있나 싶었습니다. 그런데 어느 날 "자, 원고가 여기 있습니다. 이제 서문과 후기만 써주시면 됩니다" 하고 선언했습니다. 그렇게 해서 어느 새 저는 또 책 한 권을 쓰고 말았습니다.

말이 통하지 않는 사람과
어떻게 소통할까

백 권이 넘는 책을 낸 우치다 선생이 던지는 모든 이야기는 결국 커뮤니케이션론이 아닌가 싶습니다. 말이 통하지 않는 사람(알고 보면 우리는 모두 서로에게 그런 존재일지도 모릅니다)과도 소통할 수 있는 힘을 어떻게 기를 것인가 하는 이야기로 읽힙니다. 40년이 넘도록 날마다 합기도를 수련하는 것도, 레비나스 철학을 공부하는 것도 거기에 맥이 닿아 있는 것 같습니다. 이 책에서도 '신체'와 '윤리'라는, 얼핏 보면 서로 무관해 보이는 것을 씨줄과 날줄로 삼아 커뮤니케이션에 관한 이야기를 엮어내는 솜씨가 가히 장인의 솜씨입니다.

민들레출판사에서 우치다 선생의 책을 내기 시작한 지도 6년이 되어갑니다. 이 책이 여섯 번째 내는 책입니다. 미처 보지 못한 지점을 짚는 통찰력에 끌려 국내에 번역된 다른 책들도 다 찾아서 읽다가, 번역되지 않은 책들도 읽어보고 싶어 십여 년 만에 작심하고 다시 일서를 읽기 시작했습니다. 이 책은 곱씹으며 읽어야 할 책 같아 번역까지 욕심을 내게 되었습니다. 손때 묻은 낡은 사전을 들고 단어를 찾다가 이제는 네이버 사전을 더 자주 이용하지만, 향기를 '맡는다'를 '듣는다'로 표현하는 것처럼 신선한 용례를 만날 때면 문득 언어의 향기를 맡는 느낌입니다.

커뮤니케이션의 기본은 '듣는' 것이지요. 듣는 행위 속에는 음악이나 향기처럼 우리 몸과 마음에 스며드는 뭔가가 있습니다. 약효가 몸에 스며들어 제 기능을 발휘한다는 뜻인 '약이 잘 듣는다'는 표현이 일본어와 영어에도 있는 걸 보면, 듣는 행위가 인간에게 의미하는 바가 비슷한 듯합니다. '몸이 말을 듣지 않을 때는 몸이 하는 말을 들어야 한다'는 격언도 우리 몸과 소통하는 법을 넘어 소통의 보편 원리를 담고 있는 말이 아닐까 싶습니다. 아이들이 말을 듣지 않는다고 탄식하기 전에 나는 아이들의 말을 듣고 있는지를 돌아봐야겠지요.

어떤 메시지를 주고받을 때, 메시지의 내용보다 더 중요한 것은 서로 연결되어 있음을 확인하는 것이라는 우치다 선생의 통찰은 커뮤니케이션의 핵심을 짚고 있다고 봅니다. 남북 간의 핫라인이 연결되었을 때처럼 연결을 확인하는 것만으로도 서로에 대한 신뢰가 생겨납니다. 수신, 발신의 한자어 '신信'은 신뢰를 뜻하지요. 커뮤니케이션은 결국 서로 신뢰를 주고받는다는 뜻일 것입니다. 신뢰는 상호 간에 발신과 수신이 더 활발히 일어나게 하고 다음 단계로 나아가는 에너지가 되어줍니다.

서로 연결되어 있음, 서로의 메시지가 수신되고 있음을 확인하는 기쁨이 우리네 삶을 지탱하는 힘이 아닐까요. 서로 공을 주고받는 단조로운 놀이가 은근히 중독성이 있는 것도 그 때문일 것입니다. 우리가 일상적으로 주고받는 인사도, 섹스처럼 내밀한 행위도 그 본질은 수신 확인이 아닌가 싶습니다. 우리는 서로 (긴밀하게) 연결되어 있음을 확인하는 일을 수시로 하지 않고는 살아갈 수 없는 존재인지도 모릅니다.

수신 능력은 언어 감각을 통해 기를 수도 있지만 몸을 통해 기를 수도 있습니다. 무예나 무도의 목적 또한 궁극적으로는 수신 감도를 높이는 것이겠지요. 몸의 수신 감도를 높이는 것은 곧 신체의 맥락을 치밀하게 만드는 일이기도 합니다. 몸을 유연하게 해서 에너지가 막힘없이 흐르면 상대방이 발신하는 신호를 놓치지 않고 적절히 대응할 수 있게 됩니다. 우치다 선생이 레비나스 철학을 공부하면서 깨닫는 것이 합기도를 수련하며 몸으로 터득하는 것과 다르지 않다고 느끼는 이유이기도 할 것입니다.

언어로든 몸으로든 수신 능력을 높이는 것이 살아가는 데 무엇보다 중요한 일이라는 것을 우리는 본능적으로 압니다. 누구나 생존을 위해 본능적으로 수신 능력을 키우고 싶어 하고, 자신에게 맞는 방식을 찾기 마련이지요. 특히 십대 시기는 신체와 언어 감각이 발달하는 시기인 만큼 신체 감각을 예민하게 하고 언어 감수성을 높이는 훈련을 해야 할 때입니다. 커뮤니케이션 능력을 기르는 데 적합한 이 시기의 아이들에게 외모에 신경 쓰지 말고 공부나 하라는 건 수신도 발신도 제대로 할 줄 모르는 바보가 되라는 말이나 다름 없지요.

거울을 끼고 사는 아이의 행동을 세상과 소통하려는 몸짓으로 볼 수 있어야 하지 않을까 싶습니다. 화장이 지워질까 봐 땀나는 활동도 마다하고, 화장을 손보기 위해 시도 때도 없이 거울을 들여다보는 아이들을 보면 쓸데없는 짓을 하는 것처럼 보이지만 조금만 깊이 들여다보면 거기에는 세상과 연결되고 싶어 하는 강렬한 욕구가 깔려 있음을 알 수 있습니다. 소통하고자 하는 에너지가 거기에 있습니다. 그 에너지를 꺾기보다 방향을 바꿀 수 있게 돕는 것이 교육의 역할이 아닐까 싶습니다.

교직은 다양한 아이들이 발신하는 복잡한 신호를 순간순간 캐치하고 제대로 해석해야 하는 난이도 높은 직종입니다. 차선도 없고 신호등도 제대로 작동하지 않는 복잡한 도심에서 차를 운전하는 상황에 비유할 수 있지요. 도심 운전은 웬만한 운전자라면 하다 보면 익숙해지지만 교육현장은 그렇지 않습니다. 날마다 누군가는 사고를 치고 생전 처음 겪는 일을 계속 맞닥뜨리는 곳이 교육현장이지요. 그러므로 교사 양성과정과 임용과정에서는 무엇보다 커뮤니케이션 능력을 기르고 점검해야 한다고 봅니다.

서머힐에서 닐은 교사 면접을 볼 때 이런 질문을 던지곤 했답니다. "아이들이랑 바닷가에 놀러 나갔다가 돌아갈 시간이 되었는데 한 아이가 돌아가지 않으려 한다면 당신은 어떻게 하겠는가?" 수신과 발신 능력을 동시에 점검하는 질문이지요. 표준화 시대의 교사 양성과정으로 이런 능력을 기르기는 힘들 것입니다.

근대학교 시스템은 교사들이 발신만 해도 웬만큼 굴러가게 세팅되어 있지만, 그것은 사실상 훈육이지 교육이 아니지요. 교육현장이라면 교사와 아이들, 또 아이들끼리 신호를 주고받으며 상호작용하는 가운데 성장이 일어나야 합니다. 자신을 표현하고 세상과 긴밀하게 연결될 수 있는 다양한 통로를 찾을 수 있도록 커뮤니케이션 능력을 키우는 것이야말로 교육의 역할일 것입니다.

전방위적인 연결의 시대, 디지털 문명의 시대에 신체성을 회복해야 하는 이유도 여기에 있다고 봅니다. 어른도 아이도 몸을 점점 덜 움직이게 되면서 수신 능력도 퇴화하고 있지 않나 싶습니다. 이 책이 신체성에 기반한 소통의 힘을 기르는 데 중요한 힌트를 주고 있다고 봅니다. 결코 끝날 수 없는 이야기를 끝없이 들려주는 우치다 선생의 노고에 경의를 표합니다. 번번이 한국어판 서문을 정성들여 써주시는 그 성실함에도 감사드립니다.

한국어에 능통한 일본인인 오오쿠사 미노루 씨와 원고를 서로 교차해서 검토하면서 함께 공부하듯이 번역을 하다 보니 2년이란 시간이 흘러버렸습니다. 『곤란한 결혼』을 우리말로 옮긴 박솔바로 씨가 마지막으로 감수하면서 잘못된 표현을 한 번 더 바로잡는 도움을 주었습니다.

2019년 3월

현병호

소통하는 신체

—

초판 1쇄 인쇄 2019년 3월 25일 ┃ 초판 3쇄 발행 2023년 4월 20일

글쓴이 **우치다 타츠루** ┃ 옮긴이 **오오쿠사 미노루, 현병호**
펴낸이 **현병호** ┃ 편집 **김경림, 장희숙** ┃ 디자인 **NOLL**
펴낸곳 **도서출판 민들레** ┃ 출판등록 1998년 8월 28일 제10-1632호
주소 서울시 성북구 동소문로 47-15 ┃ 전자우편 mindle98@empas.com
전화 02) 322-1603 ┃ 누리집 www.mindle.org ┃ 페북 facebook.com/mindle9898

ISBN 978-89-88613-79-5(03370) ┃ 잘못 만들어진 책은 바꾸어 드립니다.

이 도서의 국립중앙도서관 출판예정도서목록(CIP)은 서지정보유통지원시스템
홈페이지(http://seoji.nl.go.kr)와 국가자료공동목록시스템(www.nl.go.kr/kolisnet)
에서 이용하실 수 있습니다.(CIP제어번호: CIP 2019009593)